生活因阅读而精彩

生活因阅读而精彩

舍与得

的领导艺术课

舍出来的人心

舍出来的信任

舍出来的威信

兰涛◎编著

中国华侨出版社

图书在版编目(CIP)数据

舍与得的领导艺术课 / 兰涛编著.—北京：
中国华侨出版社,2011.11

ISBN 978-7-5113-1858-9

Ⅰ.①舍… Ⅱ.①兰… Ⅲ.①领导艺术-通俗读物
Ⅳ.①C933.2-49

中国版本图书馆 CIP 数据核字(2011)第 226068 号

舍与得的领导艺术课

编　　著 / 兰　涛
责任编辑 / 严晓慧
责任校对 / 孙　丽
经　　销 / 新华书店
开　　本 / 787×1092 毫米　1/16 开　印张/18　字数/286 千字
印　　刷 / 北京建泰印刷有限公司
版　　次 / 2011 年 12 月第 1 版　2011 年 12 月第 1 次印刷
书　　号 / ISBN 978-7-5113-1858-9
定　　价 / 32.00 元

中国华侨出版社　北京市朝阳区静安里 26 号通成达大厦 3 层　邮编:100028
法律顾问 : 陈鹰律师事务所
编辑部 :(010)64443056　　64443979
发行部 :(010)64443051　　传真 :(010)64439708
网址 :www.oveaschin.com
E-mail :oveaschin@sina.com

千年之前,佛祖在菩提树下悟道。

他顿悟生死,透彻轮回,对于生命与生活能进行系统而全面的认识。

作为普通芸芸众生,不如佛祖一般超然而卓越,但在古今中外的精典小故事中,我们也能偶然捕捉到思维的火花,感悟到生活的真谛,并以此来指导我们有限的生活。

今日,我们在不断对管理进行反思。

因为管理在生活中所扮演的角色已是如此不可或缺,它可以让社会产生高效率,又可以推动社会的发展与文明的进步,这种重要性现在已为每个人所体会。

正因为重要,所以我们才有更多思考,我们思考团队的构成与运作,我们思考如何改善管理的环节,我们思考如何发掘和发挥人才的作用……在不断思考的过程中,我们发现许多精典小故事中所阐述的道理与管理规律之间存在许多共通之处。

　　管理本身是一种舍与得的权衡，人才的评价、目标的实现、效益的追逐，都是在自己的付出与收获之间进行的一种衡量，如果有效借助理性的智慧进行看待，就能更为宏观地把握方向，最终各项工作得以游刃有余地开展。

　　我们以圆通处理人关系际，以低调赢取对方的尊重，以思谋支持决策，靠灵动进行协调，积极授权，充分激励，以帮助我们获取最有效的管理效果，也以此彰显出领导者卓越的智慧与管理才能。

　　写作仓促，内容多有不足，还请读者见谅。如果本书能对您开展管理工作有点滴的启迪和帮助，那我们也就达到了写作的初衷。

目录

第1章 舍与得的做人课：
圆通的人际关系是当好领导的前提

要做事，先做人。做人成功，才有做事成功的可能。明了舍与得的关系，对彼此的关系就会有更深刻的理解。放下自己的架子，让他人感受到温暖，尊重他人，对自己进行严格要求，人际关系会更加和谐、圆融，而各项工作的开展也就会更加顺利和便捷。

收起冷漠面孔，让员工感觉到来自领导的关爱 …………………… 2

给员工表达不满的机会，领导也要学会"受委屈" …………………… 5

放下领导的架子，与员工成为知己 …………………… 7

不要忽视他人价值，尊重每一位员工 …………………… 10

好领导要学会包容，能够接纳下属的短处 …………………… 13

做领导要舍弃浮躁，懂得忍耐 …………………… 16

摒弃对完美的过分追求，不要求全责备 …………………… 19

领导要严格要求自己，宽容对待员工 …………………… 22

第 2 章 　舍与得的威信课：

低调的为人方式是赢得尊重的基础

　　群体中威信的树立，并不在于高调展示与锋芒毕露，看透威信背后的责任与能力，看透在关键时刻所发生的作用，必然会将自己的言语行为融入一种低调，获得真正的认可，才能游刃有余地处理工作中所遇到的各项问题。

不夸夸其谈，谨言慎语更能展现领导的自信 ······················· 28

领导的威信在于言行间的坚守 ······································· 31

舍弃一时的张狂，以知识和涵养增添个人魅力 ··················· 34

改掉指手画脚的习惯，内敛的方式更易为人所尊重 ··············· 37

收敛自己的光芒，给员工施展才华的空间 ······················· 40

放低身段，拉近与员工的距离 ······································· 43

不要将权力等同于权威，威信在于员工的认可 ··················· 46

放下领导的面子，勇于承认自己的错误 ··························· 49

以身作则，要求下属的自己必须首先做到 ······················· 52

第3章 舍与得的决策课：
多谋善断是提高决策能力的必备素质

人生便是在舍得之间游走，管理便是在决策之中变换，对于所有这些内容，却又需要以超脱的视角看待。不为昨日牵绊，进行长远规划，充分思谋，追求彼此共赢，才能使人生收获更多，使自己的管理工作效率更高，并以此展示出一个人卓越的智慧与管理才能。

从昨天的遗憾中走出，才能做今天最好的执行 …………… 56

当断则断，领导要有决断的魄力 …………………………… 59

领导要有心若止水的平静，才可把握决策中的契机 ……… 63

领导要有长远的规划 ………………………………………… 66

充分的思谋才会让你的坚持保持正确 ……………………… 68

敢于大胆退让，只是因为内心已考虑清楚 ………………… 70

思谋是采取冒险策略的最好保障 …………………………… 73

目标追逐过程中有得有失，不必太看重 …………………… 76

舍弃"小我"，谋取彼此共赢 ……………………………… 79

第4章 舍与得的人才课：
不以亲疏用人才能够实现人尽其才

人才是管理的根本，要想获得人才的"助"动，就需要自己舍得更多的投入。要认识人才的重要，尊重人才的作用，有效利用各种"怪才"，给人才以充分信任，不为传统规则所限制，提供出充分空间，才能发挥出人才的效用，自己事业发展也会获得最大推动。

领导必须树立以"人"为本的概念 …………………………………… 84

不以貌取人，才能看清员工内在的闪耀品质 …………………………… 87

不以亲疏用人，才能找到发挥人才效用的最佳位置 …………………… 90

对于特殊人才，领导要能特殊对待 …………………………………… 93

不要忽视小人物，关键时刻也有"大"作用 ……………………………… 96

能力比学历重要，发展又比能力重要 …………………………………… 99

舍弃疑虑，给人才充分施展的空间 …………………………………… 102

善任能免，才能算管理人才策略完整 …………………………………… 105

第5章 舍与得的授权课：
丢掉专权专制是获得轻松高效的途径

授权是舍与得的最美妙的平衡艺术。舍去自己的专制，才会给下属更多参与的机会；舍去自己的怀疑，可给下属形成最好的激励；舍去一份随意，谨慎对待，才能保证授权更有效率；进行及时的监督，才能使授权工作更加有效。当我们对授权充分认识和有效把握时，才可以为我们工作带来最大的帮助。

专制不等于权威，授权却等于效率 ……………………………… 110

事必躬亲会使效率低下，无为而治却能彰显领导艺术 ………… 113

员工能做的事情，领导绝不参与 ………………………………… 116

领导不是大权在握，分权是管理最有威力的武器 ……………… 119

授权是对下属的信任和鼓励 ……………………………………… 122

谨慎而放不如不放，授权就应彻底 ……………………………… 125

授权人选的选择要谨慎并且勇于突破 …………………………… 128

把握好授权的"度"，授权泛滥也是一种灾难 ………………… 131

授权也需要监督，权力分配要有制衡 …………………………… 133

第6章 舍与得的激励课：
成全别人想要的才能得到自己想要的

进行有效激励,需要我们对人性有更为透彻的认识。认识到认可的重要,才会大方给予言辞的赞美;认可物质的作用,才会把它作为基本的激励手段;认识到精神的重要,才会在注重物质的同时,也不忽略精神激励的有效作用;最终将所有方式有效融合,灵活发挥,才能保证激励效用的充分发挥。一个充满活力的团队,必然创造出卓越的业绩。

善用赞美,成本最低却是最有效的激励手段 …………… 138

大胆给予物质激励,相信重赏之下必有勇夫 …………… 141

注重物质,却也不能忽视精神激励的作用 ………………… 144

放弃独断,争取员工参与也会形成很好的激励效果 ……… 147

不因失败而抱怨员工,寄予信任与期望是最有效的激励 ……… 150

激励应恰到"好"处 ………………………………………… 153

奖励不要忘记惩罚,惩罚方式有时效果更佳 …………… 156

抛弃单一,要善于采用多样的激励方式 ………………… 158

对新员工更要注重激励,这样会带来意想不到的效果 ……… 161

第7章 舍与得的沟通课：
巧妙的讲话方式是收服人心的关键

因为沟通，人才能展示自己的社会性，信息和情感才得以传递；因为沟通，才可以使我们的管理更有效率，企业可以成为一个紧密团结的整体。认识沟通的作用，积极寻求有效沟通，巧妙变更自己的讲话方式，积极与双方分享内容，对沟通有这样的认识与准备之后，才能保证我们的沟通快捷而有效率。

不要忽略沟通，它很重要 ···················· 166

积极沟通，可以免掉许多麻烦 ···················· 169

沟通前，应做充分的准备工作 ···················· 172

放下架子，才能将自己带上沟通的平台 ···················· 175

转变自己说话的方式，注重倾听 ···················· 178

分享，可以让你成为员工的朋友 ···················· 181

要重视反对者的意见，它们的作用更为显著 ···················· 184

甄别人言真假，才能使沟通起到应有的作用 ···················· 187

第8章　舍与得的留人课：
真诚地对待下属是留住人才的有效方法

　　企业用人、留人，对管理者而言是最难的一门课程。对于人才的挽留，需要我们以更超脱的眼光看待人才的作用与位置，才能保证他们寻找到合适的位置，发挥出充分的效用。把握现在、突破常规限制、尊重人才、以自身实力去吸引人才、真诚地去挽留人才、为人才创造最好的工作和生活环境，相信这些内容，为我们挽留人才会提供出最好的参考。

不要等到失去才懂得珍惜 …………………………………… 192

要有人才意识，树立爱惜人才的好名声 …………………… 195

尊重可以架起领导与员工之间沟通的桥梁 ………………… 198

给对方以施展才华的空间，是挽留人才的最好方法 ……… 201

帮员工念好家里那本"经" …………………………………… 204

发自真诚地去挽留人才 ……………………………………… 207

以情动人，留人先要留心 …………………………………… 210

自身实力是挽留人才的最强保障 …………………………… 212

如果真不能挽留，不如放手让他走 ………………………… 215

该留的留，该走的及时请他离开 …………………………… 218

第9章 舍与得的协调课：
灵动处理是管理协调的重要前提

企业中有职务划分，则必然会有职务之间角色与工作内容的协调；企业要在市场中进行经营，就有可能遭遇各种风险。划分职务的范围，以灵动方式进行彼此关系的处理；认识危机、有效利用危机、充分应对危机，在领导者这样的认识和管理之下，相信企业必然会更加团结，也会拥有更强的市场抵御风险能力。

走到员工中间，及时发现问题苗头 …………………………… 222

尊重下级是上级处理关系的最好方式 …………………………… 225

灵活恰当地发挥好副职的作用 …………………………… 228

批评也要讲究方式 …………………………… 231

激发有建设作用的冲突 …………………………… 234

对可能出现的危机要有充分准备 …………………………… 237

危机之中也会存在机会 …………………………… 239

妥善处理所遭遇的危机 …………………………… 242

第10章 舍与得的团队课：
明确职责是打造优秀团队的根本

人是因为社会性才与其他动物划分出明显的区别的；企业是因为大家团结一致，才能发挥出最强的效用，获取最有利的结果的。对于领导者来说，一定要有团队管理的意识。每个人都是团队不可或缺的部分，各自承担自身角色，展示自身性格，发挥各自的作用，注重团队气氛，打造团队文化，当以团队的理念进行管理时，团队也必然会发挥出最强的合作与创新作用。

领导一定要有团队意识 …………………………… 246

团队的本质在于相互配合 ………………………… 249

要树立领导者在团队中的威信 …………………… 252

分清团队成员中每个人的角色 …………………… 255

不要忽视团队中的小人物，他们也不可或缺 …… 259

寻找制造快乐的人，让团队充满活力 …………… 262

释放团队成员的个性 ……………………………… 265

打造包容和谐的团队文化 ………………………… 268

第1章

舍与得的做人课：

圆通的人际关系是当好领导的前提

要做事，先做人。做人成功，才有做事成功的可能。明了舍与得的关系，对彼此的关系就会有更深刻的理解。放下自己的架子，让他人感受到温暖，尊重他人，对自己进行严格要求，人际关系会更加和谐、圆融，而各项工作的开展也就会更加顺利和便捷。

收起冷漠面孔，
让员工感觉到来自领导的关爱

冷漠是一把锋利的刀，可以割裂人们之间所有的联系，而一个真诚的笑容，却可以冰释前嫌，再次建立起两者间信任与沟通的桥梁。

如果对人冷漠，在彼此之间划分出一道不可逾越的鸿沟，双方只能互相遥遥观望，即使偶然感到对方的重要，却也不愿迈出主动的步伐，自己会陷入一片孤立无援之中。对于遭受冷漠的人——员工，即使有一腔激情，却无从表达，无从寄托，受制于身份与地位的限制，只能将自己的思想与情感寄托在狭小空间之内。认可这种冷漠，传递这种冷漠，被冷漠所支配的群体，最终将是毫无生机的。

生活中给家人以关爱，事业中给下属以关爱，能使工作心情变得愉悦；对于被关爱者，自然会体会到这份信任，会努力承担工作的职责，并去顾及工作的各个环节。和睦而信任的团队富有力量，所谓"仁者无敌"。

如果员工能感受到他人的关爱，在每日繁忙而枯燥的工作中突然遭遇一份温暖之后，想必内心会有一份感动，感动之余，是对对方的深深认可与信任。投之以桃，报之以李，一份信任是工作的动力。

黄嘉义是一家服装公司的老板，经营服装公司已有 10 年之久，因为常年在外出差，黄嘉义很少回公司，公司一直都交给朋友管理。黄嘉义长相很严肃，加之很少回公司，在员工的心目中一直是威严的形象。

年初，公司扩大生产，招聘了一批新员工，因为忙于业务，黄嘉义一直未回公司和新员工见面。黄嘉义这次回来后，特地带了几箱洗发水和沐浴露，趁着员工中午休息的时候，让几名员工把洗发水和沐浴露搬到了车间，亲自给每名员工发洗发水和沐浴露。

黄嘉义说："平时，我很少回来。这次有空回来和大家一起互动，我感觉很开心，你们别看我长得又黑又壮，其实我内心善良，大家今晚都别着急回家，今晚大家一起去聚餐吧，希望大家把这里当成自己的家。"几句简单的话说得员工都很感动，整个车间充满了欢声笑语。员工们对黄嘉义的印象也从之前地"铁面无私"转为"温文尔雅。"

作为领导者，也许有人会认为，就应该在团队中树立起绝对的威信，自己应该是不苟言笑的，并应与员工保持一段不可逾越的距离，只有这样，员工才会服从自己的管理，起到一个管理者应有的作用，也只有这样的形象，才会符合一个管理者应有的角色。

这样的观点也许没有错误，但在今日的时代背景下，我们也许要做出稍稍的变通，舍去一些威严，去争取获得员工的信任；舍去这份冷漠，换得一份理解，也许最终，自己的人际关系会因此而变得和谐，团队也因此富有活力。

作为松下公司的总裁，松下幸之助的工作非常忙碌，有时公司员工一年里只能见他一两次。但松下幸之助仍然非常关爱自己的员工，他以自己独特的方式，保持着与员工的交流。

松下幸之助是一个不善言谈的人，但他却深知沟通的重要性，他心里更明白，对员工适当表达关爱，不仅可使企业更加团结，而且能激发大家的工作热情。他常常给员工写信，讲述自己的所见所闻，或是所感所想。每到发工资的时候，这些信件，就随着工资一起发到员工手中。员工们也非常习惯这样的沟通方式。

有一次，松下到美国出差。在一家当地的日本餐馆吃饭，吃了两口米饭时，他突然停了下来。

"怎么，饭菜不好吃吗?"秘书急忙问道。

松下不做声，秘书打算结账离开，这时松下制止了他，说道:"不，米饭太香了，米饭是我们日本主要的食物，但为什么还不如吃面食的美国做得好呢?在电器方面难道也是同样的情形吗?"

秘书无言以对，只是轻轻叹了一口气。

回到住所后，松下立刻把自己的经历和感触以书信的形式传递回公司，在信的末尾，他这样写道:"我们要时刻保持警惕，要努力工作，不要懈怠。"

几十年如一日，松下依然保持写信的习惯，这让员工们非常感动。有些员工还会把信件带回家里，和家人一起分享。

后来，松下公司成为一个跨国性公司，在全世界设有230多家公司，员工总数超过25万人，公司能发展到如此规模，必然与这份特有的管理文化有密切的关系。

大家也许会认为，作为如此庞大国际公司的主要负责人，工作应该非常忙碌，他又怎么会有时间和普通员工进行交流?但事实恰恰相反，松下幸之助不仅这样做了，并且把这个工作坚持了下来。他这样做的原因，在于他认为与员工的交流很重要，对于工作开展有着非常有利的帮助，通过交流，员工能够与公司最关键的核心人物产生联系;通过关心，员工有了更多的归属感，愿意为公司的发展而全心努力。也许正是因为这样，他才成为松下幸之助，正是这样的管理方法与理念，才推动松下电器向着自己的事业目标不断前进。

领导是一门艺术。从事管理工作不应仅仅局限于短期的效益与报酬，要能看透工作关系之后所隐藏的人性内容。如果能从这一层面去思考和看待自己的工作，我们就不难舍去一份冷漠，换以一份关心的态度，而最终管理的效果会比之前好许多，这也正是领导艺术的妙处所在。

给员工表达不满的机会，
领导也要学会"受委屈"

抱怨是一种正常的心理情绪，生活中谁都难免遭遇挫折，个人内心中不能接受，难免对周围其他人发出种种牢骚。抱怨是非常有利的，抱怨之后，心情才得以平静，抱怨之后，问题才得以被发现，并有去寻求解决的可能；抱怨又是非常危险的，因为对其处理不当，就有可能造成双方关系的冲突，甚至是最终破裂。

工作之中遭遇抱怨相信会更加频繁。下属抱怨领导的种种不是，领导则会苛责下属的种种不足。对于这样的抱怨，我们必须首先做到正视，在认识的基础之上，有效寻求积极解决的方法。最终，在积极处理之下，抱怨不再是加剧关系恶化的"催化剂"，反而会成为调节彼此关系和谐的一个"中和剂"。

如何认识抱怨，又如何去处理员工的抱怨，可以体现出一个领导的管理水准，更能体现出他的管理是否具有艺术性。

在一些日本企业，会为员工设置专门的发泄室，将公司的老板和一些部门重要领导的画像或卡通塑像放在里边，员工完全可以以它们为对象宣泄自己不满的情绪。

这样做，不仅体现了老板的宽容，员工的情绪与不满也得以疏导。通过这种圆通的方式，管理双方的关系得到了有效的改善。

日本在企业的管理之中，建立起了一个表达不满的渠道，员工的情绪得以宣泄，就可以再次以平和的心态回归到工作之中，通过抱怨的有效解决，提高了工作效率。

但显然,这样的方式还有更大的拓展空间,如果领导能亲自倾听员工的不满,安慰对方的情绪,相信这样的方式不仅能缓解员工的情绪压力,还会额外带给彼此一份信任。

更为聪明的领导,不仅会积极倾听抱怨,更能从抱怨之中发现一些工作中隐藏的问题。员工的抱怨来源于压力,而压力是来自工作的状况,领导在抱怨的倾听中,及时发现其中的问题,反思之后,可对公司经营决策做出及时的调整。

以消极的态度处理抱怨,抱怨只能在个体的情绪中继续被压制,直到一天不能承受,爆发出来,会导致彼此关系的破裂。

以积极的态度处理抱怨,抱怨得以发泄,还可以建立起情感与信息交流的通道,彼此的关系更近一步。这些内容,无疑是一个优秀团队最为需要的。

舍得之间,总有微妙的平衡,小舍小得,大舍大得。舍去对抱怨的回避态度,换回员工工作状态的恢复,是彼此关系的改善与工作的有利开展。

对抱怨的认识与态度,能够有效考验出一个领导所具有的管理水平。领导应早早认识到员工抱怨的危害,看到它的存在对团队工作开展的不利,但其中又蕴藏有彼此关系改善的契机,有效利用,可以有力推动团体工作的开展。抱怨出现后,领导要能挺身而出,舍弃一份"小我"的狭隘,积极处理,最终在这份圆通的人际氛围中,有效履行一个管理者应有的职责。

一位广告公司的新任经理,在一个大项目的广告策划中,产生失误,他因为太过强调广告自身的文艺性和特性而使广告脱离现实,最终市场反响非常不好,客户对公司有很大抱怨,甚至声称要终止合作。

这位经理看到自己给公司造成这么巨大的损失,非常过意不去,于是向总经理递交了辞呈。但最终总经理却并没有批准他的申请,总经理只是拉着他的手,说道:"我们已为你的学习交了学费,怎么会轻易放你走,学了可不能白学啊!"这位经理非常意外,双眼中已是热泪盈眶,表示为了挽回自己的过失,他会竭尽全力为公司奉献全部的精力与才华。

在以后的工作中，这位经理发奋图强，他不仅改变了自己不切合实际的想法，还有效利用自身的独立性与艺术性特点，策划出一个个又有市场效益，又有艺术水准的广告作品，为公司赚取了一笔又一笔的利润。

我们必须佩服于那位总经理的眼光与手段，也许他看到了这位广告经理的才华，知道一次失败与挫折之后，他会对自己进行调整，最终也会找到自己的方向。因为这样的判断，面对挫折和委屈，他选择由领导者自己来承担，而给予这位员工继续发展的机会。

那位广告经理在总经理的鼓励之下，不仅调整了工作的方法，并且还有了积极工作的动力，最终为公司作出了卓越的贡献。

领导的"委屈"，并不会白白承受，在这份承受当中，员工得以获得成长与发展的机会，在这份承担之中，显示出领导对员工所寄予的一份期望与厚托，领导虽然在承受这份委屈，但员工却在工作前沿施展出自己最强大的力量。

领导承受委屈只在关键的时刻，一份圆通的包容，会使彼此关系得以改善，并建立起延续的信任，最终在自己的管理之下，也得以获得一个团结、信任并富有活力和创造力的团队。

放下领导的架子，与员工成为知己

"有朋自远方来，不亦乐乎！"在中国古代，人们就明白朋友的作用如此重要。在历史文化中，还有"俞伯牙摔琴谢知音"、"八拜之交"等其他典故内容。

朋友，寄托以一份情感，托付以一份信任，在事业上又可相互扶协，共同促进，这种人际交往方式，为何不能为我们今日处理工作关系所用？

　　若能以朋友方式去处理自己工作中的关系，彼此之间的情感就会递增一份，并会为对方提供更多包容，而工作的内容，也会因为彼此的信任与分担，变得轻松而有效率。领导与员工之间，领导与部门之间，企业与企业之间，如果能彼此以朋友看待对方，那自己的人际关系就会变得通融，一份通融之后，事业会开展得便利与顺畅。

　　在三国争霸中，刘备以其独特的性格与管理方式给人们留下深刻的印象，并且成为他夺取天下最为有利的武器。

　　刘备并无军事上的实力，只是拥有一个牵强的皇室血缘背景，他正是凭借平易近人的方式，处理好人际关系，使自己团队拥有无往而不利的气势。

　　在他早期为官时，平等待人，即使不是身为士人的普通百姓，都可与他同席而坐，同簋而食，不会有所拣择。

　　在三国的纷争中，桃园结义，与张飞、关羽结拜为兄弟，谋定共赢天下。后两者都成为他手下大将，一生追随。正是自这份情感的维系中，在历史舞台上上演一幕幕关云长"割袍断义"、赵云"长坂坡忠心救主"、诸葛亮"鞠躬尽瘁，死而后已"的感人故事。

　　从管理的角度对刘备进行分析，他正是将朋友的关系有效地融合到自己的管理之中，并且非常善于经营这种关系，把其效用发挥到了极致。在自己征战天下的过程中，这份寄托以情感的信任，使得手下的人员发挥出超乎寻常的力量，尽忠职守，对自己事业发展形成了最为强大的推动力。

　　作为领导，我们一定要能放下自己的架子，不能认为只有摆起架子，别人感受你的威严，才能服从你的领导。舍去这份拒绝，舍去这份冷漠，舍去彼此的猜忌，换回的将是彼此的亲近与一份信任，与冷漠所产生的效力相比，这份如朋友般信任的感动，相信会对员工形成更多的激励。

　　不仅在上下级的关系处理中应该这样，在我们的同事关系处理中，在领导部门之间的关系处理中，在企业外联事务的处理中，我们都要能看到对方情感交流的需要,如果能以知己的方式对彼此关系进行处理,以开放与信任的态度相互对待,相信对我们工作的开展会起到顺畅而富有效率的作用。

一运输公司经理接到一桩大业务,有一批货物需要在半天之内搬运到码头,任务很重。

但经理手下就那么几个伙计,他们速度再快,力量再大也是很难完成的,非常让人头疼。

这天一早,经理亲自下厨做饭,并把饭给伙计们一一盛好,亲手捧到他们每个人手里。

一个小伙子接过饭碗,拿起筷子,正要往嘴里扒,忽然一股诱人的浓香扑鼻而来,他急忙用筷子扒开一个小洞,发现三块油光发亮的排骨揣在米饭当中。

小伙子立即扭过身,一声不响地蹲在屋角,狼吞虎咽地吃起来。

搬货时,小伙子把货装得满满的,一趟又一趟,来回飞奔着跑,干得汗流如雨。

同时,其他的伙计也像这个小伙子一样卖力,个个汗流浃背,最终,在规定的时间里,完成了所有的任务。

晚上,躺在床上,大家谈起了今天的事情,有人就问他:"感觉你今天干活特别卖力啊。"

这位小伙子憨厚地笑了笑,说:"不瞒你说,早上经理在我碗里塞了三块排骨,我总要对得起他对我的关照吧。"

"哦",另一个伙计非常惊讶,"我的碗里也有啊!"

大家彼此一询问,才知道,在每个人的碗里,都放了三块排骨。

俗话说得好,"士为知己者死,女为悦己者容",这三块排骨也许并不重要,但却是经理亲自下厨做的,并且亲手端到每位员工的手里,这就使它意义非凡,相信这样的举动,一定会温暖每个员工的内心。面对具有挑战性的工作任务,又有什么内容比这样的三块排骨更有分量。中国传统文化中,总在强调感恩的精神与内容,若是怀揣有感恩的情怀,那相信面对所有的困难,也会有迎战的勇气。

作为领导,身份的威严是必然需要的,但在一些时刻,一些场合,也要能适当放下自己的架子,要把自己的员工看成是家庭的一员,要看到他们可以和自己共同分担企业发展的责任,他们会和自己为同一目标而奋斗,也可以相互分担情感,并彼此互相鼓励,所有这些来自于领导的分享,最终对自己管理工作能圆满完成都会有极大的益处。

放下架子,并不是一件很难的事情,善于比较和思考,就会促使你更倾向于放下这份架子,去主动亲近他人。当你放下架子的时候,你也就赢得了朋友。

不要忽视他人价值,尊重每一位员工

席勒曾经说过:"知道自己尊严的人,就会去尊重别人的尊严!"尊重是双向的,如果你知道维护自己的尊严,你也就会去维护其他人的尊严,如果你去维护了别人的尊严,相信他人也自然会维护你的尊严。

生活中,尊重如此重要。一句礼貌的用语,一句轻声的问候,双方的心情得以开朗,敞开心扉交流彼此的感触与意见。一份尊重,建立起的是双方信任与沟通的桥梁。

工作中,大家见面时展示出一个真诚的微笑,对对方工作进行更多的认可与肯定,这些会让对方在心态上有所释然而变得自信从容,并对对方产生信赖。一份尊重,建立的是彼此的认可与协调。

一次,英国的维多利亚女王和丈夫吵架了,丈夫非常生气,悻悻离开,独自回到卧室,关起了门。傍晚时,女王回到卧室,站在门口,轻轻敲门。

从屋里传出来一个声音:"谁?"

维多利亚大声回答道:"我是女王!"

意外的是，里边没有任何回应，又转为无声无息。等待片刻维多利亚只好再次敲门。

里边又传出来一个声音："你是谁？"

"我是维多利亚。"这次她的声音柔和多了。

不过，等待片刻，里边依然没有动静。女王自己无处可去，最终只好无奈地第三次敲门。

那个声音再次传来："你是谁？"

"我是你的妻子。"女王这次乖多了，声音中甚至都渗透出乞怜的气息。

还没有过一秒钟，门却应声而开。门后正站着她微笑的丈夫。

作为英国的女王，维多利亚有着无上的权威，但是作为丈夫的妻子，她却必须在生活中认识自己的角色与位置。她要能体会丈夫的情感与关心，并能平等地给予对方以关爱，只有这样，她的言语和行为才会最为恰当。而那扇背后"隐藏"微笑的大门，也才能为她打开。

工作中，作为领导，我们应该拥有威严，只有这样才能驾驭我们的工作，这种观点是完全正确的。但总是在自己的脸上挂着冷血冰霜，就会让人产生接触的怯懦，缺乏交流也不会对我们的工作产生什么益处。适当的时候我们可以尝试一些改变，要能去认识到每个员工在集体中的位置与作用，认识态度有所转变之后，就会产生不同的行为。一个微笑，一个体贴的动作，一句对对方的赞赏，就会让对方感受无限的满足，工作因此而更有效率，团队因此而更加和谐。

领导也许会认为，自己身上承担着太多的职责，只有那些最为重要的下属与关键人才，才是自己应该注意与关心的，因为他们可以给企业带来效益。但事实不然，螺丝钉虽小，但它可以守候大厦的安危，明星员工能够闪耀，却是有更多员工对其工作的支持。作为一个管理者，应该舍弃掉自己狭隘与局限的认识，在看到局部重要凸显的同时，也能看到整体的结构联系与相互平衡，在抓住重点工作的时候，也要顾及工作的全面开展。最终自己所获得的，是各个部门之间的协调与信息交流顺畅,这也正体现出一名领导者游刃有余的管理艺术。

强生公司的一个业务员,经常去一家药品杂货店推销产品。

每次他进这家店,都总要先和柜台的营业员寒暄上几句,然后才去见店主。一天,他来到这家商店的时候,店主突然告诉他以后不用再来了,因为他认为强生公司的产品是针对食品市场和廉价商店而设计,对于他们这种小药品杂货店并没有好处。这个业务员只好黯然离开,开着车子在镇上转悠,经过一番考虑后,他最后还是决定回到商店,因为他认为有些问题必须解释清楚。

走进商店,他依然和柜台上的营业员打了招呼,然后才进到里边店主的办公室。

没想到,店主见到他却非常高兴,笑着欢迎他回来,并且很爽快地下了订单。业务员十分惊讶,店主指着柜台的营业员说:"是他说服了我。"

他接着说:"我不知道他为什么这么做,不过作为直接面对顾客的销售人员,他也许比我更了解顾客需要什么,他说你们的产品会适合这里社区的居民。"

生意得以达成,业务员十分高兴,他和那位销售员也成了很好的朋友。

推销员最后说:"我永远不会忘记,关心、尊重每一个人,这是我们必备的特质。"

也许对方不是关键的决策制定者,但不知什么时候,他就会对决策产生出什么重要的影响,养成一个尊重他人的习惯,这不仅是一个业务员应有的素养,也是我们社会生活应有的素养,而最终他人总会对我们的工作开展产生一些"意外"的推动。

不要小看团队中每个员工的价值,也许他只是默默无闻的一名后勤人员,也许他只是保障团队正常运营的服务人员,也许他只是一名普通的数据收集工作者,但他们也在为团队的前进贡献着自己的力量,他们也需要获得团队对其的尊重,对其工作进行认可。他们的工作内容对集体而言又是不可或缺的,如果对其进行尊重,对其工作进行认可,他们也许会获得更大的工作动力,从而对团队形成更加团结而紧密的影响。

在中国传统文化中,非常强调"合乎于礼,守候以仁"的概念,会描述"君使臣以礼,臣事君以忠"、"君臣之礼,父子之礼"等内容,这一理念所铸就的群体性格,会非常关注于彼此交往是否对待以礼。如果感受到对方礼貌的对待,自己的心情与态度就会发生相应积极的转变,如果没有感受到应有的尊重,在态度上就会产生消极甚至是逆反的情绪。

在管理工作中,一定要认识到自己所处群体的文化背景,分析在当今时代所呈现的特征,有所了解和把控之后,才能寻找到最为有利的工作开展方式,认可到尊重的作用,并积极寻求尊重的可能,最终将彼此关系融合到通融之中,团队因这份彼此的信任也就会产生出更好的效率。

好领导要学会包容,能够接纳下属的短处

"金无足赤,人无完人,"人生谁能无短?

对于他人的短处,我们该如何看待?欷歔哀叹,行以自我嘲讽,对于自己的长处,则沾沾自喜,时刻怀揣心中,并会时时盯着他人的不足。最终,我们的短处会使得我们看起来越发矮小,而无形中我们的长处,被自己的认识所局限,也不再那么凸显,这样,当岁月流逝之后,剩下的,就只有平庸了。

工作中,面对一个"一无是处"的下属,我们该如何面对?

比较那些拥有优秀业绩的业务员,他总是业务平平,甚至随时都会丧失掉工作的自信,比较那些敏锐的谈判者,他的反应总是"姗姗来迟",比较那些思维活跃的"开拓者",他总是提不出什么自己的意见。面对这些人,我们一定会感到无可奈何,我们一定会抱怨,如果不是他们存在诸多"不足",我们也许会创造出

更好的业绩。

如果换一个角度思考，也许会对这一问题产生不同的认识。

骆驼和羊为"高"和"矮"的问题争论不休。它们来到一棵大树下，骆驼抬起头就够到了树叶，津津有味地吃了起来；羊伸长了脖子，就是连蹦带跳，也够不到一片叶子，只能吃从骆驼嘴里散落的叶子，骆驼得意地说："高比矮好吧。"羊却并不服气。

它俩又往前走，来到一座门前，门非常窄小，门里却有许多鲜美的青草。羊大模大样地走进去，开始啃食园里的青草；骆驼尝试了各种办法，屈膝跪腿，低头使劲往里边钻，但就是进不去那道门，最后只能望肥草而兴叹。羊这时骄傲地说："看到了吧，矮还是比高好。"骆驼也不服气。

这时，老牛过来评理了："你们只看到自己的长处，不看自己的短处，这是不对的，自己的长处在一定条件下就会变成阻碍，而别人的短处在某些时候也说不定会变成长处。"

我们所认为的短处，也许让我们一时够不着高处的叶子，却可以让我们轻松地经过狭隘的大门，去收获门内的果实。人之长短，只是在于比较之中。

有些人的短处，换一个角度看待，也许就有别人所不能及的优势；有些人的短处只需要变换一个空间，就可以给他提供出施展的机会；有些人的短处，只是因为他处于成长过程之中，经过一段时间之后，也许他就会蕴发出成熟的魅力。反之，我们却要谨慎地看待那些人所谓的长处，今日的长处也许就是明日的短处，某些人的所谓长处之下，也许隐藏着我们还没有发现的致命短处，经历时间考验之后，也许这些短处就会慢慢地暴露出来。

有些员工也许不具备捕捉市场的敏锐眼光，但他具有滔滔不绝，能够"颠倒"是非的口才和一腔的激情；有些员工或许不具有决策的果断，但他却具有敦厚踏实的性格与勇于担当的品质；有些员工也许不善于待人接物，但他却善于应对枯燥而耗费思考的研发工作。即使真的有一个员工一无是处，那他委身于团队之中，也可称为他人自信的"基石"。

作为领导，作为团队的掌控者，要能包容所有的员工，看到短有长之用处，看到长有短之不足。一份包容的胸襟之中，是对团队所有员工的运筹安排，并可以使自己团队发展能经历时间的考验，那短者能寻找到自己的用武之地，那长者能平淡看待自己的优势与不足。帅者，其手下并不尽是勇猛之才，都能为我所用者，才为良帅。

一份包容之下，舍弃是原先的狭隘与对对方不足的抱怨，以包容的胸襟去看待对方的优点与不足。在更为长远的规划中，去协调团队成员与他们工作的关系，而最终他所获得的，是团队每个成员得到了成长，是团队所拥有的高效率。

红顶商人胡雪岩身边，就有许多在别人眼中是一无是处的"败家子"，但这些人在他的手下，都变成了一个个不可多得的人才。这也正是胡雪岩"用人之长，容人之短，不求完人，但求能人"管理观念的具体体现。

陈世龙原本是一个整天混迹赌场的"小混混"，胡雪岩却非常看好他，整天带在身边，因为胡雪岩虽然知道他整日游手好闲，不务正业，却非常灵活，与人结交也从不露怯，打得开场面，还有这小伙子不出卖朋友，靠得住，是个有血性的人，说话从来算数。

由于胡雪岩看到了这些优点，最终将他调教成为自己生意场上的得力助手。

"役其所长，则事无废功；避其所短，则世无弃材。"任用人的长处，则凡事不会不成功；回避其短处，则世界上没有不可用之才。胡雪岩使用人才，正是不拘泥于其短处，并从短处看到他人身上所储备的优点，并加以有效引导利用，最终使他找到自己最恰当的位置，也使自己获得最得力的助手。

下属存在短处，并不是说他就是毫无可用之人，也许在他时、他地，就会拥有发挥的价值。作为领导，我们要能够包容他人一时的不足，甚至在一些时候，要能去"护短"，用自己智慧的眼睛去发掘这个人身上所具有的其他长处，或是帮助他寻找到合适的机会去发挥他的能力。最终,对方得以发展,自己的管理艺术也得以完善。

做领导要舍弃浮躁,懂得忍耐

没有人能够回避浮躁的经历,但关于浮躁,人们却可以以不同的态度来对待。

有人会放纵一时的情绪,宣泄心中的不满,放弃承受的态度,以冲突和决裂的方式去处理所遭遇的问题;而有些人,却懂得忍耐,因为他能看到未来的发展,因为他知道这份守候的重要。最终情势的发展,因为此份担当而有延续的可能,而过程中所呈现的也是个人的智慧与卓越的把控能力。

生活中,我们都会遭遇浮躁。如果我们选择一时的放任,也许自己暂时可以不用承担,但短暂的轻松之后,我们就会面临不利的结果,此时也许就会后悔当初没有做到忍让与坚持。

选择暂时的忍耐,也许对个人来说是对自己的挑战,因为此时各种负面的情绪是那么的不堪承受,但因为这份忍耐,事业得以发展,信任得以延续,而局势的发展不用多久就可展现出精彩结果。并且这样的忍让与承受也是对个人的一次锻炼与认可,生活因为历练而丰富,生命因为承受而厚重。

工作中,作为领导,相信会遭遇更多的浮躁,因为他掌控着一个团队,团队中各项事务繁杂;因为他身上背负一个团队的责任,稍有差错,都会产生截然相反的结果。面对浮躁,他们有资格去宣泄与表达不满,但是作为一个优秀的领导,作为一个有着艺术水准的领导,他却必须去选择忍耐。忍耐以自己,忍耐以他人,从情绪之中发现那些理性的线索,去寻找自己发展的有利契机,最终使得事情的发展得以延续,而自己的管理职责也得以圆满完成。

美国著名总统林肯就是一个很有耐性的人。

在南北战争时期,有一位叫麦克里兰的将军,他对林肯总统就非常傲慢无礼。

在战争刚开始的时候,麦克里兰打了几场小仗,并取得胜利,在国内形成广泛的影响,人们称他为"小拿破仑"。

美国"牛径溪"之役失败后,麦克里兰将残兵败将加以训练,准备再战,一切准备就绪。林肯一再催他出击,但他就是不肯出动,他拖延,耽搁,寻找各种借口,硬是不肯前进。最后麦克里兰竟说马儿累了,舌头疼,因此无法行动。

麦克里兰对林肯还十分过分。

总统来看望他,他竟让总统在前厅里等了半个钟头。有一次,他晚上11点才回到家里,佣人说林肯已经等了数小时要见他。没想到麦克里兰走过房门,径直上楼,去睡觉了,并让佣人告诉林肯,他已经上楼睡觉了。

这件事被报纸大肆宣传,人们议论纷纷。林肯太太泪流满面地请求林肯撤换掉"那个叫人感到害怕的空谈专家"。林肯回答她说:"我知道他不对,但这种时候,我不能顾及自己的情绪。只要麦克里兰能打胜仗,我愿意替他提鞋子。"

林肯对麦克里兰可谓是耐性十足。在彼此的交往当中,麦克里兰已经完全超出了自己作为一个将军对待总统所应有的礼貌,但是,对于这样的无礼行为,林肯还是选择了包容,即使他的太太对他提出异议时,他也依然坚持自己的观点。他这样做的原因在于,他知道麦克里兰对于战争的胜利有很大的作用,而战争的胜利则可以左右自己的政治生命。最终,林肯成全了麦克里兰,也造就了胜利,在林肯的领导之下,取得了最好的战绩,因为博大的胸怀,我们也记住了这位最为著名的总统。

作为领导,特别是一个有艺术水准的领导,面对浮躁,他一定要能做出很好的取舍。舍弃一时的浮躁,舍弃一份放任的可能,甚至如林肯一般舍弃掉自己作为总统应有的尊严,而他却会去履行自己应尽的职责,维护团队的团结,维护事情发展的延续,最后他所收获的,是事业得以超越性发展,更是自身管理能力的不断提高与广泛认可。

李沆是宋朝真宗时的宰相。一天,在途中被一个儒生拦下上书。书生慷慨陈词,历数其短,但李沆却丝毫没有发怒,反而向他致谢,说:"等我回家,一定会慢慢地看。"

儒生以为李沆怠慢于他,十分不满,一路跟随,并大声斥责道:"你身居高位却不能兼济天下,还不愿意引退,堵塞贤人上进道路,你心里就一点也不愧疚吗?"

李沆在马上恭敬地回答:"多次请求引退,主上都没有应允。"

尽管被这样一位不知名姓的儒生当街斥责,李沆脸上始终没有一点怒色。

其实,李沆并非是儒生所说的"居大位不能济天下"的宰相。

李沆办事,从来以国家利益为重,即使真宗有错,也敢于抗争。一次真宗手诏欲立刘氏为贵妃,李沆当着使者的面,用蜡烛焚烧了诏书,并附上奏言:"臣以为不可。"最终真宗果真听从了他的意见,此事作罢。

宋真宗对他的评价是:"沆为大臣,忠良纯厚,始终如一。"

李沆所遭遇的情形,如果放在今日,恐怕任何一个领导都会火冒三丈,被一个无名小生毫无缘由,如此无礼指责自身不足,即使有着极大的耐性,也不足以承受。陷入浮躁之中,情绪极易被激怒,如果态度激烈,如这位儒生一般,可能会因诽谤而获罪,即使面对耐性较好的领导,也不会再给予更多理会,更不要希望能获得尊重。

而这恰恰体现出李沆的不同于常官之处,谦逊之下,自己只是低调地进行解释,反而让人们感觉这位儒生欠缺稳重而太过轻狂。但李沆并不是一个懦弱之人,在面对皇帝的异议时,他又能如此不顾及自身利益,及时表达出自己对于问题的见解与看法,最终使事情向着有利的方向发展。

管理并不是一个中规中矩的过程,也不是可以遵循统一的工作方式来完成的,因为人们认识不同,掌控不同,相信人们会有不同的判断,坚持不同的行为规则。

　　面对于浮躁，如果能认识到自身责任的重要，如果能对自身的情绪做出极大的掌控，那自己人际关系的处理，就会圆通许多。而在这份圆通之中，情绪的影响得以降到最低，而事物可以得到正常的发展，最终，众人不得不承认这位领导管理手段的高明。

摒弃对完美的过分追求，不要求全责备

　　人生都会追求完美，但过分地追求完美，却并不会给一个人带来多大的益处，自己整日纠缠于细节中不说，还会让对方感到无所适从，语言与行为无从寻找可依据的标准。

　　生活中我们会追求完美，也许可以对我们形成最大的激励，我们为了这一目标而努力奋斗，并最终有所收获，但对完美过分的追求，却有可能使我们陷入到发展的困境。因为一份极致的完美，已经超越了现实，如果人们在意识中对此不能有客观的认识，如果不能将自己从这份完美中解脱，那自身的精力要在这一目标的纠缠中耗费殆尽，自己的情感也要为这一目标的不可获得而倍感悲伤。

　　工作中，我们也会追求完美，我们希望公司的业绩目标总能在确定的时间里，得以圆满完成，希望自己员工的表现总如自己所期望的那样满意。但稍有实践经验的领导，都会知道这样的情况更多的是一种主观的期望，我们工作总是在现实与目标之间徘徊，而我们的员工，也总在不断发生改变。只有舍弃掉一份对完美的极致追求，才能使自己的领导工作具备一份现实性，也才能更好地完成自己的管理工作。

　　远藤是一家日本企业的技术员，远藤的工作效率很高，可是远藤有个缺点，上班时,喜欢将用过的文件全部堆在桌子上。远藤的直接领导是个尽善尽美的领导,在他的眼中揉不得沙子,领导和远藤说过几次了,可是远藤过几天老毛病又犯了。这样一来,领导感觉自己的威严受到了挑衅。

有一天下班的时候,领导把远藤叫到办公室里,将远藤教训了一顿,远藤站在办公室里像犯错的孩子,没有半句反驳。领导教训完了之后,远藤心情特不愉快地下班了。之后的几个月,远藤和领导的关系一直不温不火。

公司年底聚会上,要选举当年最受欢迎的领导干部,选举的模式是淘汰制度,到最后,只剩下远藤的领导和另一部门的总监了。

最关键的时候到了,最后一轮投票开始了,当最后只剩下远藤一人还未投票时,远藤的领导和总监都有些许紧张起来,总监担心远藤将珍贵的一票投给自己的领导,领导担心远藤记恨在心,将一票投给总监。

最后,远藤将珍贵的一票投给了那位和他不是很熟悉的总监。

作为领导,如果只是认可员工的完美表现,而不能放下其行为中的任何瑕疵,那最终的结果呈现,即使他是一个有着无限潜力的员工,也会因为这份苛责的态度而丧失自信,对工作进展造成阻碍。与其相对,如果我们能以包容的态度去看员工的不足,在其出现错误的时候,依旧能给予信任和鼓励,那么,相信他会全力以赴地做好工作,个人潜能也能得到进一步的发挥。

作为领导,我们要舍弃对完美的过分追求,要认识到完美的不现实性,要认识到对它的过分追求,对彼此双方都会产生一种危害。以这些认识去调整我们的行为,就会呈现更多的对对方不足的包容与接纳。其最终的结果是,我们自身的情绪会轻松许多,对待工作也能客观地看待,在领导的包容之中,员工就会获取更多的发展空间去施展自己的才华。

放弃掉完美的过分追求,是一种圆通人际关系理念的体现。在领导与员工的关系中,在部门的关系中,在企业与外联的关系处理中,给对方以一份包容,一定也可换回对方的一份感激,谁能无错,当自己有一天也出现同样失误时,必然也会被对方所容纳接受。

在圆通的关系之中，我们彼此获取到一份信任，这份信任是最难以获取的，也是最为宝贵的财富。

曾国藩的家族中有件代代相传的有趣故事。曾国藩在京城为官，一天，湖南老家来信，原来为盖新宅，与邻居为一墙之隔的地界发生了争执，闹得非常不快，来信寻求在朝中为官的曾国藩帮助。

收到此信后，曾国藩写了一封长信给弟弟曾国潢，附上一首诗："千里修书只为墙，让他三尺又何妨，长城万里今犹在，不见当年秦始皇。"

家族中人收到信，读了诗后，一时警醒，胸襟豁然开朗。"让他三尺又何妨"，毅然主动将地退让三尺，没想到曾家的这一举动，竟然感动了邻居，不再与曾家争执，也自行退让三尺，于是就有了历史上著名的"六尺胡同"。

在人们的印象当中，最为优秀的领导，一定有着比常人更为宽阔的心胸，俗话说"宰相肚里能撑船"，当所有是非内容都在自己的掌控之下，当所有的残缺与完美，都不能对自己形成过多的牵绊，自己才能对影响事物发展的各种因素进行最好的掌控。

以一份包容圆通的态度去对待和处理彼此之间的关系与遭遇到的问题，问题方才得以圆满解决，双方也得以退让出更多空间，并且还成就出曾国藩为官艺术的好名声。

反之，假设双方总是过分追求完美，一定要在这墙壁的界线上争个你死我活，而曾国藩又没有如此超然的态度施以影响，那最终结果恐怕就不是现实所能想象的了。

领导要严格要求自己，宽容对待员工

"严于律己，宽以待人"，虽是极为浅显且人所共知的道理，但要真正做到也并不是件容易的事情，此处将所有内容论述出来，希望对大家理解有所帮助。

对自己一份严格要求，才能延续一份事业与能力的精进，以积极而不懈怠的态度面对生活，在经历以时间之后，才能感受到自己不为落后；反之，对待自己以一份放纵与随意态度，那恐怕其最终，可能会获取一时的快乐，但不用多久，就会发现自己已陷入到一份难堪的困境之中。

宽容对待他人，不要去苛责对方的一份欠缺，不要去过分强调别人的一份不足，反之以微笑和开阔的胸怀来处理彼此的交往，在一份释然的态度中，对方对自己自然是一份信任与依赖。反之，总以苛责的态度对待他人，那结果就会给工作带来极大的不利，总是计较于得失，总是反复于信任，最终，失去对方的信任不说，最终可能使双方关系也走向破裂。

工作中，我们应该严格要求自己，宽容对待他人，作为领导更应如此。

严格要求自己，才能使自己在业务与管理能力上不断精进，自己管理水平不断提高，在自己领导之下，整体业绩才会不断发展。同时，严格要求自己更是以身作则的一种表率，领导能够对自己进行严格要求，团队成员必然会仰视其行为，在这份尊崇之中，自然会自主学习，团队整体风气也就得以改善。

宽容对待他人，是对对方的一份包容与信任，也是自身性格厚重与包容能力的体现，在自己的宽容当中，成就对方，让其获得继续发展的机会，最终因为此份不足对个人成长却形成一次很好的促进；成就自己，对方必然会对自己心存一份感激，在工作中，必然会得到更加默契的配合。

彭德怀是中国人民解放军的创建人和领导者之一。在新中国的诞生过程中，创造了丰功伟绩，1955年被授予元帅军衔。他是一个严于律己的人，堪称人民的楷模。

1939年，日军对五台山、太行山、恒山以及华北平原等地实行严密的"囚笼"政策，一天，八路军转战到了砖壁村。进村的时候，彭德怀一再告诫部队要严格遵守"三大纪律八项注意"，可没想到，一进村彭德怀就打碎了房东家的大瓦盆。

那天听说八路军来了，躲起来的老百姓纷纷回到了村里。彭德怀知道后，立即找到对方要赔瓦盆，拿出钱后，老百姓硬是不肯收。由于日军封锁，老区缺少食糖，最终彭德怀叫警卫员把自己的一碗白糖，作为赔偿。房东很感动，把自己遇到的事向大家细细描述，彭老总得到了百姓的普遍拥戴，最终，这个村庄成了八路军的"铁杆根据地"。

当了元帅以后他仍然保持革命老传统。一次去东南沿海检查工作，当地的一位负责人将一坛黄酒送到了彭老总的驻地，请参谋转交彭老总。彭德怀知道后，脸霎时阴沉，询问参谋是否付了钱。听说没付，他立刻严厉批评了参谋："这种作风要不得，如果不制止，它就会像瘟疫一样泛滥成灾。"于是，一回到北京，参谋马上把酒钱寄还。

彭德怀对自己严格要求，对亲属也是同样的要求严格。1955年，彭德怀的大侄子考进一所军事院校，彭德怀心里高兴，但他不是表扬侄子，而是给他上了一堂保持艰苦朴素优良传统的教育课，不允许侄子有高干子弟的特殊待遇。

作为领导，要能以身作则，严于律己，从我做起，才能为大家所敬仰和信任；反之，做事总是缩头缩尾，放任自己，毫无原则，总是计较个人得失，那便是犯了作为企业领导的大忌，最终也必定无法在下属面前建立威信。没有一定威信的领导，又岂能管人？

作为领导自己要严格要求自己，但是对待员工，却需要有一颗包容的心。

在一个寺院，戒律森严，无特殊情况不允许外出，一到晚上，寺院大门就会关闭。在这个寺院，住着一位德高望重的住持和一群小和尚。

一天傍晚，吃过斋饭后，住持一人独自在寺院里散步。走到南墙下时，他突然发现了一把椅背斜靠在墙上的椅子，他心里明白不知道哪个贪玩的小和尚又翻出墙去玩耍了。

住持并没有离开，也没有拿走椅子，只是默不作声地站在椅子不远处静静等待。

等啊等，一直等到午夜时分，才从墙头上探出一个小和尚的脑袋，只见他四处观望了一下，就翻过墙，踩着椅子，跳到地上。

小和尚拍去身上的泥土，正要回头，却发现了站在不远处的住持，一时间惊慌失措，不知道如何应对，心里已在等待住持的责备或打骂。

谁知，住持只是微微一笑，没有责怪这位小和尚，只是心平气和地说："外面危险，我只是想知道你是否安全回来了，我就可以放心睡觉。"说完，住持回过身，就离开了。

从此以后，小和尚再也没有偷偷翻墙，而是更加努力地修炼。过了多年，他也成了一位造诣深厚的有道高僧。

设想我们生活中遇到类似情形，孩子一定会受到责骂甚至体罚，领导也可能会严厉地批评员工，而这位住持显然采取了一种不同的方法。他将对方的过错完全隐忍到自己的内心，在对方完全认识到自己过错的情况下，更多去顾及对方的情绪，最终选择释然，没有给予任何的苛责，而是让他对自己的行为进行一次反思和改正。最终结果证明，这种方式远比一场训斥好得多。

严于待己，宽以待人，就会使自己的人际关系处理进入到一种圆通之中，对自己的严格，会形成群体中的榜样，会获得对方的认可和信任，自己各项工作的安排，在这份威信当中就会获得更好执行；宽容对待他人，就可以给对方更多的反思与改正的空间，在一份包容之中，对方可以用更从容的态度来对待自己所面临的工作，又因为这份信任，自己也可以获取更为强大发展的动力。圆通之中,成就彼此,也成就自己管理的艺术。

　　管理工作,归根到底是管人的工作,是否具有一个良好的人际关系,会决定我们管理工作的成败。我们要尊重员工,放低自己的姿态,倾听他人的声音,戒除自己的浮躁之气,对他人以宽容,更多借鉴禅理中包容与平等的理念,这样,在我们的人际关系处理中,才能更多融入圆通的内容,最终为我们开展管理工作也就建立起有效的平台。

第 2 章

舍与得的威信课：

低调的为人方式是赢得尊重的基础

群体中威信的树立，并不在于高调展示与锋芒毕露，看透威信背后的责任与能力，看透在关键时刻所发生的作用，必然会将自己的言语行为融入一种低调，获得真正的认可，才能游刃有余地处理工作中所遇到的各项问题。

不夸夸其谈，谨言慎语更能展现领导的自信

"夸夸其谈是软弱的首要标志，而那些能够成就大事的人往往是守口如瓶的"，这是古罗马哲学家西塞罗的名言。

人都不免夸夸其谈，它可以满足一个人一时的欲望，在言语的挥洒中，可以得到别人的敬仰，人们因此而感受到满足。但不用多久，人们就会面对最终的结果，也就明白此人的话是多么肤浅而不可信任，一旦形成这一判断，即使这人再花费千百倍的精力，也不能进行再次更改。因为现实中频繁遭遇这一情况，最终对这一词语的使用，也就带有更多的贬义，因此而为人所回避。

有些领导，好于面子，喜欢说大话，在同事、家人面前，总习惯表决心，做判断，以此显示自己的卓越与超然。但越轻易出口的话语，就越经受不住时间的考验，一旦大家丧失掉对你的信任，可能花费再久的时间，再多的精力也不能对此形成弥补。作为一些大部门的领导，作为一个优秀的领导，往往都是惜字如金的，面对情况，他总是做出充分的考虑和谨慎的抉择之后，才会对事情发展做出明确的判断与自己的抉择。

在森林里住着很多很多的鸟儿，一到晚上，就开始唧唧喳喳聊起天来。

有一次，麻雀说："人家都说凤凰是世界上最漂亮的鸟儿，不过可惜我们都没有见过！"

于是，大家你一言我一语地讨论起来。

鸽子咕咕地说："我没见过，不过听说凤凰羽毛是火红的颜色。"

猫头鹰睁大着眼睛说："我也听说，凤凰长着很长很长的尾巴，打开的时候非常的美丽。"

百灵鸟一边梳理羽毛，一边说道："我还听说它的声音非常响亮，不知道是不是比我的还好听呢？"

云雀飞了过来，无奈地说："可惜我们没有福气见到它！"

在大家叹息的时候，总喜欢夸耀自己知识广博、学问深厚，并把自己称为"百事通"的喜鹊终于开口了，她神气十足地说："其实，我见过凤凰。"

其他鸟儿一听，连忙追问凤凰是什么样子。

喜鹊昂起头，环视了四周，然后说："凤凰嘛！漂亮极了，羽毛是红的，尾巴很长，它的叫声响亮极了！"

鸟儿们又抢问："凤凰住在哪儿？"

"就住在森林尽头的湖水边，那天遇见它，它正在唱歌，还向我点头打招呼呢！"

鸟儿们纷纷请求喜鹊，带大家去看凤凰。

第二天早晨，喜鹊在前面飞，百鸟跟随在后，飞到了森林的尽头。

当大家顺着喜鹊手指的方向看去的时候，只看到一只在岸边散步的大红公鸡。

大家哄然而笑，"喜鹊，你真是骄傲得连凤凰和公鸡都分辨不清了。"批评完喜鹊，众鸟扫兴地扑啦啦地又飞了回去。

喜鹊有好为人师的习惯，当大家对一个问题进行讨论的时候，它希望自己的发言是最有威信的，并能获得大家的认可，最终自己滔滔不绝地进行讲述，并成功地把大家吸引了的时候，却不知自己讲述的内容已经脱离了现实的根基。这一情况很快就为大家所发现，而自己因此也会遭受大家更为深刻的否定。

我们的性格中，应该舍弃这一份言语的浮躁，要纳入更多稳重与谨慎的内容，不应为一时表达的欲望所掌控，陷入其中，最终遗失自己对自己言语所应承担的责任。经历更多思考与斟酌的言语，必然含有更多的分量，而当自己的性格中呈现出更多的稳重与担当的内涵时，相信大家也必然会对你有更多敬仰与尊重。

　　语言是我们生活的重要部分,对于我们的工作,显然有着最为重要的作用,我们的交流,我们命令的传达,更多时候都需要借助语言才得以传递。正因为如此重要,我们才必须更加谨慎地去面对生活中的这份内容,谨慎以言语,仔细以行为,以最恰当的方式,表达最恰当的内容,并不断寻求更好的表达方式。

　　也只有通过这样的方式,才可体现出一个领导应有的涵养和管理水准,以及这个领导的管理是否具有高超的艺术性!

　　古时候,三个读书人进京赶考,都没有什么把握,半路上来到一座庙里,请老和尚给测测前程。老和尚打量半天,掐算一番,最后冲他们伸出了一个指头,说:"这就是你们赶考的结果。"

　　读书人走后,小和尚十分不解,问道:"师父,伸出一个手指头是什么意思?"老和尚秘而不宣,说:"一切都在掌握。"

　　过了一段时间,三个秀才赶考完毕,再次路过庙宇,给老和尚买了很多礼物,并赞扬老和尚是神机妙算。老和尚只是哈哈大笑,并没有询问考试结果。

　　小和尚仍是不解,求老和尚解释,这时,老和尚说了:"我这一个指头,就已经包括所有的情况。若一个中了或一个也没中,我测对了;若中了两个,一个没中,我所说的是一个不中;如果他们三个全部考中了或全部都没考中,我也测对了,因为这是一起中的意思,反之,就是一起不中。"

　　老和尚也许太过狡黠,对于秀才的疑问,他并没有提出什么有利的分析和意见,不过对于命运这种疑问,也确实不适合进行什么明确的判断。但在老和尚的这份狡黠中,我们也许可以获取到一点点的提醒,自己谨言慎语,惜字如金,却让对方去揣摩其中的种种可能,尽可能大地扩张了自己话语的模糊性,将所有的可能都包罗其中,最终成就的是个人的威望与认可。

　　工作之中,领导者经常会遇到许多的选择和判断,这个故事也许会成为一个很好的借鉴,自己也拿不准的事情,用谨慎和包容的态度去对待,谨慎的言语,展现出的是自己自信的性格,也是对当前局势的最好把控。最终结果的发展可能,正是在这份谨慎之中,在这份自信之中,为大家所接受,并以此成就出自己在群体之中的威信与地位。

领导的威信在于言行间的坚守

孔子说:"人而无信,不知其可也。"

人若无信,不去坚守自己的言语,不去信守自己对他人的承诺,不努力使自己的语言与行为保持一致,那也就不会得到大家的认可。大家不再相信他的话语,也不再寄希望于他的行为,失去所有这些内容,就不能在群体中获取有分量的角色,从此也就不能在群体之中立足。

信任,既是如此重要,那又该以何种方式去建立这一内容?

它并不存在于惊天动地的伟业之中,也不依赖于别人所不能及的能力天赋,就在于日常的细节之中,谨慎于自己的言语,明白每句话语之后都有一份责任的守候;严格要求自己的行为,因为行为总是对自己的语言负责,只需做到这些内容,那么无论你能力优劣,无论职位高低,群体都会对你寄托以一份信赖。

领导的威信是如此重要,具备良好的威信,他的意见就会被群体所接纳,他的命令也会得到很好地执行;反之,不具备威信的领导,可能会被员工行以舆论的否定,工作之中也会遭遇消极懈怠。

对于领导威信的维护,更应当注意自己言行间的坚守,要做到从不轻易承诺于人,一旦承诺,则会有如泰山之重一般守候,在自己的这份守候当中,员工与周围的人会看到你身上所具备的如此强大的诚信力量,会油然而生一种敬畏与钦佩。

1870 年 3 月 17 日的夜晚,法国最漂亮的邮轮之一"诺曼底"号,正航行在从南安普敦到格恩西岛的航线上,船上满载了乘客与货物。凌晨4点的时候,全船的人员,被一个巨大的声音惊醒,"诺曼底"号被全速行驶的重载大轮船"玛丽"号撞击了侧舷,撞出了个大窟窿,船体开始迅速下沉。

顿时,人们惊慌失措。这时,船长哈尔威显得异常镇静,他站在指挥台上说:"全体安静,注意听命令!放下救生艇,妇女先走,其他乘客随后,船员断后,我们必须保证把至少60人救出去!"

威严的声音,稳定了人们的情绪,当大副报告说"再有20分钟,船就会沉没"时,他说了一句:"够了!"并再次命令:"如果哪个男人敢抢在女人前头,就开枪打死他!"

最终,没有一个男人抢在女人前面,虽然面对的是一场生命的考验与选择,但一切都进行得井然有序。

在他要救的60人中,最终把自己排除在外,因为这是他自己的安排,他没有一个手势,没说一句话,最终随船体一同沉入大洋深处。

威严的作用,在关键的时刻,可以让混乱变成有秩序,比较于混乱而无序的状况,威严作用下的理智,显然可以带来更为有利的结果,毕竟最终这60人是成功被救出了。

威严所产生的作用是如此重要,但这份威严的来源,却是船长对个人言行的坚守。他命令所有船员最后离开,对此,他选择默默承受自己的命运,而没有采取任何其他特殊的行为对自己的利益进行保护。正是由于他对于自己言行的如此坚持,才使得他的言语更加具有威力,所有船员和乘客正是在他的安排之下,才得以有序离开。设想如果这位船长是一位言出而不遵行的人的话,那恐怕最终的结果就会呈现一片混乱。

这个故事的情形也许有些极端,因为生活中我们不会有更多机会去经历生与死的考验,但在我们日常的工作中,却也必然会遭遇需要威严的时刻。面对一个情景,领导的意见能否统领大家的意识,工作中,领导又是否具有足够的威严来驾驭整个团队，这一切又都依赖于领导自身所具有什么样的威信。对于一份威信的维护，必须要依赖于领导自身对自己言行的坚守。

对于言行的坚守，就是一份舍弃，舍弃掉言语的轻浮，从不轻易承诺于人，舍弃掉对待诺言不认真的态度，一份诺言之后，是自己花费更多时间与精力的守候，只有如此的态度，如此的坚持，才可以经过时间之后，为大家所信赖与依靠，在群体中树立起这份崇高的威信。

在山脚下，住着一群蚂蚁。在蚁王领导下，大家都勤奋工作，过着幸福的生活。

一天，蚁王因为衰老死掉了，大家必须选举出新的蚁王来领导大家。

蚂蚁们商量之后，挑选了4只最为强壮的蚂蚁，作为候选者，并且计划以投票的方式来确定最终人选。

就在大选前夜，一场不期而至的暴雨突然袭来，无情地将群蚁家园毁于一旦。

蚂蚁们就像没头的苍蝇一样，四处逃窜。此时，那4只候选的蚂蚁，纷纷自顾自逃命。就在紧急关头，一只弱小的蚂蚁出现了，它站在慌乱的蚁群中，大声喊道："不要乱跑！想活命的都到我身边，听我指挥。"

声音并不响亮，但却有着奇迹般的效果，它周围，迅速聚拢了众多的蚂蚁。

小蚂蚁又大声喊道："手拉手，向不远处的小土堆顶上冲，不管水多大，我们都不要松开手！"

蚂蚁们手拉着手，迎着巨浪向土堆靠近。小蚂蚁冲在了最前面，凶猛的水势无情地打击在它瘦弱的身体上，大家看在眼里，更激起高昂的斗志，施展全身的力气向土堆顶端进发。

最后，在小蚂蚁的带领下，凭着坚强的毅力和求生本能，到达了安全地带。小蚂蚁这时一阵眩晕，昏厥了过去。

过了好久，小蚂蚁才得以苏醒，睁开眼，看见大家都围绕在它的周围。

这时，一只老蚂蚁说话了："要不是你，我们大家都会葬身暴雨，我们现在开始选蚁王，同意小蚂蚁做蚁王的请举起手来。"

所有的蚂蚁举双手赞同,而那4只候选的蚂蚁头低了下去,但手却高高举在空中。

蚁王选举,就是一个领导的提拔,所有人都跃跃欲试,而候选者更会踊跃呈现自身拥有的实力,而突然的一场暴雨正是对它们一次最好的考验,小蚂蚁也许其貌不扬,但在关键时刻的话语却如此的掷地有声,在对它的寄托之中,蚁群才得以获得生存的希望,而小蚂蚁在自己对言行的坚守中,也造就了自己作为领导的能力与地位。

作为领导者,必须在群体之中树立自己的威信,因为这是自己开展工作的基础,如果不能为大家所认同,那自己的工作开展就会充满阻力。对于威信的确立并不在于高高在上地发号施令,而在于普普通通生活中的言行的一致,如果一个领导者能为大家所信赖,那无论是命令还是决策,相信都会被大家认可而执行。

舍弃一时的张狂,以知识和涵养增添个人魅力

年轻人现在经常会引用但丁的一句名言:"走自己的路,让别人说去吧!"

年轻人张扬个性,是来源于年轻气盛的自我表现欲,他们不为世俗的目光所牵绊,能为自己所追求的目标而努力奋斗,这是一种良好的性格,但当这种张狂过度时,就会显得有些不合时宜。过度张扬就会转变成为一种任性,一种意气用事,甚至是对自己的缺陷和陋习的一种放纵,这样的张扬对自己前途肯定没有好处。

在一个领导集体里,每个人都应该保持自己的个性,因为每个人都会拥有

一套属于自己的管理方法和理念，正因为思路不同，才得以促成最终有利的结果，但管理者对个性的过分追求，甚至陷入到一种绝对的张狂之中，恐怕就背离了这一原始的初衷，并不会再产生任何效率，甚至会形成对事业的阻碍。与此份无所依凭的张狂相比，一份较好的涵养和丰富的知识内涵就显得更为重要。

斯大林是苏联历史上的风云人物，但在家庭生活中，他也许并不是一个成功的人。

斯大林是苏军最高统帅，掌控一个国家的命运，他有钢铁的意志，性格果断、沉静，甚至有些冷漠和专横。但他的妻子娜佳却是一个充满浪漫气质的女人，更多希望得到斯大林的温情与体贴。

双方因为性格不合，经常发生争吵。在庆祝十月革命胜利 15 周年的宴会上，矛盾达到了顶峰。当时正在克里姆林官宴请国内外宾客，气氛极为热烈，斯大林兴致很高，当着大家的面喊娜佳："喂，你也来喝一杯。"

在这种场合，斯大林应该称妻子的名字或爱称，否则就被认为失礼。娜佳因为他的粗鲁，感觉受到了莫大的伤害，备感委屈，她大声喊道："我不是你的什么'喂'。"说完就愤怒地离场了。就在这天晚上，娜佳在她的房间里开枪自杀了。

这件事深深震动了斯大林，但一切已无法挽回。

在事业上，斯大林无疑是成功而伟大的，他正是凭借着性格的勇敢与果断，带给人民光明的前途，但当他的这种性格依然被延续到生活中时，却不会产生什么好的影响。因为生活在更多时候，呈现的是平淡而安详的状态，正如娜佳所期望的那样，应该充满更多的温情与浪漫。

在我们的普通工作当中，我们适时地展现我们的性格，但更多时候我们应该将其收敛，以避免对他人造成伤害，对于领导角色的担当，应该更多依靠个人的魅力与丰富的知识内涵来提升个人威信以及对局势判断得准确，对问题分析得到位，来获得人们的信任，这也许是我们开展管理工作最为有效的方式。

在美国南北战争时期，北军格兰特将军和南军李将军率部交锋，最终南军彻底失败,李将军也被送到爱浦麦特城,签订降约。面对失败的李将军,格兰特将军没有表现出太多的炫耀,反而恭维他的对手是一个"值得我们敬佩的人"。李将军虽然战败,但依然穿着全新而完整的军装,维护了自己的尊严。面对一场战争的胜利,格兰特将军并没有被胜利冲昏了头脑,他表现出了谦虚与真诚的品格,也许这才是他取得胜利的根本原因。

一个领导者要培养自身人格魅力,并不是一朝一夕就能完成的,必须有久远的目标,并有坚定的恒心,他要认识到性格张狂的可怕后果,看到沉稳的性格对事业发展的有利作用,他要去更多思考事业发展的趋向与其中的影响因素,并要不断锻炼自己稳重与老练的为人处世方式,最终才能在自身性格中纳入那份不为人眼所见识,但却能从人的言行中所察觉得到的内涵内容。

关于领导的魅力内容,还有一项重要内容便是知识。

凡看过《福尔摩斯探案集》的人,都会被那惊险曲折的故事情节所吸引,并为福尔摩斯的侦探形象所折服。

根据你说话的腔调,他可以判断你是否在撒谎;从裤管上的泥迹,可以判断罪犯的行踪;根据手表的外在特征和痕迹,可判断手表的来历和主人的生活态度;量一下脚印,就能准确推知罪犯的高矮胖瘦以及是否有生理缺陷。

福尔摩斯真是如此神通广大?书中并没有说明,不过在《血字的研究》一文中给我们开出了一张福尔摩斯的知识简表:

历史知识:无;文学知识:无;哲学知识:无;政治学:浅薄;植物学知识:不全面,但对某些毒剂:知之甚详;地质知识:偏重实用;化学知识:精深;解剖学知识:准确但不系统;提琴拉得好;善使棍棒;关于英国法律:有着充分的了解与应用能力。

从这张列表中可以看到福尔摩斯的学识范围,他能够如此神奇地进行断案,都依赖于他广博而又深邃的专业知识。这完全可以给我们今天从事管理工作提供一个很好的借鉴。

现代社会发展如此迅速，工作情况日趋复杂，就对领导者的知识结构提出了越来越高的要求。

一名优秀的领导者，要保持自己知识范围的广博，这样才能保证自己的工作能得到全方位的支持，面对问题的思考，也能提供出更多角度的支持；同时，他又必须有自己的专业方向，因为面对广博的知识海洋，每个人的精力非常有限，只有选择那些与自己工作开展休戚相关的知识加以系统学习，才会对自己工作形成最大的支持。

作为一位领导，他需要面临决策的果断，不过他更需要一份收敛于内的内涵，以及博专结合的知识作为自己性格的坚强后盾，有此内容作为支撑，相信在团队必然会展现出更为强大的魅力，工作开展也必然会更加顺利。

改掉指手画脚的习惯，
内敛的方式更易为人所尊重

面对选择，每个人都希望自己有决策的能力，同时，因为管理本身具有权威性，人们总是希望自己是团队中的领导者，而不是一个服从领导的人。作为领导行为的最好证明，就是他可以指挥别人，而不是听人指挥。

这样的认识是非常肤浅的，对于刚刚踏上领导岗位的人，可以有这样的认识，有类似的行为，不过对于一个成熟而老练的领导来说，他的理解绝对不会如此浅薄。如果认识仅仅停留在那一点上，那对于你领导工作的考核，很可能是以否定为终结的，而当岗位引入竞争的时候，自己就有可能因此从领导岗位上下岗。

一名合格的领导，首先应该考虑的是岗位的工作与自己所应承担的职责，而一个优秀的领导，在工作方式上，更多呈现的是性格的内敛，以更为低调的方式去寻求彼此之间的认可，而不是以单一和绝对的方式对彼此关系进行简单而强制的处理。

早上，张科长兴致勃勃地来到单位，精神饱满，准备在今天大干一场。

他先到小陈这里，指点工作，"小陈，收集资料怎么样了？你应该这样……"小陈只好停下工作，仔细听科长示范。然后，他又来到小张身边，看到小张，科长就气不打一处来，指着小张就批评开了："你昨天给我写的文章，是什么啊，怎么里边还有病句，你看就在这儿，你都是单位的老员工了，以后可不能犯这样的错误啊。"小张的脾气看来不好，他说，"科长，就是一个小毛病，您自己修改了不就行了吗。""我自己改还用得着你？"科长并没有给小张客气，转过身，又去找别人的毛病去了。

刚开始的时候，大家对科长的命令都言听计从，不过时间一长，大家对他的脾气习以为常，反而没有那么多的敬畏。他对下属指手画脚时，大家都全当耳旁风，说得过分的时候，有人都敢顶撞他几句。

后来，科长威信扫地，感觉再指挥别人，只是自讨没趣。

团队之中，领导必然要树立威信，有了这份威信，才可以保证命令和决策得到有效执行，保障组织集体的统一，在部队的管理中，在政府管理部门中，这种管理的权威性，必然会得到更为充分的强调。但在企业团队的管理中，信息的沟通要通畅，决策的形成要透明，只有这样合作才能取得最为优秀的业绩。如果如这位科长一般，只是简单地将自己的意思以命令的方式去告知每个下属，并总是强调他们的不足，那么相信就不会获得下属的好感，并且带给人一种高高在上的胁迫感，因而只会带给大家负面的情绪，也不会得到大家的尊重。

作为领导，一定要改正自己如此简单的工作方式，舍弃掉这份肤浅，换之以更为深沉的内敛，从而寻求更为有效而可行的工作方式。同时，也正是一份内敛，才可以提高这位领导管理工作的艺术性。

曾国藩对"藏锋"有过精辟的论述："言多招祸，行多有辱；傲者人之殃，慕者退邪兵；为君藏锋，可以及远；为臣藏锋，可以及大；讷于言，慎于行，乃吉凶安危之关，成败存亡之键也！"正所谓，灵芝与众草为伍，不闻其香而益香；凤凰偕群鸟并飞，不见其高而益高。善藏者，方能立于不败之地！

小王在公司的营业部担任经理职务，一次，他所带领的团队谈到了一张数额非常巨大的单子，公司有规定，超过一定数额的大业务，必须汇报老板，并由老板亲自参与客户洽谈。但小王心想，这可是自己一次难得的表现机会，最终，带领自己的团队，通过大家努力，不仅谈妥了这笔业务，并顺利与客户签单。

小王心想，这件事一定会在公司内部造成不小影响，对自己工作开展非常有利。不过，事实恰恰相反，没过多久，因为其他的一个小的失误，公司就解聘了小王的经理职务。

事后总结，小王认识到，就是自己锋芒太过惹的祸，因为自己太在意个人表现，最后忽视了公司的规定，这就是他为什么没有在职场获得顺利发展的原因。经过了这件事情，小王开始渐渐学会以内敛的方式为人处世。他知道锋芒太露，会为以后埋下祸根，真正的智者在展露才华后，依然能保身立命，并因此为大家所尊敬和爱戴。

如果观察一下我们周围，就会很容易看到类似的情形，办公室里吆五喝六的主儿，大多是一瓶子不满半瓶子晃荡的职场菜鸟，而那些老谋深算的职场精英，大多把他们的锋芒内敛于内，性格显现毫无棱角。衣着朴素者，谁会想到他们是行业的佼佼者？讷言滞行者，谁知其中颇有能言善辩者？看着个个都无大志，谁知他们胸中的雄才大略？而这些人从不在言语上显露自己的锋芒，在行动上展现自己的敏捷。

"鹰立如睡，虎行似病"，这句话形象地描述了自然界两种最凶猛的动物的内敛之道。有着最为锋利的鹰爪，有着最为凶残的虎口，但它们却并不在自己的身态行为中有所显现,反而,还可以此来麻痹对手的注意。它们一旦出动捕食,几乎从不落空,最终凭此成为鸟中之霸,兽中之王。纵看古今,能成大事者,也多有效法它们的方式而因此取得成功。

不论是同事之间,部门之间,还是单位之间,以一份内敛的态度对待彼此,放低个人的身份,给对方以更多的尊重,以此方式促进信息的有效交流,也就得以促进各项工作的有利开展,这也正是一个领导管理水平的最好体现。

收敛自己的光芒, 给员工施展才华的空间

作为领导,适当的时候,收敛自己的光芒,给员工以施展才华的空间,也许会收到意想不到的效果。

这正如做人的道理,要适当给对方留有一定的空间。

话如果自己说尽,可能对方因反感而不愿接受,即使内容完全正确;反之,给对方一些表达的机会时,他不仅会有参与的感触,更会因此而更加投入去思考谈话的内容。

事情不可自己做完,如果对方没有参与,他就不会拥有自我的认同感,他不会认为这项工作与自己有关,即使最终成绩非常优秀,也不会为此感受任何的荣耀;反之,如果分配一定的内容给对方参与,就可唤起他无限的热情,并可使他产生主人翁的意识。

工作当中,领导的作用当然重要,正是因为他的工作,团队才得以拥有目标,并团结一致为目标实现而努力,正是因为他在关键时刻的决策,才使得企业

得以经历风险而安然无恙,最终取得优秀业绩。对于领导的地位和作用,我们毫不质疑,但在恰当的时候,领导能否悄然退出,居于幕后,从而为自己员工才华与能力的展现,提供展示的机会和舞台。而这种管理方式的采纳,就是一个领导艺术性的最好体现。

一天,一个人走在街上,看到一家鸟店正在卖鹦鹉,他考虑买一只会讲话的鹦鹉作为礼物送给快要过生日的母亲。

进到店里,这人问店长:"请问,你这里的鹦鹉会说话吗?"

店长自豪回答道:"当然!"他指着一只漂亮的鹦鹉说:"你看这只鹦鹉,售价200美元,它会说汉语和英语两种语言。""再看那只,"他又指向另一只鹦鹉,"售价400美元,价钱虽然贵一些,不过这只鹦鹉会说汉语、英语、法语和德语四种语言。"

这人看到这两只鹦鹉都是毛色光鲜,异常可爱,心里拿不定主意,正在仔细考虑。

突然,他发现门口有一只老掉了牙的鹦鹉,毛色暗淡散乱,但标价竟是800美元。

这人惊讶地问店长道:"这只鹦鹉既老又丑,怎么会值这个数呢?难道它会说八门语言?"

店主平静地回答道:"哦,不是的。事实上,它只会说汉语,不过,另外两只鹦鹉总是叫它老板。"

故事风趣幽默,不过一笑之后,其中内容却可以令我们深思。作为管理者,我们也许并不需要有专业技术人员的突出才华,我们只是需要看清楚每个员工身上所具备的能力和特质,并把他们合理安排,就已经实现了我们管理的最大价值,并为员工所认可,而心悦诚服地称呼自己为"老板"。并且自身因为这种协调和掌控的能力,因此拥有超越其他所有漂亮而有才华的鹦鹉的价值,最终被标注最高的800美元价格。

每个人都希望他人能认可自己的工作,对自身品性有所肯定,对工作内容有所赞赏,这种动机也成为我们开展工作的一种无尽动力。但在适当时候,我们又是否能够舍弃自己对这份成就感的追求。将自己的光芒,让给自己的员工,将展示的机会,让位于员工,也许在一次机会的给予之后,员工就能发掘到自身所蕴藏的巨大潜能,并对于工作产生更大的热情与更为积极的投入。在自己的一份"禅让"之后,也许会发现自己管理工作也会变得轻松,当思路清晰之后,对全局与细节有效的掌控就成为了一种可能。

能够以一份更为通透的境界与眼光去看待工作中的得失,放弃一些个人的追求,给他人以成就的机会,对于工作的开展不仅更为有利,效率也会提高很多,同时还体现出自己较高水平的掌控与完美的管理驾驭能力。

古时,舜品德高尚,尧派他来管理天下。

当时中原到处是洪水,以前尧派鲧去治理洪水,9年后失败了,舜于是就派鲧的儿子禹去治理水患。禹不负众望,13年后平息了洪水。舜和尧一样,对老百姓宽厚,只是多采用一些象征性的惩罚,犯了该割掉鼻子罪的人,让他穿上赤色衣服;应该砍头的人,只许让穿没有领子的布衣。

为了让老百姓懂得乐舞,舜派夔到各地去传播音乐。有人担心夔一个人不能担当重任,舜说:"音乐之本,贵在能和。像夔这样精通音律的人,一个就足够了。"最终,夔果然出色地完成了任务。

孔子赞叹道:"无为而治,说的正是舜啊!他自己需要做的,只要安安静静坐着而已。"

在中国传统思想中,非常强调"无为而治"的概念和相关内容。对此,老子的说法是:我无为而民自化;庄子和韩非的观点是:君无为而臣有为。虽然他们的论述适用的主体和社会环境不同,但基本内涵却是一致的。

当我们的思想可以对改变社会时,或者是作为管理者的君主能够履行管理的职权时,他们大多采取回避掉自己个人的作用,并使社会自主地去呈现这种变化,让臣子主动地实施管理,而最终却能呈现出令人满意的结果。

"无为而治"是中国古代的思想精髓,当领导进行管理活动时,一定要更多体会这一思想的深刻内涵,并能把它有效融合进自己的管理活动当中,在低调的方式之中,给他人机会,也成就自己管理的职责。

一个真正的领导,不一定他的能力有多么强大,但他能够团结比自己更强的力量,这也就最大程度地提升了自己的身价。

放低身段,拉近与员工的距离

身份指人的出身和社会地位,在中国传统伦理中,非常强调一个人在群体中所获取的地位。对于每个身份,都有合乎自己的言语和行为规范,对于每个身份也可以获取群体之内的尊重,每个人也应当追求并维护自己在社会中的身份。在人们的意识之中,身份显得如此重要,它已深深印在人们的头脑之中,进入心理层面而成为一种文化的情结。

但是对于过分追求身份的人,可能结果适得其反,并且自己也会一生劳累。过分对身份进行追逐,忽略了身份背后所代表的职责与品质内容,最终自己只求得了一个身份的形式,而不能对其本质内容进行理解和把控;过分对身份进行追求,时刻维护自己与他人在身份上的差异,时刻保持一种"超然"状态,孤芳自赏最终只能成为一个孤家寡人。放不下"身份"的人,路只会越走越窄,时时刻刻总在顾及自己的所谓身份,就有可能进入死胡同。

俗话说:"骡子马子大了值钱,架子大了不值钱。"适当时候,我们要能放下自己的身份。放下架子,自己会变得轻松,以更为从容的心态,更为充沛的精力去完成自己的工作;放下架子,也就拉近了彼此间的距离,情感上有一份亲近与认同,也就有更多交流的空间与可能,人际交往也就更为顺畅,最终自己的道路就会越走越宽。

从事管理工作,身份显得更为重要,虽然关于"身份"讨论在家庭社会中有很多内容,但谈论最多的还是社会管理背景环境下的讨论。因为这份看重,人们在工作中,也会更加去强调一个人的身份并且对它进行维护。但在当今时代,我们却要能适时放下自己的架子,放下自己高贵身份的架子,只有这样,思考才会富有弹性,而不会陷入刻板陈旧的观念之中,放下自己的架子,与员工之间就能建立一座理解与沟通的桥梁,对于工作开展显然十分有利。放下架子显然也为个人魅力展现提供可能,换去原先的冷漠印象,接触之中,大家才能了解到你原来也是一个如此热情而充满活力的人。

在秦兵马俑中有一尊尊被称为"镇馆之宝"的跪射俑,它的姿态是弓弩射击的两个基本动作之一,同时也是防守或设伏时比较理想的一种射击姿势。

因为这种姿势射击时重心较稳、有所依靠,比较省力,同时又有助于瞄准,还可以把自己的目标尽力减到最小。这尊跪射俑是秦兵马俑坑中保存最为完整的一具,仔细观看,连衣纹、发丝都清晰可见。

而其他陶俑大多都有不同程度的损坏。这也就昭示出一条做人的道理:低姿态是保全自我的万世之规。

亚里士多德说:"高标准的目标和低姿态的言行的和谐统一是造就厚重而辉煌的人生的必备条件。"

我们都听过世界名曲,或者至少也会经常听流行歌曲。在所有的歌曲中都是以低音起奏的,有过一个舒缓的过门之后,才可以给歌曲的跌宕起伏、荡气回肠提供出充分施展的平台与空间。因此,聪明的人大都会时刻反思自己,无论是为人还是做官,锋芒太盛时,可能会给自己惹来灾祸,适度低调才可为自己生存发展带来最大收益。

作为管理者,应该舍弃这份关于身份内容的过多追逐与维护,从这份桎梏中解脱出来之后,自己才能拥有施展拳脚的空间,如果总是考虑自己的言行是否符合应有的角色,患得患失,恐怕最终会贻误工作开展最有利的时机;同时,这种低姿态也是对个人的一种有效保护,以低姿态与员工、与他人交往,就会有一份亲近,而不会招致他人的反感,在一份内敛之下,自己可以投入更多的思考、更多的精力,去寻找工作有效开展的其他方法。

一位美国阔太太到巴黎旅游,在埃菲尔铁塔下的苗圃里,发现了一个园丁。她看他工作得那么熟练、那样勤恳,而他身后的花园又是如此整齐而美丽,不禁让她心想,也拥有一个这样的花园,也拥有这样的一个园丁。

阔太太走上前,询问那个园丁,是否愿意去美国做她的园丁,并承诺愿意给他高出法国工资3倍的价格。明白阔太太的来意后,老头非常礼貌地回答:"夫人,感谢您的好意,但真不凑巧,我还有别的职务,不能离开巴黎。"

阔太太忙说:"你都辞掉吧,我会给你补偿的。你还有兼职?是送牛奶还是送报纸?"

老头微笑:"都不是,希望下次选举时人们不要投我的票。也许我就可以接受您的美差了!"

阔太太感到很疑惑。

老头解释:"我的名字叫安里,您所看到的这个园丁还兼任着法国总统。"

看完故事,所有人都会钦佩于园丁的气魄,作为总统,他是如此重要的一个管理者,不过他竟然仅仅只把自己作为一个园丁来看待,面对美国阔太太交谈中所呈现出的优越感,他并没有因为对自己的冒犯表现愤怒或是反击,而只是以平淡低调的语气,以幽默的方式去婉转告诉对方自己的身份。相比较那位美国阔太太的高调与张扬,人们反而会觉得有些太过张扬甚至是愚蠢。

也许正是他这样能放低姿态,他才能把一份园丁的工作做得如此仔细,做得如此完整,也许正是这种为人处世的态度,才使他能够赢取人民的尊重被选举为一个国家的总统。相信一个人如果能以同样的方式去开展自己的工作，那么他一定会被自己的同事所认可，他对于工作的计划安排也会更容易为大家所接纳。

舍弃一份对身份的过多在意，获得一份从容，获得一份与员工平等交流，获取彼此的亲近，在舍弃之间，有效把握平衡，营运出自己管理中最具艺术的掌控。

不要将权力等同于权威，
威信在于员工的认可

说到命令，人们可能会想到战争中的"军令如山倒"。命令一到，下级必须无条件服从，只有这样，才能保证策略得到最有效的执行。在管理当中，管理者拥有的权威也同样重要，如果上级的命令能很快被下属所理解，并被以高效率的方式执行，那团队的管理是统一并有效率的。

但在今天的管理工作中，却不能过分迷信权威，过多对权威的追求，可能使自己脱离出管理工作的现实，甚至最终脱离管理工作者的角色；反之，要认识到管理工作的根本在于领导与下属的统一合作、有效分工，将自己的威信建立在自己能力与气魄、性格与掌控之中，获得员工的一份认可，才可以最终促使团队目标有效实现。

工作中，一些领导总是习惯颐指气使，有事的时候就大嗓门地命令下属去做。他们认为这样的方式才能产生最佳的效果，而过多的交流和沟通，都只是无意义地浪费时间。当被下属询问细节的时候，总是简单一句"做了再说！"就不再回复。如此久而久之，下属对领导产生了依赖，遇到问题不多加思索，只是认为执行好领导的命令就是工作的唯一标准，最终也就丧失了自己的工作积极性和创造性。今日社会环境瞬息万变，更多时候需要全体队员的集体参与和思考，才能最大程度地把握机会，展现出集体的力量，如果只是如此的简单粗暴，即使个人能力再优秀，考虑再周全，恐怕也难承受住时间的考验。

在一片森林里，住着许多动物，勇猛的狮子是它们的王，负责对全体成员进行安排和管理。

一次，狮子要出远门，可对事情又放不下心，最后找来了平日关系最为要好的狐狸，请它来帮忙管理一段时间。

狐狸心想，所有的动物都臣服于狮子的管理，大王应该是有无上威严的，它爽快地答应了，并保证好好完成任务。

狮子走后，狐狸仔细揣摩狮子的心理，模仿它的神态，说话的时候提高嗓门，尽量让自己显得威严、庄重。没过多久，聪明的狐狸就把狮子的一切模仿得惟妙惟肖，周围的动物们，似乎也对它十分敬重，狐狸得意地说："做大王真好。"

不过，这样威武的日子，并没有延续多久。原来，野猪欺负了梅花鹿，打不过野猪，梅花鹿只好跑到狐狸面前哭诉，希望大王给自己伸张正义。

狐狸让喜鹊叫来了野猪，野猪看到狐狸，怒目圆睁、气势汹汹，一时就把狐狸吓得瑟瑟发抖，完全没有了往日的神气，不知道该怎么处理。动物们看在眼里，对狐狸感到非常失望。

几天后，狮子回来后，一声长啸，叫来了野猪，一通批评，并让野猪向梅花鹿道了歉，其他动物都拍手叫好。

狐狸坐在大王的位置上，只是学会了表象的权威，动物们因为它的职位对它尊重，但并没有真正认可。当遇到矛盾问题的时候，这样的权威，就显得没有丝毫的作用，野猪没有服从它的管理，动物们对此也感到非常失望。狮子回来之后，对问题进行了及时处理，威慑之中，对野猪进行了批评，以自己的实力维护了领导的权威,并重新获得了森林民众的认可和尊重。

日本松下公司总裁松下幸之助说:"不论是企业还是团体的领导者,要使属下高高兴兴,自觉主动地去做事,我认为最重要的是在管理者和被管理者之间,建立起双向的,精神与精神,心与心的契合与沟通,当自己的魅力被下属所接纳的时候,就树立起比任何形式的威严都有力量的权威。"松下幸之助看到了领导与下属沟通的重要性,看到了威信建立的基础是在于下属对你的认可,只有这样的威信才是最为有力,也最能促进成功的。

作为一个优秀的领导,要能看透自己的威信并不来源于外在的形式,而是更多在于团队成员对你的认可。认识于此,才能舍弃形式的高调,放低自己的身段,在平等的交流当中,展现出自身的能力与品性,在彼此的信任中,呈现出自己良好的个人素养与较高的管理素质。

戈登·福布斯是南非成功的企业家,他创立南半球最大的照明工业。

在他的管理当中,刚开始的时候非常严格,发现工人操作不当,比如因为操作失误,出现灯泡残次品,他就会大发雷霆,严加痛斥,"你怎么能把灯丝就那样放在一起?应该是这样做的。"并当场示范。

但后来,他改变了自己的做法,因为他发现这样做,依然不能减少次品率,他开始在车间中寻找劳动模范,并对他们进行表扬和激励,同时又建立起了员工交流和学习的渠道,通过这样的方式,使整体的生产效率得到了有效提高。他说"严厉的批评可以展示一个管理者的权威,但有时,它的作用比不上平等的对待和有效的引导"。

命令的方式,也许必不可少,但在管理当中,如果转换一种方式,采用商量的方式,可能会对工作进展形成更大的推动。现在越来越多的领导开始注重自己与员工之间信任的建立,并把它们看做是成功管理的根本。

管理者会以平易近人的方式与员工进行交往,言语之中,展现的是对对方的尊重与信任,甚至在一些关键时刻,在一些关键问题上,他们都能放下自己的身段，去虚心向一些老员工们请教，他们舍弃自己的面子之后，并没有遗失自己的权威，反而对于威信的建立有了前所未有的帮助，因为人们认识到这是一个懂得交流而开明的管理者。他们最终如此习惯与员工的交流，甚至把绝对的权力看做是阻碍威信建立的魔鬼。

放下领导的面子，
勇于承认自己的错误

人的一生中不可能不犯错误，即使圣贤也不可避免。而对错误，有人回避，有人忌讳，有人采取强辩，却也有人能够坦然面对，认真反省。没有人愿意承认自己是错误的，这样的事情对于领导来说，显得更为艰难。承认错误，就意味着自己能力不济，就意味着自己工作开展不利，如果做出这样的承认，一定会给自己的管理工作带来负面的影响，甚至是管理生涯的终止。

但事实恰恰相反。直面错误，是对自己更为客观的认识，是自己心胸豁达的展示，并且一份调整之后，更可以对工作的开展形成最为有利的促进。反之，如果对于错误只是采取一味的回避态度，对错误内容进行掩盖的话，在表面上还看不出来什么，但本质上只是在贻误时机，实际上已经距离目标越来越远了。

有时候，事物的发展，需要坦承地面对问题，坦承之后，彼此可再建立起信任，策略也得以调整，从而更加符合现实的情形，使得问题最终得以顺利解决。

在加拿大的魁北克镇，有一条南北走向的山谷，山谷非常奇怪，在它的西坡长满松、柏、女贞等树木，但东坡上却只有雪松。这成为当地一个奇异的景观，但却没有人能解开其中的谜团，直到最终一对夫妇来到这里。

1983 年的冬天，这对夫妇婚姻处在破裂的边缘，为了重新找回爱情，他们决定进行一次旅行。如果能找回当年爱的感觉，他们就延续他们的生活，如果不能，他们就友好分手。

当他们来到山谷的时候，下着鹅毛大雪，他们支起了帐篷。由于特殊的风向，东坡的雪总是比西坡的雪来得大、来得密，不一会儿，雪松上就落了厚厚一层。当雪积到一定程度的时候，雪松那富有弹性的枝丫就会向下弯曲，直到雪从枝头滑落，又再次弹起。雪反复地下，雪松反复地弯，最终它依然完好。西坡的雪虽然没有这么大，但其中的一些树，如柘树，却已有树枝被压断的情况。他们忽然明白，为什么只有雪松能在东坡生长，并如此繁茂。

妻子说："东坡肯定也长过很多杂树，只是枝条不会弯曲，所以最终它们都被大雪摧毁了。"丈夫点头称是，两人突然明白了什么，紧紧拥抱在了一起。

西方企业提拔主管时，都会考虑一个人的婚姻状况。他们认为，结婚的人一般会比未婚的人更有责任感，并能承受更大的压力。而事实上，结婚的人只是更懂得低头的道理，有时候，弯下腰，顺其自然，就可让压力随时间流去，而自己还可依然保持良好的状态。反之，对于一个从来不肯屈服的人，可能最终因为承托太多内容，直至一天集中爆发，所有内容可能因此戛然而止。

人生要历经千门万坎，幸运的大门不会总向你洞开，所有的人生活内容中都会经历失败与挫折，我们不能总保持雄赳赳、气昂昂的状态，一味地只讲"骨气"，到头来，可能会被命运的选择所拒绝。有时，正如这东坡的雪松一般，只需一份胸怀的坦荡，客观地看待不利的条件，就可如雪松枝头的积雪一般，被轻松卸去，而自身又可依然延续健康的状态。由此看待这些遭遇的失败与挫折，却成为锻炼自己，展现气魄的机会。

成功的领导者总是豁达大度的，绝不会因为自己的面子问题，而太多顾及个人的权威，他们总在考虑，如何才能更好地完成自己的工作，履行自己的职责。他们有直面错误的勇气。当错误发生时，他们总在思考，如何使事情朝着更好的方向转化，所有转变的发生，经常是从承认错误开始的，认识错误，面对错误，才有可能去改正错误。对于错误的坦承，展现出来，并不是一个人能力与决策的失误，而是一个人果断与责任意识的体现，最终，他因此在群体中获取到更为崇高的威信与拥戴。

汉末，辽西、辽东、右北平三郡结合为三郡乌桓，三郡首领蹋顿与袁氏关系一直不是很好，多有侵扰边境，掳掠财物。

建安十二年的时候，曹操决定铲除袁氏残余势力，为彻底解决三郡乌桓问题，曹操决定远征。这一举动十分危险，得到众多将领的劝阻。

曹操大袖一挥，"我意已定"，便率军亲征。

几个月之后，曹操大胜乌桓，阵斩蹋顿，袁尚等人逃奔平州，降者二十余万，基本完成北方统一大业。

归来之后，曹操并没有先庆功，而是调查当时劝阻他北伐的人。

这些人听说后，都非常惊恐，认为曹操要严责怪罪。

不料，曹操哈哈大笑："北伐胜利了，我不会怪罪你们，相反还要给你们赏赐。"

看着大家疑惑不解，曹操接着解释："北伐在当时确实危险。感谢各位直言不讳，所以要行奖赏。最终之所以取胜，却有赖各位当初的提醒。"

众臣为之松了一口气，从此以后，更加真心为曹操效劳，遇到问题，也敢于抒发自己的意见，而这对曹操成就霸业，起到了不可忽视的作用。

一个合格的管理者，胜利时绝不能被冲昏头脑，只是得意于自己所取得的功劳，而完全忽略自己的不足，取胜乌桓之后，曹操首先想到的是自己的不足，因为属下的作用，弥补了自己的不足，才取得这样的胜利。面对如此心胸宽广的领袖，所有臣子，只能行以敬仰，对于自己所被寄托的信任，只能更加努力才得以回报。

人无完人，对于自己的不足，与其行以高调的掩饰，不如舍弃如此肤浅的表现，不再顾及所谓的面子，转而降低身份，去探究于内，直接面对，查明其中原

因，获取更为有利发展的契机，最终自己不仅不会失去面子，还会以如此低调的
方式获取到一份难得的威信。

以身作则，要求下属的
自己必须首先做到

"己所不欲，勿施于人"是最早由儒家提出的待人接物的处世之道，它的意
思是自己不想要的东西，切勿强加给别人，同时还提出"己欲立而立人，己欲达
而达人"等内容。孔子所提倡的"恕"、"仁"等理念，构成了封建社会结构的理念
根基。他强调人们在社会交往中，无论身份如何，无论角色差异，都应有平等意
识，应当以自己作为对待他人的标准参照，在2000多年的历史进程中，这一理
念指导着人们的行为，成为管理社会关系的规则基础。

在工作当中，我们要做到"正人先正己"。我们要求属下去做的事情，必须首
先自己做到，这样才能使自己的管理工作更具有现实性，通过亲身的实践，使自
己对于下属工作能更好地把握；同时，通过自己的表率，也可以对下属进行最好
的引导和教化。自己刚正垂范，做事严谨细致，这就是下属学习的榜样，这样的
方式，比任何苍白的管理语言都要显得有力量。

螃蟹妈妈走路总是斜着、横着向前进，它自己对此非常不满意，认为这样走
路太不美观了。于是，螃蟹妈妈决心让小螃蟹从小开始学走路，一定要走得正、
行得端。

可是，小螃蟹非常不争气，走起步子来，还是斜着、横着。就是现在教会了，
可不用多久，就又恢复了原样。

螃蟹妈妈急坏了，大声责备说："你不可以刚开始就斜着走路，不能让肚子整天在岩石上摩擦，刚开始没有养成好习惯，以后就变成坏毛病了。"

小螃蟹非常委屈，说："妈妈，我不是不想好好学，可是我学不会啊，你给我示范一下吧，我就可以跟着您走了。"

螃蟹妈妈走了几步，小螃蟹不服气了："妈妈，你先别说我走得不正，你看看你自己，走起路来比我还斜呢，简直是横行霸道！"

螃蟹妈妈一听傻了眼，是啊，我一直都是这样走路，又怎么能怪孩子学我呢！

倘若是自己都讨厌的事物，硬推给他人，最终别人也不能接受，不会产生好的结果，同时，还会让对方产生态度的反感和对自己的否定。这也正是"己所不欲，勿施于人"的道理所在。尊重他人，平等待人，才能将自己的意见为他人所接受，同时也会得到他人的一份尊重。

在企业中，如果领导者能够率先示范，能以身作则地努力工作，那么这种热情和精神就会影响其下属，让大家都形成一种积极向上的工作态度、热情团结的工作氛围。可以说，领导者的榜样作用是具有强大的感染力和影响力的，是一种无声的命令，最好的示范，对部下的行动是一种最强的激励。

在一个动物园进行了一项测验。

饲养员利用狮子皮装成狮子开始进攻黑猩猩群。开始的时候，黑猩猩群觉得害怕并哀号，不久猩猩的首领就拾起了一个树枝，做出一个向狮子挑战的动作，结果其他的猩猩也逐渐停止了哀号，并开始对狮子怒目以对。

虽然这个测验是以动物为对象进行的，但却说明在关键时刻领导者在一个群体组织中所起到的表率作用。

三国时，孙策为平定江东，战斗中每次都冲锋陷阵在最前列。手下人为他担忧，多有劝阻，他却回答说："我不亲冒矢石，那么将士们又有谁会勇猛作战？"他正是以这种勇敢的精神去激励、去影响自己的每一位属下，下属的力量被全部调动之后，自己才拥有所向披靡的力量，迅速平定江东，奠定宏伟霸业的根基。

　　一般来讲,作为领导,切不可事必躬亲。但在有的时候,特别是一些关键时刻,在一些关键问题上,领导若能身先士卒,却会产生重要的影响。

　　领导在组织中,一般都有着更高更重要的地位,他们对群体的影响也是最大的。一是领导若能放下架子,和大家一起动手办事,会带给属下更多的信任感;二是领导都在努力干活,所有的员工都会有被激励的感觉,热情高涨,必然会产生更高的效率。

　　领导若一马当先,与下属一道工作,还能克服一些不容易发现的问题。

　　有家叫塞克—沃维克的公司,总经理经常会亲身赴一线考察工作。他让管工给自己分配任务,当焊工的时候,他寻找到了一种更节省材料的方法;他与工人一起砌砖时,发觉跪在垫子上不方便,最终设计出一个垫套垫在膝盖下边;做装配工的时候,又发现了一个流水作业的改进方法。正是因为他亲临一线,才找到了许多解决问题的方法,如果没有这种亲身的经历,相信这些问题都还会被掩盖起来,而整体的效率也就失去被提高的机会。

　　对于这样的领导,他的管理策略也一定会被大家所接纳,并被很好地执行,因为领导者有着丰富的实践经验,他的决策都是从现实出发,因此也就具有了更多的可行性,最终为大家所认可和执行。

　　领导并不需要高高在上地维护自己的尊严,与员工之间划分出一道不可逾越的鸿沟。适当时候,我们要舍弃这份所谓的面子,放下身段,去亲身实践,去了解员工的具体工作内容和其中细节。正是在这个过程之中,我们才得以对工作每个环节有更为准确的把握;正是在这份低调之中,我们才得以拉近与员工的距离,为对方所信任,而所有这些却能体现出一个领导者管理工作的高超艺术性。

　　领导的威信,是建立在群众认同的基础之上的,但关于威信的建立,并不需要我们以高调的方式进行,反而放低自己的身段,谨慎自己的言行,坚守一份责任,增长自己的内涵,关键时刻以身作则,寻求员工的认可,只有做到这些,才可能建立并维护好我们的威信。

第 **3** 章

舍与得的决策课：

多谋善断是提高决策能力的必备素质

　　人生便是在舍得之间游走，管理便是在决策之中变换，对于所有这些内容，却又需要以超脱的视角看待。不为昨日牵绊，进行长远规划，充分思谋，追求彼此共赢，才能使人生收获更多，使自己的管理工作效率更高，并以此展示出一个人卓越的智慧与管理才能。

从昨天的遗憾中走出，
才能做今天最好的执行

　　我们的生活，可以说就是要做出各种的决策，我们应该向左走，还是向右走？我们应该穿什么样的衣服，我们又该吃什么样的食物，我们最终又会与怎样的朋友、爱人相伴，去寻找我们生活中怎样的幸福？

　　正是有了决策，我们的生活才有了各种可能，才有了收获或遗憾的感触；正是因为这些决策，我们才有了可行追求的目标，指导我们的行为，规范我们的行为，向着一个方向而全力前进。

　　决策中，我们总有太多考虑的因素，是非所得，前进方向，所有之中当然还有昨天的记忆。对于昨日的收获，我们可以更多追忆，对于昨日的遗憾，我们则可能会久久不能释怀，太多陷入其中，就会使自己不能自拔，因此失去今日执行的契机。最终，因为目光总是关注昨日的缺憾，而失去今日最美的风景。

　　对于管理工作而言，决策的作用显得尤为重要，一个好的决策，可以让企业起死回生，一个坏的决策，也能让企业经历平地风雷。管理者作为企业的负责人和掌控者，他自身最大的职责，就是分析各种环境，并作出各种有效决策，以决定企业的经营和发展方向，因为如此，他的职位显得越发重要，因为这份内容，他的作用也就越发显现。

　　管理中的决策也是非常艰难的，因为不会存在一个准备就绪的决策，仅仅等待你去执行，甚至都没有一个完整而合理的决策模式来给你提供参考，作为领导的职责，就是需要在各种不同问题中分析比较，以得出自己的判断，并通过不断的锻炼，以使自己的能力得到不断增强。在企业的决策过程中，同样也会面临昨天的遗憾，它们在记忆中如此显著，为人们所关注，并成为企业决策的教训与标准。但是对于这种遗憾，一个优秀的管理者，又能不为它所限制，能够从中解脱之后，才能更好地去把握今天，从而不错过今天最美的风景，而这也可以展现出一个领导者最为优秀的决断能力。

一个登山者想要攀登一座高峰。经过充分准备，他出发了。

但在攀登的过程中，遭遇了突然的暴风雪，他与队友失散了，盲目之间，看不清方向，他从山崖上掉了下来，庆幸的是，束在腰间的绳子拉住了他，于是，他被吊在了半空中。

当一切又归于静止之后，他看到所处的情形，感到非常无奈，他向苍天喊道："上帝啊，请快救救我！"

话音刚落，天上传来一个低沉的声音："你要我做什么？"

他一下又看到了希望，连忙说："请救救我！"

"真相信我能救你吗？"

"我当然相信。"

"那就割断束在你腰间的绳子吧。"

听到这句话，他却突然沉默了，经过考虑之后，他没有采纳这个意见，而是继续紧紧抓住手中那根救命的绳子。

第二天的时候，搜救队员们发现了他那冻得僵硬的尸体，挂在绳子上，手里依然紧紧攥着那根绳子。不过让人感到惊讶的是，绳子距离地面已经只剩10尺的距离。

在人们决策的考虑当中，昨天就像这根牵绊的绳索，正是因为它我们才得以获得暂时的延续，无论是喜悦带给我们的满足，还是遗憾所带给我们的牵绊。但是对这根绳索太多的依赖，正如故事内容所设定的一样，把它作为存在的唯一，最终就使得我们因此失去太多思考的可能，最终因为方向的缺失，而使自己走入绝境,正如故事结尾一样,他所错失的就是在自己身下 10 尺的机会,并且因为这种错失,却使自己最终走入了绝境。

有时候,人们要能舍弃这份历史的牵绊,从历史的怀念与记忆中走出,才能以健康的心态去面对今天的自己,才能做出最为合理而正确的决策,在这一方向的指导下,才能获取最为有效的执行力。

对于这份舍弃,需要一个人有更多、更全面的思谋能力,思考完备,才能有效执行,对于一个领导者来说,才能体现出他充分的思维能力和优异的执行能力。

有个人问古希腊著名哲人苏格拉底:"请告诉我,为什么生活中从来没有见你愁眉不展的样子?你的心情总是那么好吗?"苏格拉底回答他说:"生活中,没有哪种东西的失去,能让我感到遗憾。"苏格拉底的好心情正来源于他对昨天的缺憾抱着正确的态度。

在美国有一个关于旅行者的故事。

一个人问一位站在路边的老人:"明天天气会怎样?"

老人看也没看天空就回答:"是我喜欢的天气。"

又问:"会出太阳吗?"

"我不知道。"

"那么,会下雨吗?"

"我也不知道。"

旅行者完全被搞糊涂了。

"好吧,"这个老人又说话了,"你喜欢什么天气,就是什么天气!"老人接着说,"很久以前我就知道我没法控制天气,所以不管天气怎样,我都会喜欢。"

1985 年,作为非种子选手的 17 岁鲍里斯·贝克赢得了温布尔登网球公开赛冠军,当时震惊了世界。

一年以后他卷土重来,并成功卫冕。又过了一年,在一场室外比赛中,19 岁的他却在第二轮输给了名不见经传的对手而出局。

在新闻发布会上，人们问他感受如何，他却以那个年龄少有的机智答道：
"你们看，没人死去——我只不过是输了一场比赛。"

两个故事内容不同，不过却能体现出两个人身上共同的态度，对于昨天的
我们不能改变的内容，我们又何不选择改变自己的态度，以快乐的心情等待明
天的天气，以从容的态度去面对昨天的失败，也许这就是我们今天所能做的最
好的事情，最终因为这种转变我们可以再次获取快乐的心情。

谋划是决策至关重要的内容，优秀的管理者，能够比常人看到更多事物发
展的可能，比常人能寻找到更多思考的角度，他不会更多地为历史所牵绊，为此
耗费更多的时间与精力，他们优秀的执行力，正是来源于这样的思考，而这份执
行力又会促进他们工作的开展，并展现出自身的优越。

当断则断，领导要有决断的魄力

人生旅途，无时无刻不面临选择。即使我们没有太多的财富和权力需要去
放弃，但在比较之中，对那些多余的、次要的、得不到的和不属于自己的内容却
要能果断放弃。在人生的十字路口，选择一条道路，就意味必须放弃另一条道
路，如果走在路上，还在牵挂之前的选择，或是犹豫不决，那这条道路走得也不
会顺畅，甚至有逆转的可能。

生活中，我们经常会遇到一些人，他们每做一件事情都要再三思量、反复考
虑，方方面面都考虑周全之后，才有所开展，做完之后又总放心不下，担心会把
事情办砸，很担心别人对自己的看法，这种人的性格就是典型的患得患失。患得
患失之间，自己的脚步就会变慢，患得患失之间，自己可能错失发展的良机，并

且最终还会给人留下优柔寡断的印象。在考虑清楚之后,有时,我们只是需要舍弃这份牵绊,在自己性格中纳入一分洒脱,就可以获得使事物朝有利方向发展和自身性格得以完善的双重结果。

工作之中,一个管理者,承担更多的就是决断的内容,在决策面前,更要展现一个领导者性格中的气魄。当代社会,瞬息万变,机会的出现,往往就在一个瞬间,如果一个领导者是优柔寡断的性格,那么可能在自己的迟疑当中,别人就已经占得先机,在自己的质疑之中,可能他人已经开创了先河,自己最终只能作为他人的跟随者。

而作为一个有着决断魄力的领导者,如果他有丰富的经验,善于把握环境中的各种契机,他又有着丰富的知识,能够对自己的决策做出各种合理的分析,当机会出现之时,他总能将其把握手中,而不会因为遗失而后悔,而事后,人们又总会钦佩他的魄力,并赞赏他所获取的结果。

林肯在任职期间,与6个幕僚一起商议政府工作的相关内容。

会议上,幕僚们总是各抒己见,观点大相径庭,并且谁都不肯让步,最终总是不能得到统一的结果。

在每次商量都不能有所结果之后,林肯意识到这个问题的严重性。

他对大家说:"既然大家意见不同,那显然我们没有商量的必要,希望你们能回去想想,我们是否能寻找到更好的协商方式。"

林肯认真对6个幕僚的意见进行分析后,发现他们想法也非常单纯,有些只是跟随别人的意见,这样的协商是没有价值的。最终,他提出法案,建议取消幕僚协商制度。

他说:"我们在一起讨论,不是要少数服从多数,而是要在众多意见中挑选出最为科学,最为合理的。"

最终林肯不顾6个幕僚的一致反对还是通过了这一法案。

后来的事实证明,林肯当时的做法完全正确,经过实践检验,这样的方式最有效率，并且也没有违背管理决策的科学性原则。

在决断的时候，必须考虑多数人的意见，但是最终的决断，不可能由全体人员投票选择，而只能是一个人，否则人云亦云、随波逐流的情况就会导致最终决策时机的延误甚至是错误的决策。林肯正是遭遇这一问题，经过思考之后，发现其中的弊端所在，果断采取法案，终止这一情况的延续，使得局面得以打开。最终，工作效率有所提高，同时，也造就出林肯作为一个总统所应有的伟大品格。

决策本身就是一种取舍，取舍于"大利"与"小得"，取舍于今天的现实与明天的可能，但是在决策的考虑当中，还有一种更深层面的取舍，因为决策都是需要花费时间的，也即是说，决策都是有成本的，如果太多徘徊，太多考虑，花费掉太多的精力与时间之后，可能最终决策所带来的收益就不能弥补自己的投入，因为太多考虑，而失去了最有利的时机。

考虑之中，能对决策有这样的认识，自然也就会有一份更为深入的思考，舍去一份牵绊，能够以快刀斩乱麻的气魄去隔断所有联系，从而把握事情发展最为有利的时间契机。

安东尼·吉娜是美国纽约百老汇最负盛名的演员，在脱口秀节目《快乐说》中讲述了自己的故事。

几年前，吉娜是大学艺术团的歌剧演员，在一次演讲比赛中，她说出了她的梦想：大学毕业后，去欧洲旅行，然后要在百老汇中成为一名优秀演员。

下午，她的心理学老师找到她："你今天说想去百老汇做一名演员，是真的吗？"

吉娜点了点头。

心理学老师听完，尖锐地问："但是，今天去百老汇跟毕业后去有什么差别？"

吉娜想了想，的确大学生活并不会帮她争取到百老汇的工作机会，她说："我决定一年后去百老汇闯荡。"

这时,老师又冷不丁地问:"你现在去跟一年以后去有什么不同?"

吉娜有些晕眩,想想那个金碧辉煌的舞台和那双魂牵梦萦的红舞鞋……她决定下个月前往百老汇。

以为老师这次会同意她的意见,但却又被老师追问:"你觉得,一个月以后去,和今天去有什么不同?"

吉娜激动不已,"那好吧,给我一个星期时间准备一下。"

老师却仍旧咄咄逼人,"所有生活用品都能买到,一个星期后去和今天去没有差别。"

终于,吉娜不说话了。

老师又说:"百老汇的制片人正在酝酿一部新剧,我已经帮你订好明天的机票了。"

吉娜这时已是热泪盈眶。

第二天,她就到了纽约,吉娜并没有急于漂染头发、买靓衫,而是费尽周折从一个化妆师手里弄到了排演的剧本。在之后的两天中,闭门苦读。

面试那天,吉娜是第48个出场的,制片人要她说一下表演经历。

吉娜粲然一笑:"我可以给您表演一段学校排演的剧目吗?就一分钟。"

当制片人听到传进鼓膜的声音,竟然是将要排演的剧目对白时,他惊呆了!而且这位年轻人的表演是如此的惟妙惟肖。最终,主角非吉娜莫属。

作为管理者,都希望自己能做出最好的选择,但有时充分的考虑并不是最有利的方式,考虑清楚之后,最为果断的执行也许才是对事业发展最有利的促进,抓住这一天、这一秒的契机,也许才是一个管理者所应有的最优秀的品质。

领导要有心若止水的平静，
才可把握决策中的契机

平静是宗教中修行者所希望达到的心理境界，他们希望能摒除尘世的杂念，不为色相的表面所牵绊，追求认识的精进，能有所超脱之后，才会对人世与自己有更为透彻而深入的认识。

生活中，我们虽然不是一个修行者，经历平凡，也不去追求生命的真谛与本质内容，但这样心情的平静，对我们生活也有极为重要的意义。遭遇挫折，承受否定，那我们的情绪就会变得浮躁，最终因此错失彼此的信任，并将事态的发展引向恶化；人生在世，总经历有太多得失，得失相伴，牵绊个人更多欲望与满足，经历所有这些之后，却也开始让我们学会变得从容。

一份平静的心态，可以让我们淡看得失，掌控情绪，心情轻松，也可以看透事态发展，寻找出最为有利的助力。

在管理的决策中，更要有效借鉴这份心态的平静。职场遭遇，每日情况瞬息万变，人事间更是色彩迷离，若自己没有一副处变不惊的性格，没有一双明辨是非的眼睛，那恐怕我们就很难在其中生存，我们就很难符合一个领导者所应有的角色。要有心若止水的平静，才能在自己心中映照出事情发展的各种趋向，再结合自身情况进行有效抉择，也许在常人看来是有悖常理的决策，但在不久的将来，就会显现出人所意料的结果。

有一个青年乘船去远航，不幸的是，遇到大风，船沉没了。

这位青年被冲到了一座荒岛上，每天，他都翘首以盼，希望能够得到过往船只的搭救。

等了几天，没有船来，为了活下去，他弄来一些树木，给自己搭建了一个"家"。

然而，一天他外出寻找食物时，忘了熄灭火源，一场大火顷刻间把"家"烧成了灰烬。眼睁睁看着滚滚浓烟消散在空中，他感到异常悲痛，陷入绝望，认为自己再也没有活下去的勇气。

第二天清早，当他还沉浸在痛苦中时，风浪拍打船体的声音惊醒了他，一只大船靠岸了。他被救了上来。

"这么长时间了都没有人发现我，你们是怎么知道的？"他问船上的工作人员。

"我们看见你燃放的烟火信号，顺着方向就开过来了。"

他简直不敢相信，竟是那场大火救了他。

这位青年，并没有看透其中所有的因果，他没有以平静的心态去分析自己所处的形式，和自己最应采取的策略，但庆幸的是，命运的一次意外安排，一场"倒霉"的大火，却让他获得了生存的机会。

现实之中，我们应该追求心境的平静，在平静之中，思维得以清楚，思路得以清晰，事物的各项发展，也得以为自己所掌控。抛弃掉利益的纠葛，抛弃掉短不见思考，最终呈现出的是长远的规划和理想的蓝图。

要想获取平静，并不是一件容易的事情。

我们要能舍弃一时欲望对自己的牵绊，要能从内心之中将情绪的动机剔除，以理性获得一份对事物发展的认识，以平静换得一份对事物客观发展的判断，当所有这些内容有所获得之后，我们才能达到心态的平静，在我们的管理决策当中，也就能进行更为有效的掌控。

当然，这不是一个可以一蹴而就完成的过程，需要我们不断的磨炼，不断的反思，不断的调整，才能使自己在这一方面更为成熟，也愈来愈游刃有余地去处理自己所面对的管理决策事务。

在一个小镇上，有一位身怀绝技的卖瓜王老汉。无论任何一个瓜，他只要在手里一掂，就能准确说出重量，丝毫不差。因此，他在镇上名声很大。

小镇的附近有一个寺院，住了几个和尚。一天，院里方丈带着一个小和尚出来办事，路过王老汉的瓜摊时，便挑了几个。王老汉用手一掂，眯着眼睛说："二斤六两。"

小和尚不相信他有如此神奇，便用秤去称，结果不差一两。

这时，方丈又挑了一个香瓜，向王老汉说道："若你还能估准这个瓜，我便将随身带的一锭银子送给你。"说罢，方丈从布袋中拿出了一锭银子，足有二两多重。

王老汉一看，便爽快地答应了。

他小心翼翼地托起瓜，掂了一番又沉思一番，但却没有说话，过了一会儿，又掂量一番，还是不语，旁边人一再催促，最后王老汉咬着牙说了一个一斤三两，但用秤一称，这个瓜却是一斤四两。

王老汉之所以失手，就在于老方丈的二两银子。区区二两银子，却可以彻底地扰乱王老汉的心神，打破他的平静，使他不能再对瓜的重量进行准确把握，最终导致他发挥失常。人心就如一面湖水，风一吹过，就会皱起波澜，在这个物欲横流的世界，布满了诱惑，如果不把握住自己最终就会被淹没于人海欲望之中，如同银子面前的王老汉一般，也再难准确地看到事物发展的本来趋向。

法国作家雨果说过："世界上最宽阔的是海洋，比海洋更宽阔的是天空，比天空更宽阔的是人的胸怀。"平静并不是心无牵绊，更多是对所遭遇逆境的洞彻领悟，你对客观现实的一种把握。作为一个优秀的管理者，他一定有着丰富的经营经验，当他的所有这些阅历，在自己的记忆中进行反复地思考和整理之后，就可呈现整体性和逻辑性，最终无论面对何种情况，都不会引起他意识的惊奇，因而能以从容的态度对待。

舍弃一份浮躁，去追寻一份平静，花费以更多的思谋，才能换得个人行动的决断，抛弃掉所有多余的行为，所显现的是一种超脱后的简单，而此时自身心境是如此平静，所施实的管理方式又是如此超脱。

领导要有长远的规划

俗话说"人活一张脸,树活一张皮",我们每天的生活就是要争取一份荣誉,获得一份利益,这些成为我们生活中追求的内容。但是,当我们只是将这些内容作为我们目标的全部时,我们发现生活就失去了原有的意义,为此可能陷入到争斗之中,为此要感触与经历极限。有时,我们需要以超脱的态度来看待我们的生活与工作,当能从历史的角度对所有内容进行观察时,就会发现所有内容因此而变得清晰,所有抉择因此而变得容易。

人的一生,可支配的时间也就短短几十年,光阴匆匆而过,如果自己总是将大量的时间都花费在了"争一时短长"之上,每天日升日落,只是在一个个细小的数字与细节上纠缠,模式重复,没有丝毫改变,那岂不是太过可惜,浪费了生命太多宝贵的光阴。

一个理智的人,他的明智之处就在于"有所为有所不为",不该去争的东西就坦然放下,这样才能积蓄更多的精力,能够为心中那个更大的目标而积蓄力量。而所有这些都依赖于他心中那关于一世的长远谋划。事实也证明,越是伟大的成功,越是伟大的事业,就越需要长时间的努力与付出。

这种长远的规划,对于管理决策有着更为重要的意义。管理者本身承担最为重要的职责就是决策,市场情况变化太快,决策者总有太多需要考虑的事情,有太多机会去追求把握,在决策之中,很容易就陷入到狭隘,而有一种超然之上的考虑,也许会给自身决策,带来更为长远与宏观的视角。

优秀的领导,总经历有太多的风浪,在利益与考验面前,他们总能坚守自己的原则,看透其中的机缘,做出最为有效的抉择,决策依赖于执行,而执行却依据于自己的考虑,当自己能以跨越时间的角度对问题进行看待时,也就做出了最强有力的决策。

三国时曹操考虑选择接班人。虽然已立长子曹丕为太子,但次子曹植却是满腹才华,而且已经是誉满天下,很受曹操器重。曹操心生更换太子的打算。

曹丕得知了这一消息后非常惊慌,他急忙向自己的贴身大臣贾诩请教该如何应对。贾诩说:"希望你依然保持应有的德性与度量,只要像一个寒士一样,兢兢业业做好自己的事情,不违背一个儿子应有的礼数,就可以了。"曹丕深为信之。

一天,曹操挂帅亲征,此时曹植正在高声朗诵自己歌颂功德的篇章来讨取父亲欢心。曹丕却突然伏地哭泣,并跪拜不起。曹操过来,询问原因,他回答道:"父王年事已高,却还要依然上战场奔劳,作为儿子,自己心里非常难过,所以说不出话来。"

此言一出,满朝哗然,都为太子这份体贴入微的孝心所感动。对于曹植的这份才华,却感觉有些华而不实,完全不能与这份普通的孝道相比。作为一个君主,才华固然重要,但一个良好的品德,也许可给天下苍生带来更多的福祉。最终,太子没有发生改变,曹操死后,曹丕顺理成章地登上了皇帝宝座。

决策之中,自然会在意一时的利益,曹丕不满太子之位被取代,并有拼死一争的打算,不过,幸得贾诩指点,才有一条明确应对之策:不争于一时,却在考虑久远。任凭对方的才华展示,而自己却在恪守太子应尽的本分职责,最终凭借这一点赢得了父王的认可,并获得太子之争的胜利。

一个合格的领导,能够合理安排自己当前的工作,而一名优秀的领导,则可以进行更长远的规划,他能看到事物发展的趋向,他能清楚自身所具有的资源,在关键时刻能够舍弃短暂的利益争斗,而从更为宏观的层面去对事物的发展进行驾驭。最终,所得到的回报是,决策的英明正确,和他人所不能及的结果。

充分的思谋才会
让你的坚持保持正确

"不经一番寒彻骨,哪得梅花扑鼻香"。

正是经过这番寒冷的考验,才得以威慑百花收起娇容,才使得梅花赢得了一花独放的殊荣;正是这番透彻的感触,才使人们更加珍惜与钦佩这份来之不易的美丽。人们生活之中,又怎能不经历严酷的考验,只有那些以自身坚毅品质,去直面困难,并愿意把自己全部生命都奉献于目标的人,才会到达常人所不能及的高峰,欣赏到我们所不能看到的风景,同时,这份历练的经历还可以让人们不断认识自己,不断挑战自己,可以寻求到自己不同的生命轨迹。

商场经营决策的正确与否,取决于一个管理者内在品质的优秀与否,对于那些优秀的管理者,对于那些曾经取得优异管理成绩的前辈,在他们的管理经历中,都必然会有考验与坚持的内容。正是时间的考验,才淘汰了更多的竞争者,最终为这些坚持下来的勇者留下了一个展示的舞台;正是这份坚持的勇气,使自己在布满荆棘的道路上不断前进,直至最终自己置身于这份收获与荣耀之中。

坚毅是一个人的品质内涵,面临决策考验,坚毅品质之后,是一个人思考与认识的内容。他们对于目标抱有坚定的信念,面临选择,面对困难,他们总会反复回到原点去思考他们的初衷,有所思谋,有所比较,有所信仰之后,舍弃该舍弃的,坚持该坚持的,毅然决然地沿着自己的方向走下去。

也只有经过全面考虑的坚持,才是最有价值的,它不是一种盲目的个人执拗，也不是一种毫无意义的形式保留，而最终也会带来最有利的结果。

最优秀的领导，是最有远见意识，能够做出长远规划的人，他一旦产生这样的认识，就会为自己的目标而坚持，无论遭遇什么样的困难，遭遇什么样的挫折，他都不会为之放弃，反复修改自己的计划，反复寻找可以实现的可能，漫漫等待实现的契机，最终，命运回报于他们的，也是常人所不能达到而只能敬仰的成绩。

我们都知道，卡内基是美国的钢铁大王，不过关于他创业的历程，却也充满着艰辛。

美国南北战争之后，国家基础设施被毁，面临巨大的重建工作，美国国内存在着巨大的商机。具有远见的安德鲁·卡内基发现了这一机会，决定成立一个铁桥建设公司。

当时好多人劝卡内基说："现在你收入不错，干吗要去冒险呢！"并且他手头的钱还不宽裕，同时还面临许多其他的问题。

但是，卡内基并没有改变自己的决定，四处筹资，很快公司就成立了。当时这样的公司还很少，生意非常不错。

但就在这时，他却放弃了公司，决定在钢铁领域开拓自己的事业。

这一做法又招致许多人的反对，认为卡内基有些不自量力。

对此，卡内基不以为然，他态度坚决，"美国现在是铁路时代、钢铁时代！建造铁桥、火车头和铁轨都需要钢铁，钢铁生意将是最为强大的。"

为了掌握钢铁技术和先进的经营方法，卡内基毅然放下手头的工作，到欧洲进行了长达 280 天的考察。这期间，他买下了工程师道兹兄弟的钢铁制造法的专利，还买下了焦炭洗涤还原法的专利。

回国后，卡内基就像是个上紧了发条的机器，全力向钢铁市场进军。

1868 年，建立起了一座高 22.5 米的当时世界上最大的熔铁炉；1872 年，在匹兹堡的南面建起了一座美国最大的钢铁厂。

1873 年，一场严重的经济危机席卷了美国，正如他所预测的，铁路公司正在用钢轨调换铁轨，军火工业和其他工业对钢铁的需求也在迅速增加。

卡内基的资产得到了迅速增长，几年内就翻了好几番，他也成为了美国最有钱的富豪之一，并成为美国第一代"钢铁大王"。

机遇的到来总是无声无息的，就出现在普通人的生活里，并为我们大家所见识，但只有那些有着最敏锐意识的人，有着最缜密思维的人，才能发现其中所蕴藏的巨大机会，并最终能为这一认识所奋斗和坚持。领导的决策是为执行指明方向的，而充分的决策，却必须立足于远见且切实可行的思谋。

敢于大胆退让，
只是因为内心已考虑清楚

人们总喜欢争取一些东西，却从不会轻言放弃，但有时，适当选择放弃，却是对自己非常有利的决策。

有些放弃，并不是彻底的弃绝，他需要我们一个回避，一个反思，经历时空的一个调整之后，我们也许和美丽目标再次不期而遇。卸下人生的种种包袱，才可轻装上阵，超然之中，却可将目标看得更加清晰。

有些放弃，却是彻底地决裂。这样的放弃，是在缜密的思维下做出的决策，因为尝试之后，发现实现的路途不是自己曾经想象的那样，因为追求之后，发现并不是自己所要的内容，在问题还没有进一步暴露之前，采取果断的态度，将其从生活中剔除。这样的放弃虽然痛苦，但却非常有效。

做出放弃的策略，并不是一件容易的事情，它是对一个人魄力的最大考验，它同时也是对这个人智慧能力最为严格的考核，只有那些能对事物与自身有充分认识的人，才可做出这最有气魄的决定。

懂得放弃，才会拥有一份成熟，才会活得更加充实、坦然和轻松。

管理之中的放弃，显得更为沉重，决定放弃，就意味着对当初目标的延迟，或是彻底的放弃，这意味着对于曾经的努力和自我决断的否定，相比较于成功，这是任何一个管理者都不希望看到的情形，但事情的发展又怎么可能总是一帆风顺，一个优秀的管理者，必然要经历苦难与挫折的考验，并且他们还要能从中顺利走出，才能证明自己能力的卓越。面对于决策的契机，如果一切已经考虑周全，那他们一定会毅然决然舍弃这份错误的决定，悄然之中，他们又获得一份方向的调整和腾出的精力，相信不久之后，他们又会走回发展的轨道。

面对困难，我们有坚持的勇气，面对错误，我们又有承认与放弃的气魄，而所有这些都来源于我们缜密的思维。有人说："放弃不该放弃的是无能，不放弃该放弃的是无知。"

一个人在沙漠里迷失了方向，酷暑难当，饥渴难耐。正当快撑不下去的时候，发现了一幢废弃的小屋，在屋子里居然有一台抽水机。

他兴奋地上前汲水，却怎么也抽不出半点水。这时，他看见抽水机旁有一个装满水的瓶子，在瓶子上贴了一张纸条，上面写着："必须把水灌入抽水机，才能饮水！不要忘了，走的时候，请将水再次装满！"

这个人迟疑了，如果能抽出水当然好，但要是没有抽出来，这瓶宝贵的水岂不是要白白浪费？这个房屋这么久没有人来，不知道这里的情况是否有改变，如果自己将瓶中的水喝了，还能暂时解决一下饥渴。

思考很久，他最终还是将水倒进抽水机。不一会儿，就抽出了清冽的井水，他不仅喝了个够，还带足了水，最终走出了沙漠。

临走的时候，他又把瓶子的水装满，并在纸条上加了几句话：纸条上的话是真的，舍弃瓶中的水，才能得到更多的水！

面临决策,每个人都会迟疑,我们是解决一时之需,还是选择暂时的忍耐,也许一步退让之后,就可以让我们更加靠近自己所想要的内容。正是通过完备的思考,有所甄选之后,才做出大胆的抉择,而一份退让之后,命运也给他了丰厚的回报。生活中我们还会遇到很多类似的情形。

工作之中,选择退让,更能体现一个领导者的气魄。退让是所有领导者都不愿做出的选择,也许正是这份艰难抉择,才能造就出一个领导者的气魄,只有那些有过充分考虑,明白其中取舍的人,才会放下自己的尊严与面子,为事业的发展,寻找到最为适合的途径。在一份退让之中,成就事业,也成就自己。

退让,不仅仅是一种变通,有时,它会是一种彻底的放弃,而这种放弃,却是对自己最为有益的抉择。

吴、蜀猇亭之战,是使西蜀的刘氏政权元气大伤的一战,也是西蜀走下坡路的转折点。

刘备为报关羽之仇,不顾诸葛亮、赵云等人苦苦劝谏,亲率 75 万大军伐吴。初战阶段,蜀军大胜,势如破竹。夺峡口,攻秭归,深入吴国腹地 500 余里。直至猇亭一带,江东朝野震惊,多次提出议和,并作出退让。

此时刘备若是懂得放弃,也许可以做出最为有利的决策,完全可以"不战而屈人之兵"。但刘备被最初的胜利冲昏了头脑,加上诸多决策失误,最终被陆逊一把火烧了个丢盔弃甲,大败而归。

陆逊大胜刘备后,乘胜反攻,追击蜀军,在白帝城外遇到诸葛亮布下的"八阵图",便就手罢兵不追。因他料到曹丕可能乘其背后空虚会实施偷袭。果然,撤兵不到两天,魏军三路人马已到达吴国城下。陆逊见好就收,既没有重蹈刘备覆辙,又保全自身安危。

《孙子兵法》写道"见可而进,知难而退",还提出"敌则能战之,少则能逃之,不若则能避之,故小敌之坚,大敌之擒也。"兵法作用在于有效运营,当退时,不应急于一时义气,最终使自己头脑蒙蔽,而将大队人马推入深渊,最终遭遇蜀军之败；而陆逊所以能够大胜连连，正在于自己的全面考虑，该退时，不会为一时的胜利所掌控头脑，影响决策。

关于得失的讨论，在宗教之中，多有述及，虽然因为其更多强调清净无为，而与我们日常的经营活动有所差异，但却可以给我们提供有利借鉴。经营之中，以得失作为衡量标准，我们却能以宗教般的超脱态度，全面地思谋之后，才能更加透彻其中的得失内容，也就能对自己的经营活动作出更加有利的判断，无论最终选择坚守，还是放弃，由于思考周密，这份决策也就显得更加有力度。

思谋是采取冒险策略的最好保障

冒险精神，始终都是人类社会进步的最重要的动力之一。福特汽车总裁菲利浦曾经这样说过："如果人人都缺乏冒险精神，那么就没有今天的电源、照相机、电脑、飞机、人造卫星，也就没有了盘尼西林和汽车，成千上万个成果都不可能存在，我们人类发展必然还停留在很久之前的水平。"正是通过这一个个的冒险行为，人类才得以寻找到发展的轨迹，发现美洲新大陆，计算机网络的普及，医学上取得种种突破。

冒险对于我们的生活也有着重要意义。比较于生活的平淡与重复的模式，冒险的经历会带给我们新奇的感受与刺激，去看到另一种风景，去获得极限的体验，从而获得一份心性的满足。

但对于冒险而言，采取这样的方式，却是在我们有充分准备之后的一种抉择，是否安全，又会有什么结果，还会遭遇什么不测，当有所准备之后，才会踏上这冒险的旅程。即使意识中不能完全明确，但内心也有充分的准备。

　　风险对于管理而言,更是家常便饭。风险的背后总是暗藏机遇,俗话说,"舍不得孩子,套不住狼",风险越大,收益也会越大,不存风险的经营行为,一般只能获取最为普通水平的利润,要使企业经营获得突飞猛进的发展,就必然要有敢为人先的冒险精神。如果做什么事情都要跟在别人后面,从不敢冒一次险,那这样的人一般也不会取得什么巨大的成就。

　　对于商业经营行为中的冒险行为,却要考虑充分,对于得失,要有所考虑和准备,并有充分的信心去实现自己的目标,才可以承担这份风险,并获取这份果实。最终结果走向,在他们考虑之下,风险的可能也变成自己的一种掌控,得失也不会对自己形成牵绊,最终所获取的就是自己所想要得到的。

　　在遥远的高山上,有一条小的河流,它一直梦想寻找大海,流过了许多村庄,穿越许多森林,最后来到了一个沙漠面前。

　　当小河决定越过这个沙漠时,发现它的河水消失在泥沙之中,试了一次又一次,总是徒劳无功,它有些灰心了。

　　"也许,这就是我的命运,永远也到不了那个传说中的大海。"小河在颓丧地自言自语。

　　这时,沙漠里发出一个深沉的声音:"如果微风可以跨越我的话,那么你小河流也是可以的。"

　　小河有些不服气:"那是微风可以飞过沙漠,我不会飞,你总在吸收我,我又怎么跨越呢?"

　　沙漠严肃地说:"小河流,只要你愿意放弃你现在的样子,让自己蒸发到微风中,微风就会带着你飞过我,最终到达你的目的地。"

　　"放弃现在的样子,消失在微风中?不!那不就等于自我毁灭吗?"小河流无法接受这样的概念,这是它从未有过的经验。

　　"微风可以携带着水汽,飘过沙漠,又以雨水的形式落下,形成河流,那样你就可以继续向前进。"沙漠很有耐心地回答。

"这是真的吗？那我还是原来的河流吗？"小河流问。

沙漠回答："不管你是一条河流还是看不见的水蒸气，你内在的本质从来都不会改变。"

最终，小河鼓起勇气，投入到微风张开的双臂中，在微风的带领下，越过了沙漠，又变成雨水，融入了河水……

小河流一路前进，最后终于见到了它所向往的大海。

放弃自己的形态，无疑是对小河最巨大的考验，但为了自己的目标，它还是决定这么做。但这样的冒险行为，也是有充分准备的，从沙漠那里它已经对整个过程有所了解，并且微风也愿意提供帮助，最终，小河抛弃了自己原先的概念，对自己进行最大的挑战，最终得以越过沙漠，到达了它梦想中的大海，实现了自己所预期的目标。

管理之中的冒险，更需要我们有全面的思谋与充分的考虑，这样才能保证我们的策略在每个关键环节产生最有效的作用。思谋让我们寻找到工作的方法，探求到不同的方式，却可以同样实现自己的目标；思谋让我们挑战自己，只有对自己的极限进行突破之后，从原先的认识中脱离出来，才可以对事物发展有更新的认识；在风险之中，思谋又可以让我们规避掉不必要的损失，有所准备之后，就可以让自己回避而不再遭遇其中。

19 世纪中期，美国西部悄然兴起淘金热，成千上万怀揣发财梦的人涌向那里寻找金矿。

其中一个叫瓦浮基的十来岁的穷孩子，他非常穷，一路跟着大篷车，来到西部一个叫奥斯丁的地方。这儿有很多金矿，但气候十分干燥，水源奇缺。那些工人干一天活，却连口润润嘴唇的水都没有。抱怨的声音到处都是，有人甚至说愿意用一枚金币去换一口水喝，这给聪明的瓦浮基提了一个醒。

卖水给这些找金矿的人喝，也许会比找金子更容易赚钱。但要实施这个计划却要冒很大风险，因为他只是一个孩子，并且要放弃挖金子的工作机会，但考虑之后,他最后还是决定去挖水井。

他买来铁锹,挖井打水,把水过滤,变成了清凉可口的饮用水,卖给了那些嗜水如命的找金矿的人。他成功了,在短短的时间里,就赚到了一笔数目可观的钱。再后来,他经过不断的努力和打拼,成了美国小有名气的企业家。

瓦浮基是一个敢于冒险的孩子,在别人没有这样做之前,他并不知道这会是一条成功的道路,因为毕竟他因此失去了淘金挣钱的机会。而瓦浮基又是一个聪明的人,他对自己的冒险行为有充分的考虑,并且他相信自己的判断。有勇无谋,和有谋无勇都不足以成就事业,只有智勇双全的人,才能获得最终的成功。

世界上没有万无一失的成功之路,如果有,那这样的成功也没有意义。机遇不会常常光顾,它如同凤毛麟角,在我们的意识中一闪而过,只有那些敢于冒险,并且有充分考虑的人,才有可能获取最终的胜利,而此时那些慢半拍的人,他们只能眼睁睁地看着别人为胜利而感受喜悦了。

目标追逐过程中有得有失,
不必太看重

西方有句谚语,金钱就是上帝抛给人类的一条狗,它既可以逗人,也可以咬人。

在生活中,追求金钱是没有错的,正是因为拥有这种追求的动机,人们才会去不断努力奋斗,在自己获取财富的同时,也在为社会创造财富。但如果对财富进行偏执的追逐,就会陷入一种错误之中,在财富面前,迷失了心志,盲目夸大财富的作用，陷入其中，不顾一切地去拼命"掠夺"财富，终日为钱所累，最终泯灭了自己的本性。

　　财富名利，是我们生活的根本，但是对待它们，我们又要有超脱的态度，人们追求名利，但却不要成为它的奴隶，将所有得失看透，才能轻松掌握，不为名利所控，才能自如地将其收入自己囊中。禅理之中，多有追求"空"、"无"的境界，虽然并不符合我们的生活目标，但其思考与认识问题的角度，却大多可以为我们所借鉴，用以指导生活，从而获得更加自由而轻松的生活。

　　目标是管理工作的根本，正是因为有了目标的存在，企业才有得以依托的前提，正是因为有了目标，我们的管理决策才有了可行衡量的依据，企业的发展，工作的开展，都是以目标作为基本的执行与衡量的依据。

　　但企业在追逐目标实现的过程中，却不能完全为其所控制，在决策的得失衡量中，以其为主要标准，但却也不是绝对依据。我们要看到目标之后，企业所承担的社会职责，看到目标设定时，企业所处的社会环境，这些才是企业发展的根本所在，而具体的目标只是帮助我们更好地完成一个任务的过程。在必要的时候，我们甚至可以根据环境变化，对自己的目标进行及时的调整和更改，只有这样，才能使我们企业获得活力。

　　《庄子·山木》："睹一蝉，方得美荫而忘其身，螳螂执翳而搏之，见得而忘其形；异鹊从而利之，见利而忘其真。"

　　它的意思是，蝉在一边鸣叫，一边喝着树上的露水，不知道螳螂在蝉身后，它缩着身子紧贴树枝，弯起前肢想要捉蝉，却不知道黄雀在它身旁也想要吃它，黄雀正伸长脖子，想捉螳螂，却不知大树下有人正准备拿弹弓射它。比喻不能只顾眼前利益，而不顾身后的祸患。

　　如果只是盯着眼前的目标，可能就会忽略掉身后的危险，自己只是得意快要到口的食物，却没有发现自己也快成为他人的食物。

　　"螳螂捕蝉黄雀在后"的谚语虽然已为大家所熟悉，但却依然有人乐此不疲地钻入这个圈套,历史之中,现实之中,总不会缺少设以利诱,而行陷害的故事。生活中,我们要能为目标而奋斗和获取,但在实现目标的同时,又不能忽略掉现实的变化,只有这样的思谋,这样的准备,才可以安然获取自己期望之所求,而同时不使自己陷入危险之中。决策之中,衡量于得失,却以全备的考虑,超脱于得失来看待。

安妮已是一位中年妇女,正在纽约大学攻读文学。她被介绍给一位职业作家,协助编辑一系列小故事。

安妮过去从来没有编辑过小说,但有过纪录片编辑助理的实践经验,作家感觉到她具有编辑的直觉。

在美国度过了 15 年,安妮遇到过不少坎坷,为了谋生,她常常被迫干一些令人厌烦、工资又少的工作,她的态度中也渗透有对世界的怨恨和对人生的消极。

作家同意每一短篇小说付给安妮 3000 美元。跟作家在一块儿工作编辑完一篇小说之后,安妮开始琢磨,也许她所获得的酬劳太便宜了,为了多挣一些钱,她想改变这种状况。

她向作家提出此事,她大声争辩道,他如何利用了她的廉价劳动力。最后作家同意了她的要求,并且每小时付给她 250 美元。安妮很高兴,因为她每小时的工资从来没有这么高。

安妮开始编辑另一篇小说。她花在另一篇小说上的时间只有 10 个小时,这样算来每篇小说大约为 2500 美元,还不如原先的所得。

她又想与作家重新谈判,她冲着作家嚷道,由于按时计算,工作场所已经失去了爱,她想重新得到那种爱,想恢复原来的安排。

作家回答她说:"我没有失去那种爱,一直将它埋在心中。要是你失掉了,该由你把它找回来。更确切地讲,整个事情并不是爱的问题,仅仅是为了钱,只是因为你想得到更多的钱。你把钱攥得太紧,它就会从你的手心里滑掉。"随后,作家让她离开了。

安妮显然得不偿失,本来的初衷是为了挣得更多的钱,却因为太过计较一时的得失,而丧失了自己在职场之中的信任,翻来覆去之后,是自己失去了实现目标的可能。安妮的命运是不幸的,但关于这种命运的原因,却可以追溯至她的性格,因为决策都是她做出的,路是她自己走出来的,如果她不能从更为宏观的角度来看待自己的人生和所追逐的目标的话,那么相信她命运的轨迹,依然得不到任何改变。

管理者自身的工作就是决策,而决策的根本是对企业目标的维护与促进,但是对目标的追逐,又不能形成对自己太多的限制,陷入其中,可能只会顾及眼前的得失,而失去长远的方向,环境发生变化时,自己也不能对目标进行及时调整。

作为一个优秀的管理者,应该有着更为卓越的谋划能力,他能认识到目标的重要,但又不能拘泥于此,这样事业的发展才能顺利,也才能以此证明自己卓越的能力。

舍弃"小我",谋取彼此共赢

在战争年代,我们需要斗争,但在和平年代,我们却需要协同。

生活之中,我们总习惯于比较,比较于彼此的高矮胖瘦,比较于你我的是非优劣,似乎只有在比较之中,我们才能找到自己的存在,才能获得心性的一份满足。但是,过分注重个人的比较,过分注重自己的得失,就会将自己与他人划开一条界限,双方都不肯越过,最终只能孤独地生活在自己的一片天空之中。

人是社会的人,彼此群体而居,自然有我们的共性所在,情感需要寄托,效率的提高也需要彼此的协作,若总是狭隘的自我考虑,恐怕会因此丧失很多生活中所应有的内容。宗教之中,总是有关于"小我"的突破,希望达到"大我"的境界,说的也就是这个道理。从更为高深的角度来看待这个问题,从更为长远的角度,对自己的生活进行规划,因为此种认识角度的变化,生活也因此变得海阔天空。

俗话说"商场如战场",情形瞬息万变,稍有差错,就是胜负不同的结果。既是战场,那也就有假想的敌人,而同类的竞争者,往往会被看做不共戴天的对象,彼此之间争夺以客户资源,霸占以市场份额,行以价格、广告的攻势,以求最终能够成就自己的一番伟业。但今日社会情形之下,竞争是因效用而存在,彼此之间,却更需要协作与互助,舍弃掉彼此间的恶性竞争,谋求双方的共赢,以此作为自己对全局的认识,对合作精神的体现,并把它们作为自己制定决策的根本。

认识之中,我们必须舍弃原先的传统局限,能够从现实中认识到彼此的重要与相互的促进,只有这样,才能在行业环境取得拓展的情况下,为自身发展拓展有利的空间。

印度尼西亚著名华人银行家李文正,非常喜欢中国传统文化,并能够把一些中国传统思想文化运用到企业的经营管理之中,他认为,"生意,眼光要放远,应争千秋而不计较于一时"。如果"双方为利而争斗,生意就不可能稳定"。在和其他企业谈判时,他总是把"和为贵"的思想贯穿进来,主张不一定要分出胜败,而应皆大欢喜。

他最先经营的一些进出口业务,就是和朋友合伙。1960年,先转入银行业,也是和几位福建华商合资合营。1971年,他与弟弟李文光、李文明及华商郭万安、朱南权、李振强等共同集资,组建了泛印度尼西亚银行。

在经营过程中,与瑞士富士银行、日本东京富士银行、美国旧金山克罗克国际开发公司、澳大利亚商业银行,组成国际金融合作有限公司,从事国际性的资金融通和企业投资开发等业务。正是凭借着有效合作，在短暂的5年内，便使泛印银行成为印度尼西亚第一大私营银行。

在商业活动中，竞争是自然法则，通过竞争，展现自身实力，击败对手，独占市场，就能获得最大的利润。但是竞争并不是万能的，有时双方势均力敌，又争斗不已，最终只会鱼死网破、两败俱伤；而如果双方达成一定妥协，并能相互配合，发挥各自的优点，共同开发经营，这样在瞬息万变的市场上，最终双方利益共沾，均能获得皆大欢喜的结果。

李文正的"和为贵"思想和"双胜共赢"思想是一种与传统观念背道而驰，却又来源于传统的经营理念。竞争与合作，它们适时而用，都可以取得较好的效果。

双赢不仅是一种现代理念，它更是现代智慧的一种结晶。它所需要的是对自身条件的客观认识，是对双方形势的有利分析，对周围环境作出客观判断之后，才采取的一种坚决的策略。在意识上，它超越了自我的狭隘，它又秉承了科学的内涵，在取舍之间作出最为高深、又最为有利的选择。

阿曼是以色列到美国来的家族第一代成员。在美国南方待了一段时间之后，跟他的两个弟弟伊曼纽尔和迈耶一起在亚拉巴马的蒙哥利马定居下来，经营一个杂货店，当了老板。

该地本是一个产棉区，农民有棉花，却没有现金去购买日用杂货，于是阿曼就同意用杂货交换棉花。结果，这种方式使双方都皆大欢喜，农民得到了需要的商品，他也卖掉了杂货。

这种方式，乍一看与"现金第一"的经营原则相悖，但这却是阿曼兄弟"一笔生意，两头赢利"的绝招体现。这种方式不仅吸引了更多顾客，扩大了销售，并且阿曼兄弟无形中降低了棉花价格，提高日用品的价格，他们还利用自己进货的渠道，把棉花也捎出去了，有效地利用了交通工具。

没过多久，阿曼兄弟便由杂货店小老板发展成经营大宗棉花生意的商人，棉花典当成了他们的主要业务。

顾客是企业最终的消费者,他们之间也有着最为激烈的竞争关系,但是对于这一关系,如果能以包容的态度来看待,双方共赢的理念,也许可以得到更好的利用,提供出最好的产品和服务,满足顾客的需求,自己也能获得最大的市场。

决策对于商业经营有着至关重要的作用,它是管理者开展工作的职责根本,决策的好坏,影响着企业的运营,也彰显着管理者自身所拥有的知识与内涵。在考虑决策的过程当中,我们要有决断的勇气,分析当前形势,能够果断做出退让还是坚守的决定,同时还要有勇于冒险和对自我与目标进行超脱看待的眼光,而所有这些决策的根本,却依赖于我们的谋划,只有最为缜密的思考与最为全面的考虑,才能支持最为有效的决策,这些决策指导我们的行为,也会产生出最高的效率。

第4章

舍与得的人才课：

不以亲疏用人才能够实现人尽其才

人才是管理的根本，要想获得人才的"助"动，就需要自己舍得更多的投入。要认识人才的重要，尊重人才的作用，有效利用各种"怪才"，给人才以充分信任，不为传统规则所限制，提供出充分空间，才能发挥出人才的效用，自己事业发展也会获得最大推动。

领导必须树立以"人"为本的概念

这是一个以人为本的时代,生产力获得空前解放,人们得以在传统生产和生活模式中解脱出来,拥有更多的空间去展示自己的个性与需求,社会文化之中,我们必须接纳个体的性格,社会管理之中,我们必须去尊重每一个个体的需求,只有这样,才能展示现代社会结构与历史的不同,才能符合当今时代最为显著的特征。

在管理之中,必须树立以"人"为本的概念,企业的竞争归根到底就是人才的竞争,人才是企业立足的根本,也是企业最为宝贵的资源。在当代社会中,社会形势日新月异,市场竞争日趋激烈,昨天行业的龙头老大,今天发展处境可能就会一蹶不振,只有那些有着充沛人才资源,并能充分发挥人才效用的团队,才能展现出良好的团队凝聚力,敏锐的分析能力,快捷的应变能力,极强的掌控能力,果断的执行能力,最终得以在激烈的市场竞争中,立于不败之地。也只有那些不为世俗的眼光所限制,能够发现卓越人才的人,那些能突破传统的禁锢,为人才发挥效用提供充足空间的人,才能收获这份最终的结果,也才能被认可为最合格和最优秀的领导者。

"既想马儿跑,又不想给马儿吃草",应该说,这是中国传统农业经济所形成的性格倾向,作为管理者,只在意一时自己付出成本的微量差异,却忽略了马儿可以带给自己宏观的价值区别,在当今社会,变革之中孕育有太多机遇,一个卓越的人才,他所背负的思想与能力,也许可以带给企业翻天覆地的变化。因此,我们一定要重视人才的作用,以自己的收获和付出作为衡量的标准,不仅要给马儿吃草，并且愿意花费大力气、大价钱，去寻找千里马来为企业发展创造飞跃的条件。

作为一个管理者，一定要从传统的管理思维模式中走出来，看到社会发展的环境，分析产生效率的因素，才能使自己的管理方式能够符合一个时代的特点，而不会被历史所淘汰。

印度独立后的第一任总理尼赫鲁是圣雄甘地的追随者。

甘地本人对他十分欣赏，寄予厚望。经常和尼赫鲁交换各种意见，并且多有提拔栽培。

尼赫鲁九次被捕入狱，却从未放弃他的政治抱负和理想。更加可贵的是，尼赫鲁并不盲目信仰，他对欧洲进行了考察，在很多问题上阐述了超越甘地的见解。

他始终走在人民的最前列，提出了"完全独立"的目标，得到印度人民广泛拥护。他继承了甘地的事业，并进一步发扬光大。

圣雄甘地是印度的精神领袖，但在他所领导的运动中，需要各种各样的人才支持他，并且这些人才不是一种简单个人观点的重复，需要对于同一目标阐述出不同的见解，才能对最终事业的成功作出最大的推动。尼赫鲁正是这样一个人，而甘地正是发掘了这样的人，并让他的效能发挥到了最大，也最大程度地推进了自己事业的进展。

曾经有人采访比尔·盖次问他成功的秘诀，比尔·盖茨说，因为有更多的成功人士在为我工作。从这句话中，我们可以领略到比尔·盖茨作为一个企业成功管理者的胸襟，他并没有居功自傲，把企业的成就归结为自己的创新能力与性格因素，而是归功于自己的团队。同时，这也展示出他卓越的管理才能，正是认识到人才的重要，正是有效地利用人才，才使得企业发展在自己的掌控之下，取得如此优异的成绩。

走过人才的认识课，接下来就是如何吸引人才，如何有效利用人才的问题，希望下面这个小故事,对公司的领导者有所启示。

燕国国君燕昭王一心想招揽人才,但却不为众人所信,求而不得。

有个智者郭隗给燕昭王讲述了一个故事,有国君千两黄金购买千里马,过去三年,却无所得,又过去三个月,好不容易发现了一匹,派手下人带着黄金前去验马时,马却已经死了。最终用五百两黄金买来一匹死马。国君很生气:"我要的是活马,要死马有何用?"

手下说:"舍得花五百两黄金买死马,更何况活马呢?相信天下人士必然为之所动。"果然,没过几天,有人送来三匹千里马。

郭隗说:"你要招揽人才,不如先招纳我郭隗,如果我郭隗这样才疏学浅的人都能被国君所用,比我本事更强的人,必然会闻风而来。"

燕昭王采纳了郭隗的建议,拜郭隗为师,为他建造宫殿,后来引发了"士争凑燕"局面。有魏国的军事家乐毅,有齐国的阴阳家邹衍,还有赵国的游说家剧辛等。燕国储备如此多人才,逐渐成为一个富裕兴旺的强国。最终,燕昭王最终兴兵报仇,将齐国打得只剩下两个小城。

走过了识才的最初阶段,领导者在自己的管理当中就会对人才的作用有充分的认识,接下来,就是如何找到适合自己的人才,并发挥出人才的作用,对自己的事业发展产生推动,这个故事就给了我们一个很好的启示,如果有一个招才纳贤的好名声,相信社会中的人才必然会蜂拥而至。

在招揽到人才之后,我们还要学会辨识人才,区分庸才,发现奇才,要能看出人才的各自特点,并为他们寻找到发挥各自效用的平台和空间。各为所用,发挥所长,为自己的事业发展,提供强劲支持,有如此强大的推动,相信个人的事业必然会飞黄腾达。

不以貌取人，才能看清员工内在的闪耀品质

在中国传统文化中，非常注重"观人识相"的概念，它所说的是通过对一个人表面的观察来认识这个人内在所隐藏的性格，甚至能对这个人的命运进行预测和描述，它所依靠的是观察者丰富的社会经验与累积，从一个小的方面，可以观测到这个人的思维和认识习惯，并依此对这个人未来的命运进行一定程度的描述。

观人识相本身蕴涵着一定的道理与智慧，但是在现代生活中，却要慎用这一方式，因为这件事情本身具有一定的模糊性，并且渗透有很强的主观判断性，使用不恰当，就会产生负面的影响。生活中我们常常会以貌取人，就是一个很好的例证。因为人的外表，因为人的第一印象，对这个人产生判断，并依此决定所采取的态度，最终经过实践考验之后，却发现情况并不是如自己当初那般想象，此时才后悔当初不应当肤浅地做出简单评判，谨慎而合理的实践考验，才是确定一个人内在品质的最佳方法。

管理中的择才，显得更为重要，人才是团队的根本，而是否选择到恰当的人才，则决定企业是否会拥有最终的实力。在择才的关键环节——领导的眼光就显得尤为重要，因为他是一个企业的最终负责人，他的用人与选人标准，往往会成为企业的贯彻标准。

在选择人才的过程中，一定要抛弃掉自我狭隘的帽子，不能以貌取人，依据自己的偏好对员工进行主观判断，因为这样的片面性，往往会给企业带来非常不利的后果。在甄选人才的过程中，一定要能借助多种考核的方式，多角度对

一个人才进行考核，选择最恰当、最适合自己的人才，才能为企业发展作出最大的贡献。

通过相貌和表情来了解人，是识人的一种辅助手段。但是，把它绝对化，把识人变成以貌取人，就会错识人才，乃至失去人才。

《抱朴子·外篇》中记载有这样的话：看人外表无法识察其内在本质，凭一个人相貌不可衡量其能力。有人其貌不扬，甚至是丑陋，却是千古难得的奇才；有人虽是堂堂仪表，却可能是"金玉其外，败絮其中"的一个草包。

三国时，东吴孙权号称是善识人才的明君，却也曾"相马失于瘦，遂遗千里足"。周瑜死后，鲁肃向孙权力荐庞统。孙权先是大喜，但见面之后却心生不悦。庞统生得浓眉掀鼻、黑面短髯，面容极为古怪，并且庞统不推崇孙权所器重的周瑜，孙权便认为庞统只不过是一介狂士，没有什么大的用处。

鲁肃提醒孙权，庞统在赤壁大战时献连环计，曾立下奇功。孙权却依然固执己见，最终庞统被逼走江南。

鲁肃又向刘备举荐庞统，刘备虽是爱才心切，却也犯了同样的错误，但见庞统相貌丑陋，心中不悦，只让他当个小小县令。虽有匡世之才，只因相貌丑陋，竟几次遭遇冷落，不得重用。后来，还是张飞了解到庞统真才，极力举荐，刘备才委以副军师的职务。

若你是庞统，一定会感叹自身命运的悲哀，因为自己天生的容貌，却不能获得施展才华的机会，但从管理者的角度考虑，会发现他们遭受更大的损失。孙权若是重用庞统，也许会给吴国大计带来极大的促进，若刘备仅仅以貌取人，恐怕就要遗失一个重要的人才。三国争霸中，人才何其重要，遗失一个人才，又是对自身实力多大的削弱！

现代企业领导，要真正识别人才，就必须要进行全方位的考察，看他具备怎样的能力，是否有发展前途，自身的性格有什么特点，又适合做什么样的工作。对一个人的判断，应该是学识、智慧、能力、人品、性格等方面的综合考量，若仅凭一个人的相貌来判断，或是自己主观进行判断的话，那么，最终必将导致人才被埋没，事业受损失。这样的工作，正是一个领导者工作的最主要内容，也是一个领导者工作能力最核心的体现。

一般情况，选择优秀人才的标准有以下几个方面：

一、身体状况。身体的健康是一个人的根本，一个精神焕发，充满活力，对前途充满信心的人，也会给团队带来激情与活力。

二、工作能力。一个人在本行业的从业经验，对行业背景知识的熟悉情况，对工作环节的掌控情况，最终会决定他能否胜任这一职位，能否干好这一工作。

三、思维能力。这一能力可能是领导最容易忽略的考核因素，把握外在的能力，却不容易看清他是否有一种思考和把握的能力。只有那些有着良好思维素养的人，才能将工作进行系统看待，并对公司业务开展提出独到而合理的见解，并且这些内容往往对工作的开展显得异常重要。

四、创新观念。企业的成长和发展巨大的机会都源于创新。科技进步使得社会改变日新月异，观念的创新使商场竞争瞬息万变，具有创新观念的人往往会给企业发展带来巨大的机会。

五、求知欲望。求知代表一个人知识增长的可能，企业员工需不断突破自己，紧跟时代，不应故步自封、墨守成规，这样才能为企业发展带来促进。

六、团队精神。企业是以组织的形式去完成一件工作的，因此绝不能一意孤行，即使能力优秀，但没有团队意识，也是不能为企业所用的，必须经过不断的协调、沟通，才能将团队效率发挥到最大程度。

七、适应能力。企业在选择人才时，还必须考核人才的适应能力，在一种环境和工作状态中，能发挥自己的作用，换了一个环境，就会发现无所适从，这样的人才发挥效用的空间也是非常狭小的，因为现在社会所面临的环境，更多是以风云变化来形容。

抛弃掉选择人才方式的单一，从更多层面和更多角度对企业所需要的人才

进行考核,借助面试、实践考验、心理测试等各种可行方式,去对人才进行全面的考核,而不是仅仅在意于一个人的容貌,从中甄选出最为优秀的人员,对自身事业发展提供最大的动力支持。

对于人才的判断,是一个领导者眼光的最好考验,在现实中,也经常会根据领导的好恶对人才的选择有所偏向。对于那些有丰富经验的管理者,他们总会看透员工的外表,从本质上看出一个人具备什么样的品质与性格,而这些内容又会对工作形成什么样的促进,并且他们还会更多融入发展的角度去看待一个人的改变与成长,以及在不远的未来能发挥出怎样的作用,只有具备这样的态度之后,才能使人才的选拔更为合理。

不以亲疏用人,才能找到
发挥人才效用的最佳位置

李斯在《谏逐客书》中曾说:"泰山不让土壤,故能成其大;河海不择细流,故能就其深。"

在生活中,我们应该有一种包容的态度,才能造就自身性格的沉厚与博大,有泰山之高,则不对土壤进行选择,有海河之宽,则能对江河更加包容看待。生活之中,有此种宽容的态度与胸襟,才能成就自己更为广阔的视野,对待生活也就有更为深入的理解与把控。

管理之中,我们更需要借助这种包容的视角,在人才的使用之中,我们要舍弃自我狭隘的认识,突破局限,才能在自己的管理中对人才寄托以更多信任,才能为人才发挥效用提供更多的平台与空间。

　　传统之中,我们都有很重的家族观念,大家都认为"血比水浓",亲人比常人总有一种特殊感情,无论是在工作中或是生活中。对于合作对象,都愿意选择朋友或家人,志同道合、情同手足,这样对于自己事业的开展最为有利。在管理之中,我们还会渗透"一朝天子一朝臣"的用人理念,领导新上任就会抱怨对老员工不满意,于是找种种借口调动以前的下属,似乎只有在这种信任的环境中,才能取得工作开展的局面。

　　对于这些情况,最终往往不会取得非常有利的进展,或者说不会对企业发展形成极大的促进,家族的管理,可以获得情感的信任,但它却非常不利于矛盾的解决,最终因此而蕴藏了更多的问题;对于新的管理结构,必须要能从新的角度去对自己的管理工作和角色进行看待,如果总是局限于一定范围,那所有人才的工作的开展都会受到束缚。

　　对于这些情况,我们一定要能舍弃掉自身的狭隘,舍弃掉自己在管理中的亲疏判断,只有这样,才能在更广阔的范围内去思考自己企业的发展和人才的配备,才能最终获得团队内人才的充分发展,人尽其才,才尽其用,企业发展也获得最好的推动。

　　春秋霸主齐桓公正是不计前仇重用管仲,最终成就自己的一番春秋霸业。

　　由于襄公乱政,公子小白和公子纠都逃离国外,两人分别由鲍叔牙和管仲辅佐。

　　襄公被杀后,两公子小白和纠相继回国,以争夺王位。

　　在途中,管仲率兵埋伏于小白,见到公子小白,张弓射之,小白倒地;管仲以为被射死,便派人回报,不急于赶路,六日后才到达齐国。

　　而此时,小白已先返回齐国,被封为齐桓公。原来管仲只射中了小白皮带上的金属钩,小白佯死倒地,等到管仲撤走后,迅速返齐,提前得立。

　　事后,齐桓公欲杀死管仲,鲍叔牙说:"臣幸得从君,君竟以立,君之尊,臣无以增君。君将活齐,即高溪与叔牙足也;君且欲霸王,非管仲不可。夷吾所居国国重,不可失也。"桓公并未计较前失,封管仲为大夫。管仲感叹:"生我者父母,知我者鲍叔也。"

管仲能被识用,得力于鲍叔力谏,但更重要的是桓公的宽容之心,不记前仇,予以重用,才是一个管理者最为杰出的品质,若桓公只是气量极小之人,世间恐怕就会少了许多故事,而后人恐怕也绝不会记住齐桓公。

"外举不隐仇,内举不避亲",真要做到,实在不易,要使一个人的判断不为亲仇所束缚,真是非常艰难的事情。但这样做却能给自己带来最大的好处,并且这也在成就一个管理者最大的成就,有这样的认识,也许是对一个管理者最好的帮助,并且古人已经为之,作为现代人,我们又何尝不能对自己进行挑战和尝试呢?

1943 年,盟军决定实施代号为"霸王行动"的诺曼底登陆作战计划。这是一个准备周详,并且被高度重视的计划,但在指挥官的选择上,却面临了难题。

当时大家都认为马歇尔是最佳人选,他对世界六大战场上的美军指挥有方,声名显赫,赢得了大家的充分信任,丘吉尔在致罗斯福的电报中说:"如果任命马歇尔为'霸王行动'的最高统帅,我们一定会同意。"

但出人意料的是,罗斯福最终却选择了一位陆军作战计划处处长艾森豪威尔担任这一职务,在他上面有 366 位比他职位高的将领都没有被任命。

这样考虑,一方面是罗斯福需要马歇尔在身边出谋划策,更重要的是艾森豪威尔的能力与性格为他赢得了这一职位。他头脑冷静,目光远大,军事战略思想明确而坚定,并敢于果断决策,能够排除各种困难干扰。基于这些原因,罗斯福最终跨越了论资排辈的束缚,对艾森豪威尔委以重任,并且也取得了诺曼底登陆战的伟大胜利。

在人才的使用之中,总会面临有各种企业的文化,总会面临一些规则。但在一定的时机,在一些关键时刻,这些内容会对人才发挥效用,产生限制,束缚了他们的拳脚。作为一个管理者,作为一个优秀而卓越的管理者,一定要从这种困境中解脱出来,舍弃一时的限制,舍弃传统的方式,不拘一格降人才,为人才找到最合适的位置,从更宏观的角度对问题进行分析和看待,并且能调动自己全部的实力去解决自己所遇到的问题。

　　亲疏远近是人性使然,传统秩序又是历史传承,但在管理之中,我们要能看到企业发展的长远利益,舍弃掉对这份秩序的遵从,要能突破这些限制,去客观看待自己所处的环境,去有效利用自己手中所拥有的人才资源,寻找可能的方式,为他们发挥才能提供最大的可能。只有这样,才能获取企业最有利的发展,才能彰显出一个管理者管理行为最为卓越的艺术性。

对于特殊人才,领导要能特殊对待

　　俗话说"龙生九种,种种不同"。

　　嘲风喜好冒险,人铸其像,置于殿角;囚牛性喜音乐,其形为胡琴琴杆上端的刻像;睚眦平生好杀,喜血腥之气,其形为刀柄上所刻之兽像;赑屃力大,可背负重物,即今刻在石碑下的石龟;此外还有椒图、螭吻、蒲牢、狻猊,都有不同的性格,在现实生活中,人们都赋予适合它们性格的不同职位。

　　正如人世间没有两片绝对相同的树叶,每个人的性格也不会相同,每个人都有不同的经历,有不同的认识,对于人情世故,都有自己的看法和态度,如果总是苛求统一,否认个体的差异性,对彼此双方都不会产生有利的结果。苛责于自己,无论如何努力,都不能到达自己心中所期望的统一,苛责于对方,感触是过分的苛责和人性的压抑。与其强求统一,不如将所有内容放任开来,展现出自己独特的一面,群体也因此获取更多的活力。

在管理当中，对于人才的管理和利用，更要注重每个员工自身所具备的特点，我们在强调管理的考核和统一的秩序的同时，作为一名有远见的领导者，更要能发现那些卓尔不群的员工身上所具备的潜质，甚至能发现一些普通员工身上所隐藏的内在特点。依据自己所发现的这些特点，要勇于突破框架限制，给他们发挥自己效用的空间，最终，一旦他们寻找到适合自己的角色，就可能发挥出常人所不能及的效用，而所有这一切却依赖于一个领导者的眼光与气魄。

一定要舍弃对员工不同的偏见，一定要舍弃对群体秩序的绝对维护，以包容的态度看待一些员工的个性与偏执内容，从中发现一些更为有利的契机，从而为企业发展寻求更为有力的推动。对于怪才的认识，是管理者的见解与事业眼光的一种展现，对于怪才的有效使用，更是管理者自身高超管理艺术的体现。

日本本田技术研究社，就以招收个性不同"怪才"而出名。

本田的职工一般分为两类，一类是"本田迷"，对本田车喜欢到入迷的程度，他们可以不计较工资待遇，只希望亲手研制、发明或参与制造本田车；另一种是性格古怪的人才，他们爱奇思异想，提不同意见，总有不同于常人思维的见解。

一次，招收人才时，对两名应征者取舍不定，向本田本人求助，本田宗一郎随口就回答道："录用那个较不正常的人。"

公司用人理念在于，正常人的思维发展有限，"不正常"的人反而有不可限量的力量，往往会有惊人之举。

日本索尼公司也曾以用"怪才"而出名。

索尼计算机在市场非常落后，必须有自己全新的产品，按常规，正常研发至少需要两年时间。索尼公司领导做出出乎大家意料的决定，在企业内部公开招标，最终选择其中三位"怪才"。

尽管有人反映，他们自尊心太强，清高而不合群，点子太多，并不符合实际，但索尼管理者放手让他们"组阁"，课题、经费、时间、设备一切都由他们自己决定。

只用了半年时间，印有"索尼"商标的微型计算机就在市场出现，性价比高于同类产品，很快便占据了市场，取得优异的成绩。

"怪人"一般对问题都有自己的看法，并因此呈现出鲜明个性，因为他们的个性，因为他们对事物追求的过分苛责，显现他们有的爱苛求挑剔；有的是"麦秸火"脾气，有的内向深沉，不爱与人交流，但必须看到，在这些怪人"怪"的一面之后，却能为工作开展拓展出一条新的思路，为工作开展提供一种新的方式，最终能起到出奇制胜的效果。

当自己公司有怪人出现的时候，一定要留意，也许在他们的意识与思维之中，蕴藏着企业一个巨大的发展契机。

管理者要使用这些"怪人"，却必须有更开阔的胸襟与更卓识的远见。在见识上，这些怪人之所以不被人所理解，正是因为他超越了常人的思维与认识模式，要利用他们，首先就要认识到他们"怪"之所在，只有比怪人更"怪"，才能对他们进行完善驾驭。在理解到怪人之后，就要寻找最适合他们的工作机会与角色，给予其自信，发挥其能力，为企业发展提供推动。

韦尔奇一次听朋友说有一位"带人名将"，便前去拜访。

此人以擅长培育人才著名，在他的部门中全是一些被贴上"劣等生"标签的人，经过他再调教之后，大多数都能焕发出巨大的工作热情。

以被贴上"经常迟到"标签的人为例，"我会让那些常迟到的人，负责记录晨会内容。这是个相当重要的会议，无论如何，这能给那些爱迟到的人很大鼓舞。"

他没有忽视，或是惩罚那些爱迟到的人，而是对其寄托以更多重任，这人未必会因此而不迟到，但至少迟到的次数减少了一半，同时，他现在也乐于接纳他人建议。

在公司的管理当中，也许并没有那么多与世不同的怪才，并且他们提供给企业的机会非常有限，作为普通管理者，可能在工作当中会遇到性格各色的员工，对于这些员工的管理，我们一定不能进行绝对的排斥和否定；反之，要如这位"带人名将"一般，尊重员工的个性，在认可的基础上，进行平等的交流与沟通,寻找到改正对方不足的有效方式,并寻求双方认可与协作的办法,最终取得良好的效果,也呈现自己管理的艺术。

面对不同的员工,对于领导开展管理工作也是一种挑战,作为一名优秀而老练的领导者,必须要以包容的精神来对待员工,对于特殊的人才,让他们在特殊的时刻,在特殊的岗位,发挥特殊的效用,对于那些有不同性格的员工,要能以引导的方式,使得他们的不足得到改善,在团体稳定的基础上,让他们发挥出自己独特的效用,而群体也能获得更好的效率,自身的管理职责也得以完善。

不要忽视小人物,
关键时刻也有"大"作用

人们可能总习惯于忽略一些问题的细小方面,投入更多的精力去注意问题的宏观把握与方向的寻找,这种倾向在中国人的性格当中尤其明显。殊不知,在我们日常生活中,需要进行宏观架构和方向选择,却也需要对事物每个细小环节的把握,返回现实之中,踏踏实实做好每一个环节。这是生活最应有的态度,也是做好工作最正确的方式。不过这种方式,对中国人"大气而不拘小节"的性格来说,也许是一个极大的挑战。

分析问题时,人们总会去寻求问题的主要方面,寻找主要矛盾,这也是人之常情,但是在情况没有那么严重,或是在我们的日常工作中,却需要更多将自己的注意力集中在问题的全面考虑和其中的细小环节之中,当考虑问题的环境发生改变,我们也要及时调整自己的思维方式与做事态度,这样才能保障自己的工作最终顺利而有效地完成。

　　管理之中，我们更不能忽视其中的一些细小工作，工作中的重要方面与重要内容固然关键，但其中细小环节衔接的内容也不可或缺，如果处理不好，就容易发展成为瓶颈问题，对工作开展形成阻碍。在管理当中，我们一定要有团体的意识，我们注重那些大人物的作用，他们的决策与判断可以决定企业生死。但小人物的作用也不可或缺，失去他们的影响，团队运转就会不灵，甚至陷入到瘫痪之中，同时，这些小人物，在一些关键时刻，也可以发挥出惊人的能量，对企业发展起到巨大推动作用。

　　一天，小老鼠偷了猫咪一块奶酪，被猫咪追逐而四处逃窜。情急之下，钻进一个山洞。猫咪追到洞口，一看门牌上有老虎的标记，就主动放弃。

　　小老鼠躲在山洞里，看猫咪离开，松了一口气，不想一回头，却看见老虎站在身后。

　　"小老鼠，谁让你跑到我家来的，我要吃了你！"老虎张开了血盆大口。

　　小老鼠苦苦哀求："老虎大王，我是无意的，我也是为了逃命，请你放了我吧。"

　　"看你可怜兮兮的，那么小，根本就不够我吃，快滚吧。"老虎不耐烦地说。

　　小老鼠离开了山洞，边走边说："老虎，我以后一定会报答你的。"

　　老虎哈哈大笑，"一只小老鼠能做什么？我会需要你的帮助吗？"

　　一天，老虎在外面觅食，不小心落入猎人的猎网，他苦苦哀求其他动物的帮助，但没人理睬它，因为它们谁也不想得罪猎人。

　　小老鼠听说了，赶紧跑来，帮老虎咬开了网，救出了老虎。

　　当老虎向小老鼠致谢时，小老虎骄傲地说："你以前认为我个头小，不会有报恩机会，现在你也许不这么想了吧。"

　　作为一个领导者，一定要有宽容的胸怀与远见的卓识，他看待员工，应当有一个平衡而全面的角度，他会尊重每一个员工，并认可他们的工作，即使他们力量微小，地位卑微，但他们也同样重要，他们的工作也不可或缺，只要他们都能够在自己岗位上完成自己的工作，并愿意为团队做出自己力所能及的最大贡献,那么企业的发展必然会处在良好的状态。

同时,在一些关键时刻,在一些细小的问题上,这些在我们平常眼里所谓的"小人物",却能以自己的方式,发挥出关键的作用。

子发是楚国的一位将领,以招揽人才而出名,特别注重那些有一技之长的人。

一天,一个其貌不扬,但擅长偷窃的神偷,来拜访子发,"听说您招揽人才的盛名,虽然我是个小偷,但请您收留,我愿意为您当差。"

子发看到神偷满脸诚意,衣帽不整,就慌忙起身以礼相待,并待为上宾。

很多官员得知这件事后,极为不满,都来劝阻子发,"江山易改,本性难移。我们怎能信任他。"

子发不予辩解,只是说:"你们以后便知。"

适逢齐国进犯楚国,子发率军迎敌。交战三次,楚军三次败北。

这时,神偷来帐前求见,"我有一办法,请信任我,让我去试试。"

在夜幕掩护下,神偷悄悄潜入齐营,将齐将首领的帷帐偷了出来,交给了子发。

第二天,子发派使者将睡帐送还给齐军主帅,并说:"我们士兵,在外出时,捡到您的帷帐,特地赶来奉还。"

齐军将领面面相觑,一时目瞪口呆。

接着,神偷又去偷了齐军主帅的枕头,头发簪子。

子发照样派人送还。

齐军心慌起来,纷纷议论:"照这样下去的话,下次就怕是我们的人头啊。"

主帅惊骇地对幕僚们说:"如果再不撤退,照这样下去,恐怕子发下次送还的就是我们的人头了。"于是,领兵撤退,齐军不战而胜。

子发向神偷致谢时,神偷感慨地说道:"当初我来投奔您,您对我那么热情,我为您真心感动。暗中发誓要好好做人,争取为您效力。"

自此,大臣们也明白了子发当初的用意,纷纷表示赞服。

我们必须认识到,团队是一个紧密联系的机器,正是因为大家团结一致,才能有效运转,谁都不可或缺,大脑做出重要决策,但是需要每个肌肉、每个骨骼的支撑才能使决策得以执行。在我们的管理之中,一定要舍弃掉对大人物的片面注重,舍弃掉对小人物的过分忽略,以高超的平衡艺术,使自己的管理活动,在自己的运转之下,获得有效发展。

在团队中,上司一定不要轻视那些普通岗位的员工。天生我才必有用,也许某一天就会为一个人展示自身能力提供一个平台,高明的管理者善于从每个普通的员工身上发现、发掘、发挥他们有价值的一面,适当的时候发挥这些"逊色"员工的一技之长去做适合的事情,也许会取得出人意料的效果。

能力比学历重要,发展又比能力重要

在我们普通人的认识中,一个人受教育的程度,决定一个人的知识素养,因此一个人的学历往往就成为众人对这个人的评断标准。

正是因为这样的认识,有些人具备了学历,就认为是万事大吉,不思上进,不再在自己的知识累积上有所进步,正是这样的认识,使有些人在学历面前,望而却步,不敢有所超越去探求个人知识的获取。最终因为学历的绝对,将社会知识也陷入到一种静止的桎梏之中。

在社会之中,我们要能超越学历的限制,看到学历之后还要有能力的展现,这才是衡量一个人的标准,学历只是过往教育的一个证明,今天的环境中,更多需要自己展示出超人的魄力与实力,在实践中有一番作为,才是自己能力最好的证明。我们尊重学历,却从不迷信学历。

当今社会,人们对高学历越来越注重,很多单位在招聘时都以学历进行限制,本科生比比皆是,研究生也越来越多,但是高学历并不代表高能力,知识分子也未必是"能力分子",因为这样的门槛,将许多优秀的人才拒之门外,企业也遭受无形的损失,因而选拔人才、提拔人才时一定要注重实践能力的考核,特别是对于一些实践操作性强的岗位,更应对员工操作进行全面考核,必要时刻,要能突破学历对员工的限制,只有这样,才能选拔到最为符合职位要求的人才。

作为一个优秀的领导者,在考核人才和选拔人才的过程中,更不应该局限于学历的外在限制,因为领导是要对企业的运营负责,而学历并不能保证所选拔的人才完全符合这样的岗位,在自己的管理工作中,要舍弃对学历的唯一依赖,要舍弃自身狭隘的单一认识。只有这样,才能获得企业所最需要的人才,为企业发展寻求到最为充沛的动力。

索尼公司能取得今天的成就,与创始人盛田昭夫的功劳密不可分。

盛田昭夫曾写过一本总结自己领导经验的书——《让学历见鬼去吧》。他在这本书中这样写道:"我想把公司所有的人事档案都烧毁,这样就可以在公司杜绝学历上产生的歧视。"他并且把这句话付诸实践,最终促使了一大批人才脱颖而出。

西武企业是日本的一个经营铁道、饭店、百货等服务行业的庞大企业组织。

西武创始人堤义明被松下幸之助誉为"日本服务第一人",他的成功与独特的用人之道密不可分。

西武聘用新职员,大学毕业者和高中学历人员都有同等的竞争机会。他从不迷信一纸文凭的"学历信仰症",在他手下,很多高层主管都没有很高学历,但却拥有学识、真诚和人格,同时,他并不反对聘用有学历、学识和教养的专家。

在西武,所有考试合格进入公司的职员,头三年都必须派到最普通的岗位上去当小杂工。这是一种最初阶段的考验。西武认为没有三年的基本磨炼,主管人员是不可能发现一大群下属职员中可以胜任艰难工作的好手。

从索尼和西武的用人之道中,我们可以看出它们对学历的一种突破,正是在这份突破之后,才为员工个人施展能力,拓展出一片空间。拥有高学历的人,必须要把自己降低到同一起跑线上,而没有高学历的人,也因此获得与他们进行角逐的机会,在这份平等之后,企业所获取的是员工能力与积极性的充分调动,人们不再静止地依赖学历,而是要靠实践工作去证明自己的能力与才华。

作为领导者,应该用正确的眼光去发现人才,并真正做到发挥人才的全部效用,学历是一个人的基本评判,但并不是衡量的最终标准,管理者不要被学历遮住了选拔人才的视野,更多地考核能力,就能获得更好的效果。

在对员工进行选拔的过程中,我们既要注重员工现在的工作能力,同时还要注重员工能力的不断提高,为员工的长远规划作好打算,只有这样,才能为企业的长远发展打下坚实基础。

一天,柯达公司的经理伊士曼开车经过坦勒公司经理家,他便顺便下车拜访。

不巧的是,经理正在接待两位年轻客人。

伊士曼示意经理不用招呼自己,便在旁边沙发中坐了下来。

一个年轻人对经理说:"我们经过大量的试验,有关于改革彩色摄影技术的设想,这在以后肯定会收到很好的效益。"

经理显然并不在意,淡淡地说:"这和我有什么关系呢?能告诉我今天来的目的吗?"

这个年轻人继续说道:"是这样,我们计划进行深度研究,需要大量资金支持,希望贵公司有兴趣参与,帮我们提供资金。"

经理婉拒了他们,两个年轻人无奈摇头,只能起身离开。

伊士曼却急忙跟随他们到了屋外,"请留步,我是柯达公司经理伊士曼,对于你们刚才所说的研究非常感兴趣,不知道我们有没有机会合作?"

两个年轻人感到非常意外,便将相关情况进行详细介绍。

最后,伊士曼与他们签订了合约。3年后,他们制造出了两色冲晒感光彩色底片,使彩色摄影技术取得关键性突破。不久后,柯达公司的五色感光彩色底片也问世了。

凭借着技术性的专利，柯达公司迅速占领了国内外市场，成为彩色底片市场的佼佼者。

对于企业的管理而言，卓越的人才，总是蕴藏有巨大的契机，而一个领导者是否具有这样的远见，又具有这样的把控，就成为对一个领导者管理水平评判的重要标准。

我们在人才的选拔当中不仅要注重员工今日的能力，还要能动态地去看待员工的发展，今日普通的员工，也许明日就会给企业带来巨大的推动，听听他们的意见，并提供给他们实现想法的空间，也许就会给企业带来意想不到的发展。

舍弃疑虑，
给人才充分施展的空间

人和人之间的信任，是最难获取的东西，要以阅历和经历才能铸就，人们谨慎地维护这份信任，经历磨炼与考验，才能更加牢固，最终这份细心呵护的信任，在关键时刻却能发挥出无穷效用。

今日社会形势多变，文化发生转变，生活方式不同于前，传统的人际关系也得到了极大的挑战，在这一变革的背景之下，总有许多恩怨发生于人们生活之中。人们曾经寄托以一份信任，人们今日又颠覆这一份信任，为这份信任感受失望，又希望能有新的所得。人们之间有更多的怀疑，离去了传统，人们又在逐步去建立全新的信任模式与方式。

管理之中，要获取一份信任显得更为艰难。因为双方有着更多的利益纠缠，如果选择不恰当,盲目对人寄托以信任,最后就会因为错信他人而给自己带来巨大损失,因此在选择寄托一份信任时,就应该有更多的甄选与考核,对于那些能力和人品都确定无疑的人选才是自己的最佳选择,他们也会给企业发展带来最大的推动。

对于人才的选择要谨慎,但是对于人才的使用,我们却一定要寄托以信任,并给其充分施展才华的空间。舍弃自身的疑虑,舍弃自身的狭隘,让对方在宽松的环境之中,充分发挥自己的才能,特别是对于那些有开创性工作的开展,这份信任与空间显得更为重要,一份期待之后,也许会带来惊人的效果。

1860年林肯入主白宫当选总统,决定任命萨蒙·蔡斯为财政部长。

当林肯公布这一想法,遭到许多人的反对,都认为林肯不应该这样。

林肯有些疑惑:"萨蒙·蔡斯是一个非常优秀的人,为什么要反对我接纳他呢?"

他们回答:"在私底下,他总认为他要比你伟大。"

林肯笑了,"哦,你们还知道有谁认为自己比我伟大,如果知道,都告诉我,我要把他们都收入内阁。"

事实证明,蔡斯是一个大能人,但也狂态十足,他想当总统,想当国务卿,都没有如愿。他时刻准备着把林肯"挤"下台。

林肯的朋友都劝说林肯,应该免去蔡斯的职务。

林肯笑着说:"我给你们讲一个关于马蝇的故事吧。"

有一次,我和我兄弟在老家犁玉米地,我吆马,他扶犁。这匹马很懒,但有一段时间它却跑得飞快,我都差点跟不上。

到了地头,我发现它身上叮有一只很大的马蝇,我随手打落。我兄弟责问我,为什么要打落它,就是这家伙才使马跑得快。

林肯这时意味深长地说:"有一只叫'总统欲'的马蝇正叮着蔡斯,就让蔡斯和他的部下不停地跑,这样无论对他还是对我都是最好的!"

在大多数的情况下, 一个领导者要是面对一个不懂得尊重自己的下属,还知道他在背后说自己的坏话，内心一定会想这是一个靠不住的家伙，我一定要想办法把他清除出自己的队伍，这样我们的团队才能在自己的领导之下，拥有统一秩序，而产生出更高的效率。

但是林肯并没有这样做，他所看重的是萨蒙·蔡斯身上所具备的才华，并且充分信任他，给予他充分施展才华的空间，结果也证明，他这样做都是值得的。而这也是林肯作为一个伟大管理者，拥有超人气魄与胆识的最好见证。

作为领导者，要从传统的方式与认识中解脱出来，从效益的角度对自己的管理工作进行衡量，而不能再局限于传统的秩序性维护。从企业效率这一角度出发，去真诚地寻找自己所需要的人才，尊重这些人才，并为这些人才发挥效用提供充足的空间，舍弃一些自我的顾虑，从更高角度去通盘看待管理工作，相信最终对于自己的工作无疑是巨大的推动。

公元前238年，秦始皇称秦王，实力充足，已准备消灭六国，一统天下。这时各国纷纷派间谍到秦国去做宾客。

秦国的大臣忧虑国家稳定，便对秦始皇进谏："来秦的各国客人，多数是为了他们自己国家的利益。请陛下发令，驱逐一切来客。"

于是，秦始皇下达了驱逐各国客人的逐客令。

李斯知道后，向秦始皇进书说："听说陛下发布逐客令，虽然是维护秦国利益，但这是错误的。"

"为什么呢?"秦始皇疑问。

"秦穆公求取贤人，从西方戎人请来了由余，从东方楚国请来百里奚，从宋国请来塞叔，从晋国请来丕豹、公孙友。秦穆公重用五人，兼并二十余国，最终称霸。"李斯说道。

秦始皇点了点头，李斯接着说："秦孝公重用商鞅，实行新法；秦惠王利用张仪计谋，拆散六国联合；秦昭王得到范雎，蚕食诸侯，确立一番帝业。"

"陛下，四代先王都是任用客卿才得以使秦国能展宏图霸业。这些人大多不是秦国的人,但却有着不可替代的贡献,他们也都愿忠于秦国。现在陛下下了逐客令,这些客卿们也就不得不离开秦国,这正是把武器借给敌人,把粮食送给他国,长久之后,国家肯定危险。"

最终,秦始皇听从李斯意见,废除了逐客令,广纳贤才,历史上著名的尉缭、王绾、王翦、王贲、蒙武、蒙恬、顿弱、姚贾等人都会聚到秦国,为秦始皇消灭六国、一统天下立下了汗马功劳。

秦始皇起初的怀疑是合情合理的,作为自己即将征伐国家的百姓,不能进行信任,这正是正常人的考虑方式,但正如李斯所考虑的一样,在逐客令所驱逐的客人中,必然会有很多对自己有利的人。在自己的怀疑中,可能会遗失很多人才,会让他们发挥不到这份效用。李斯正是认识到问题的这一方面,所以提出废除逐客令的建议,并且最终为秦始皇所采纳。设想,如果秦始皇没有废除逐客令的话,那么可能就没有后来会聚而来的人才,也就不会有一统天下霸业的实现。

作为一个优秀的领导者,他考虑问题必须是全面而细致的,也许对于一个问题的忽略,就可能丧失自身发展的有利机会,对于人才的使用,我们要能看到他们发挥效用给自身带来的有利影响,并尽可能去寻找这些人才,发挥他们的效用,为自己事业开展提供支持,这也才是一个领导者自身职责最好的承担。

善任能免,才能算管理人才策略完整

正如人生有相遇与离别一般,我们欢喜于彼此的偶然相遇,却总是悲伤明日不可回避的离别,因为这种不舍,我们久久怀念,我们尽力挽留,但最终明白所有的强求已经没有最初的效用。我们相遇,我们也会离别,我们欢喜,却也会感受悲伤,正如生死才能构成人生最完整的过程,一切平常看待,才能使我们的人生更为完美。

在管理之中，作为一个领导者，必须要有任用人才的魄力。

对于卓越的人才，我们要尽力挽留，对于挽留的人才，我们要能提供给其充分施展才华的空间，要突破吸引人才和任用人才的限制，不能按部就班，局限于论资排辈的传统模式，要敢于以自己的方式去寻找人才并使用人才，为企业发展提供最强大的动力，也以此体现出一个领导者所应有的果断与气魄。

在管理之中，我们同时还要有免职的果断。

传统文化之中，人们总是讲求面子，认为一个人的离去是不可接受的，无论是对个人还是集体，这种情况在传统国有企业中表现得更为明显。正是这种对于免职的缺乏，却可以产生消极的工作情绪，最终企业内部缺少生命力，而不得不走上破产的边缘。作为一名果断的领导者，一定要看到这一做法的消极影响，有效引入竞争机制，优胜劣汰，激发员工发挥出最为有效的作用，也为企业挽留下最为合格的人才。

在人才的任用中，我们要舍弃牵绊，不为世俗的眼光所限制，在人才的免职中，我们又舍弃自己的优柔寡断，展现出一种果断，只有这样，才能寻找到最合理的人才，并挽留他们，只有这样才能使我们人才使用策略得到完善，也彰显出自己极高的驾驭人才的能力。

忽必烈是一位杰出帝王，他在用人上就能慧眼识才，唯才是用，不为世俗所限。他让18岁的安童担任丞相就是一个最好的例证。

安童，是元初"开国四杰"之首木华黎的孙子，虽为名门，却从不倚靠祖辈荫庇，同其他孩子一样勤奋学习，并且展现出与众不同的成熟和稳重。

安童16岁时，元世祖与阿里不哥争夺王位得胜，拘捕了党羽千余人，世祖问安童："我想将这些人杀掉，以绝后患，你认为怎样？"

安童说："各为其主，跟随阿里不哥也是身不由己，陛下现在刚刚登上王位，这样做只是泄私愤，又怎能让天下人诚心归附？"

元世祖非常惊讶:"你这么小年纪,就知道这道理,实为不易,其实,我也只是随便说说。"

过了两年,安童 18 岁,元世祖认为安童处世练达,办事果断,为人稳重,足智多谋,决定破格提拔为右丞相。

安童知道后推辞道:"大元现在已安定三方,但江南尚未归顺,臣年少资轻,还请陛下另请高明。"

元世祖主意已定,毫不动摇。

用一个 18 的年轻人为丞相,在大一统的王朝中,是绝无仅有的,也招来朝廷上下的一片非议。

元世祖回复这些人说:"如果按资论辈,要等到安童三四十岁,甚至更老,才能任用他,让他为我效力。那时安童必定锐气全无,才思迟钝,这是对人才的扼杀,更使大元伟业失去了一个强有力支柱。"

元五年,有几位权臣想削夺安童的实权,元世祖把这件事交给大臣讨论,最后说:"安童是国之柱石,若为三公,实际上是夺了实权,这样的做法我不同意。"

最终,安童一直身居要职,直到 49 岁因病去世,为元世祖效力 31 年,为元初国家的稳定和繁荣作出了巨大贡献。

能够成就伟业的人,必然有着超乎常人的眼光和魄力,他们对人才的选拔与任用,必然有超乎常人的规则,而那些所谓的人才选拔与任用的秩序与规则,其实本身也只是历史上用人制度的一个重复。对于那些有开创性的工作而言,它们是没有效用的,这一套僵化的东西必然会被那些最有气魄的领导者所颠覆。作为一个优秀而卓越的领导者,要能对时事进行最为敏锐的看待和把握,这样才能促使自己去寻找最为合理的管理方式。

麦科马克是美国管理公司的老板,他对解聘员工就有自己独到的见解。

有一次,他无意中发现一个员工打算跳槽,并且计划将客户档案、情报等东西全部带走。

麦科马克想解雇他，但担心会遭受报复。

最后，麦科马克派这名员工到外地出差。

当员工离开后，公司将所有的锁通通换新，档案和记录全部拿走。

当这个员工出差回来后，麦科马克请他走人。

有些人对麦科马克说："你的办法，有些残酷。"

麦科马克严肃地回答："一个苹果坏了，会很容易感染到其他苹果。我清除掉坏苹果，是为了保住更多苹果。"

故事的情形有些绝对，不过却能反映现实的真实情况，企业里总会有一些害群之马，就像烂苹果一样，能将恶性扩散出去，作为领导者，我们应该及时发现这种趋向，并寻找方式，制止这一趋势的恶化。我们也许不需要像故事中讲述的这样绝对，但我们必须思考，企业应该有效引入竞争，实现优胜劣汰，对于那些能力卓越的人进行认可和奖励，对那些能力不足的人要施加改进和学习的压力，这样才能不断进步，企业也获得最好发展。最终，对于那些确实不符合职位的那些员工，我们可能最后只能请他们离开。

人才是企业的根本，是企业中最有竞争力，并且不可复制的宝贵资源，对人才的寻找和任用，则可以彰显出一个领导者所具有的水准和驾驭能力。在人才的使用中，我们必须认识到他们的重要性，舍弃表象，看到内在的品质，舍弃自己的亲疏判断，为人才发挥寻找到最适合的位置，能够从全面的角度去看待人才，考核人才，并给他们工作开展提供最大的支持与信任，最终通过优胜劣汰，还要请那些不合格的人才退场。只有这样才能保证企业能够有效获取人才，并充分发挥其作用，企业才能获得最为有利的发展。

第 5 章

舍与得的授权课：

丢掉专权专制是获得轻松高效的途径

授权是舍与得的最美妙的平衡艺术。舍去自己的专制，才会给下属更多参与的机会；舍去自己的怀疑，可给下属形成最好的激励；舍去一份随意，谨慎对待，才能保证授权更有效率；进行及时的监督，才能使授权工作更加有效。当我们对授权充分认识和有效把握时，才可以为我们工作带来最大的帮助。

专制不等于权威，授权却等于效率

在传统观念中，人们认为，管理者就应该拥有无上的权威，就像一个国家的皇帝一样，不仅吃的是山珍海味，穿的是绫罗绸缎，在群体之中，还要为万人所敬仰和朝拜。正是因为这样的认识，人们都非常仰慕那些管理者，并且希望自己也能成为管理者，如果已在从事管理工作，就不断寻求更高管理职位的获得。正是在这样的认识当中，无形中也就形成了专制的意识，自己的权力得来不易，也就不希望他人来与自己分享这些权力，在与人的交往之中，也总是怀疑对方的动机与目的，彼此之间建立起一道不可逾越的鸿沟。

必须承认，这样的认识是不正确的，或者说是不完全的，他对于管理的认识，只是停留在表面，而没有深入去看待一个管理者在群体中所应承担的职责。

对于管理工作，我们更应该看到在决策面前，考验的是一个人的魄力与知识，只有那些有着最为强烈性格的人，只有那些有着最为高深智慧的人，才能给一个群体发展带来最为有效的促进。当我们能从传统的意识中脱离而出，对管理工作进行再次的审视与看待时，我们就会以不同的态度来对待我们手中的权力，权力是为了群体发展而存在的，如果授权能更加有利地促进发展，那我们就应该进行合理而有效的授权，以此对自己的管理工作形成最大的促进。

纵观历史，那些卓越而伟大的管理者，绝不是一个个单打独斗的勇士，他们身边总是围绕有一批仁人志士，为他出谋划策，为他奋力拼搏，而他总能很好地利用这些人的力量，建立彼此的信任，委以重托，在他们的帮助之下，最终促使自己霸业的成就。

唐玄宗所开创的"开元之治"，是中国封建社会历史不可超越的高峰，时值今日我们仍感到荣耀。他大胆任用姚崇、宋景等名相，对国家的政治、经济形成了最大的促进。

我们因为"开元之治"而记住唐玄宗，但这却是文武百官共同努力的结果，在放权与授权方面，可以说唐玄宗绝对是一位高超的管理者。

一次，宰相姚崇因一些低级官员的任免问题，向唐玄宗请示。可他连问了三次，唐玄宗依然不予理睬。

姚崇心想："莫非我什么地方出现了差错？"无奈只好悄悄退下。

其他大臣摸不清楚情况，只好一同离去，最后只剩下了高力士和唐玄宗。

这时，高力士走过来说："陛下即位不久，面临众多事务，大臣奏事，准与不准都应有所表态，可是，您为何对宰相的话置之不理呢？"

唐玄宗回答道："我让姚崇做宰相，是为了辅佐我之大业，朝中事情如此繁杂，如果事无巨细，都由我过问决定，那我就是不吃不喝不睡觉，也不能完成，这些官吏任免，只是姚崇自己该负责的事情。"

高力士明白唐玄宗的意图，便把这话转告给了姚崇。

姚崇听到之后，才翻然明白，原来皇帝只是怪罪小事也去麻烦他。自此之后，遇到这些细小问题，姚崇都能独立处理，为唐玄宗分解不少忧愁。而唐玄宗也有了足够的精力和时间，去处理朝中大事，促进国泰民安。

唐玄宗作为管理者，并没有独断于自己作为皇帝的权力，而是出乎意料地将决策的权力交给手下的臣子，这样臣子能更好地开展工作，而自己也有更多精力投入到自己应该承担的职责中。也许正是因为他的这份气魄，因为这份对管理的理解和驾驭，最终使他能够开创出中国历史上的"开元盛世"。

从管理效率的角度看，授权正是管理方式中最有效率的行为，通过授权，使管理工作找到最适合的负责人，他们能对问题和形势作出最有利的判断，最终的考虑也是最周全的；通过授权，作为管理者自身，也能够将自己的管理工作进行有效分解,依靠大家的力量,使管理工作能够得到有效的运转。

亚历克斯·迪拉德是迪拉德百货集团的执行副总裁,他深知,一名分店经理比公司总部的任何主管都更了解自己店里的情况。

他亲自走访230个分店,他认识到各店经理最知道店内货物应该摆放在什么位置,货物怎样陈列才容易售出,而不应该盲目按照总部的指示去做。

最终,他改变了自己经营决策,给予这些分店经理更多的经营与决策的权力,放开分店经理们的手脚,按照他们自己的意图去安排各项工作,最终分店都取得不错的业绩,公司整体业绩也得到显著提高,适当地进行分权正是迪拉德的管理诀窍所在。

迪拉德的管理产生效率的原因正在于分权,他的分权在于看到公司的决策不能符合分店的实际,而分店的经理们又能做出合理的决策,他因此进行分权,并且实施分权的最终结果是促进了公司业务的整体发展。

在我们的现实生活中,在我们的管理工作当中,对于自己职责与权限的考虑,一定要能舍弃一份静止的认识,舍弃对于自身权力的过多维护,看到在权力背后所代表的职责,看到分权的实施能更加有利地促进企业工作的开展,同时也是对自身管理工作最为有力的见证。认识到分权的重要之后,才能寻找到最为合理和有效的分权手段。

事必躬亲会使效率低下，
无为而治却能彰显领导艺术

在传统的教导之中，我们都应该保持一个勤奋的品质。在勤奋之中，我们才能收获；在勤奋之中，我们自身的生活也才最有价值。

但在今日时代背景之下，必须对这一传统的品质进行再次审视，我们常说的一句话是人要学会"低头拉车"，但也要学会"抬头看路"。低头拉车是不加质疑的努力勤奋，抬头看路是说我们要时时思考和调整我们努力的方向，这样才能使我们的努力有目标，而不用去做一些无用功。在今日的生活工作中，我们需要寻找最合理的方式，在方向正确的前提下，我们付出努力才会取得最有效的回报。

事必躬亲在管理之中，是管理者难能可贵的一种品质，但以这一策略指导自己的工作时，我们又是否怀疑它能否产生出最佳的效率。每个人的精力都是非常有限的，我们常用"两眼一睁，忙到熄灯"来形容这种人的工作状态，整天忙得不可开交，陷入到繁杂事务的旋涡之中，有时都找不到东西南北。当工作内容在自己承受范围之内时，我们大多能够胜任，一旦任务超出范围，就会有力不从心之感，经常会顾此失彼，甚至可能拾了芝麻、丢掉西瓜，最终成了碌碌而无为的事务主义者。

无为而治是中国道家的基本思想，它的本意是指人性都是自然蕴发的，引入到管理之中，更多倡导顺其自然，不多加干涉，就可达到有效治理的目的。无为而治的策略背后，是对人性的透彻认识，而它所实施的管理根基，是分权艺术的完美使用,选择恰当的下属,并赋予他们决策的权力,由他们去管理自己所辖范围内的事务,最终整体管理的效率得以提高,而作为管理者自身却还可以保持一种轻松自如的状态。

1984 年 19 岁的迈克尔·戴尔创立"戴尔电脑公司"。

戴尔是掌管公司钥匙的人,由于习惯了晚睡晚起,每天早起是一件痛苦的事情。

戴尔睡过头,公司门口就会有二三十个人在门口闲逛,戴尔公司很少在 9 点半以前开门。

戴尔经过反思,这样会影响工作效率,虽然自己是老板,但却不一定非要做拿钥匙的人,决定把公司的钥匙交给别人保管,这样公司开门时间提前到 9 点钟了。

最后,戴尔交出去的还有更多的钥匙。

一次,戴尔正在办公室编写一个复杂程序,一个员工进来说:"经理,我的硬币被贩卖机吃掉了,真是不幸。"

戴尔抬起头来,很不解,"这种事为什么要告诉我?我正在忙我的工作。"

员工有些委屈地说:"贩卖机的钥匙在你这里,我只能向你倾诉!"

戴尔这才明白过来,最终他把贩卖机的钥匙也交给了别人。

渐渐地,戴尔发现,交出钥匙之后,自己的工作变得轻松,而员工的工作热情也得到了极大激发,这真是一个两全其美的好办法。

将公司的钥匙交给员工,看似是一件简单的事情,意义却非比寻常,在中国文化中,钥匙一般都代表着一个管理者的权威,轻易不会把自己的钥匙给别人使用,更不用谈让他人保管,但在这个故事中,却有截然不同的结果。我们交出钥匙之后,自身工作更加轻松并且专注,关于钥匙所应承担的职责也更完善,并且这些员工们也非常乐意保管这些钥匙,他们的积极性得到了极大的提高。

在管理中,我们有些时候,要从宏观的角度和全面的视角看待自己的管理工作，要适当舍弃一些自己手中的钥匙，舍弃一些事必躬亲的态度，舍弃那些琐碎的杂事，而去把自己更多精力投放在主要的工作上面，这样才能使管理工作有效进行，而自身精力还可依然保持充沛，而不是自己疲惫不堪，工作还是一团乱麻的不利局面。

子贱是孔子的一名弟子，凭着自己的才能，在一个地方当官吏。

上任以后，他经常弹琴自娱，饮酒游玩，很少过问政事，但是，他所管辖的地域却治理得井井有条，百姓安居乐业，为大家所夸口称赞。

很多官吏感到不明白，为何自己每天起早摸黑，最终却没有子贱治理得好呢？

一天，一个和子贱平日关系不错的官吏虚心讨教这个问题，"为什么你整天娱乐，还能把自己的地方治理得井然有序？而我们每天忙得不可开交，却依然治理不好？"

子贱笑了笑，说道："你只靠自己的力行去管理，不必做到每事过问。"

这个官吏仍然不解，"什么是我应该过问的？什么又是我应该做的呢？"

"你是管事，而我是管人，我是靠别人的力量来管理地方的，这就是我和你们的区别。"子贱回答。

无为而治，能显示出一个管理者最为高超的管理水平，他对管理中各项事物的了解已完全通透，他对管理工作的驾驭已经非常熟练，他知道每项工作应该如何开展，又该由谁负责，最终的结果，他对管理的本质，也有最为深入的本质认识，他知道管理的根本在于效率，而不是个人的权威，因此他会果断地将这些权力赋予那些能够承担的人，最终在他的统筹安排之下，自己没有那么忙碌，而各项工作却得到有效开展。看似表象无为，其内心已有全盘考虑，比较那些整日忙忙碌碌的事必躬亲者，却能衬托出他们对管理工作认识与把控得游刃有余。

事必躬亲与无为而治是两种截然不同的领导风格，前者疲惫，后者轻松，前者未必产生效率，后者却能轻松掌握，比较之中，已经能呈现出管理者智慧不同的结果，呈现出管理方式的差异。作为领导者一定要能舍弃这份徒劳而无收益的管理方式，更多看待自己身上所承担的职责，明白自己开展管理工作所应采取的方式，只有这样才能达到无为而治的境界。

员工能做的事情，领导绝不参与

事有大小，因有主次，每日时间精力有限，生活中我们都会选择先去完成主要的事情，再去面对一些细小的问题。在解决问题的当中，我们也是先去针对最主要的方面寻求解决，再去面对问题的次要方面，只有这样，我们每天的工作才算是顺利完成，问题也才能够得到有效解决。

作为管理者，我们每天必然面对许多问题，有许多繁杂事务，但是作为管理者，我们也有自己的员工资源可以调配，正确的管理方式应该是利用我们这些有效的人力资源，去解决我们所遇到的所有问题，只有这样，我们管理的工作才算完整，我们的任务也得以圆满完成。在管理当中，我们一定要避免将自己局限在一个狭小的范围内的情况出现，仅仅靠自己一人独立去寻求问题的解决，去解决所遇到的一切事务，事无巨细，亲自过问，最终自己的工作一团乱麻，却将这么多可以利用的优秀员工拒之门外。

在现代社会里，信息爆炸，各种电信、文件、会议会将一个管理者压得透不过气来，几乎任何一项请求报告都需要他们审阅，予以批示，签字盖章，他们为此经常被搞得头昏眼花，根本无法对公司重大决策做出思考，与其如此，我们不如把这些交给员工去做，领导不再参与这些事务的决策，把自己从这个困境中解脱出来，这样就可以有更多时间和精力投入到公司的重大经营决策之中去。

　　陶弗格特是一家私人电脑公司的经理。他每天要处理上百份文件,这还不包括临时海外传真的商业信息。他经常忙得连喝杯咖啡的时间都没有,他不断地抱怨说自己要是有三头六臂就好了。

　　超负荷的工作让陶弗格特感到疲于应付,每天走进办公大楼,就会在电梯口被职员团团围住,有的要批文件,有的让他在合同上签字。傍晚回到家的时候,才得以擦拭一下额头汗水。

　　一天,陶弗格特终于忍不住了,他爆发了,在电梯口拒绝了所有的人,在自己的办公室将所有无意义的文件抛出窗外,他让属下拿主意,不必请示自己。他给秘书做了硬性规定,递交上来的报告必须筛选,最终不能超过 10 份。

　　刚开始,属下都很不适应,因为他们已经习惯了奉命行事的工作方式,突然让他们对许多事做出定夺,有点茫然失措。不过没多久,大家就都适应了,公司开始井然有序地运转起来了。

　　刚开始下属会有一些决策失误,进过磨合和调整后,大多能及时准确地做出决策,这样做效率反而提高了,以前经常性的加班现在也取消了。

　　陶弗格特似乎寻找到了一个方法,他不断将自己的工作分配给那些适合的属下,而他自己有足够的时间去考虑公司的发展、年度财政规划、在董事会上的报告、人员的聘任和调动等问题。

　　陶弗格特前期的领导方式是传统而集权,公司大小权力都集中到自己一个人身上,领导承担全部工作和责任,而下属们也不敢去尝试分担部分工作,因为主动出击就会被认为是越权,遭受同事的非议不说,搞不好会弄丢自己的饭碗,谁愿冒这个险?而这样的结果最终是公司运行缓慢,而公司业务也不能顺利的开展。

　　庆幸的是,陶弗格特终究是开窍了,他开始尝试,下放自己手中的权力给各主管以及下属,让他们有机会发挥自己的才能,有权力决定自己怎样做才能做得更好,而不必再单一等待上级领导的决定。开始的时候需要磨合,经过适应和调整之后，大家接受了这一管理的理念，并且也呈现出管理的效率，正确的决策呈现出了良好的效果。

管理者正确的工作方式是举重若轻，而不是举轻若重，否则会让自己越陷越深，把自己的时间和精力完全"浪费"在许多毫无价值的细节上面。这样的领导方式，根本无法带动并且推动公司的全面发展，对于宏观目标的实现也没有帮助。

中国台湾奇美公司以生产石化产品 ABS 位居全球行业第一，它的规模虽没有王永庆麾下的台塑庞大，但它的生产力却是同行业的 4 倍。

很多企业家都纷纷向奇美董事长许文龙请教管理策略，许文龙向大家介绍的经验是，放手把管理的事务交给自己的手下去做，而自己是执行"不管理学"，他的董事长是一个地地道道的虚位，简直像英女王一样，令人大跌眼镜，许文龙甚至连一间专门的办公室都没有。

许文龙下属这样评判他："对企业内大小事情，许老板从不做任何书面指令，即使偶尔来开会，也只是聊天、谈谈家常。"

许文龙坦承："因为没有办公室，只好经常开车去钓鱼，很多时候，都不知道自己的图章放在哪里。"

一次，突然下起大雨，许文龙想去公司看一看。当员工看到他时，非常惊讶，"董事长，没有事情，你来干什么？"

许文龙想了想说："对呀，没有事情，我来干什么？"于是，他又开车回去了。

许文龙的"不管理学"，让每个员工感觉到一种宽松的工作氛围，这种宽松，并没有放纵员工的懒惰，而是促使每个员工为公司竭忠尽智。

"不管理"的管理方式，不仅使管理者工作轻松，更是对员工的一种信赖表现，同时可以训练员工处理问题的应变能力，和他们发挥自己才能的机会，将他们的潜能无限激发出来，也给企业输入新鲜的血液。

作为一个管理者，对于自己的员工，应该有充分的信任，舍弃掉自己的怀疑与顾虑，给予对方更多的担当与展示才华的机会，自己的工作得以分担，员工能够得到锻炼，能被如此信任，也会对公司有更多的信任与归属感。

领导不是大权在握，
分权是管理最有威力的武器

在我们普通人的意识当中，一般会认为，领导就应该是高高在上，与他的地位相衬托，就是他手中的权力，如果他没有了权力，那么他的权威可能就会被削弱。正是因为这样的认识，人们总是谨慎地守候每个人手中的权力，不允许别人有任何靠近的机会。但现实生活恰恰相反，或者说，时代的改变已经需要我们对管理工作进行全新的审视和看待，世界多变，在变幻之中，一个管理者背后所承担的内容，更多是一份职责，同时也需要效率来对管理工作进行考核和评定，对于这些，已不是传统的权威守护能够完成，这就需要我们从传统的认识中走出，去全新看待一个管理者所应承担的职责，和他们手中所拥有的权力。

一个传统的管理者总是习惯大包大揽，这样的结果往往吃力不讨好，不但影响工作效率，还会激起下属的不满。聪明的管理者，不会把着权力不放，而是把它们充分下放，让下属发挥自己的作用，去促进全盘工作的开展。最为优秀的管理者，会将最适当的工作找到最恰当的授权人选，他能分清楚一份工作需要什么样的能力，这份工作的完成又会是怎样的一个过程，他也明白每个下属的性格特点和能力水平，并且能从发展的角度看待一个人。在工作之中，他会灵活地因事设职，因人设职，寻找到最适合工作的人选，匹配到最适合员工的工作。

20 世纪七八十年代，美国管理界存在一种共识，领导者就是从高层向低层发出便函,举办高层会议,一句话,管理就是监督部下正常工作。

1981 年,杰克·韦尔奇出任通用电气公司总裁。他对这种观念深恶痛绝,上任伊始,就开始驳斥这种传统观点。他认为认可这种理念的经理都是些官僚主义者,是历史遗老,他们并不能适应这个时代的节奏。他认为,过多的管理促成了懒怠、拖拉的官僚习气,会把一家朝气蓬勃的公司给弄得死气沉沉。在他看来,企业的经理们管理得越少,就越能提高企业的工作效率和经济效益。韦尔奇想要从自己的字典里淘汰"经理"一词,在于它意味着"控制而不是帮助,复杂化而不是简单,其行为更像专制者而不是加速器"。

但是,韦尔奇对"领导者"的提法却较为认可。领导是那些可以清楚告诉下属如何做得更好,并且能够描绘出远景构想来激发员工更加努力的人。他们与员工谈话和交流,使员工对未来充满信心,他又为自己寻找可以实现目标的途径,最终要靠员工的努力,才能实现最终目标。

通用照明事业部的负责人戴维·卡尔霍恩,接受了韦尔奇关于领导区别于管理的观点。卡尔霍恩解释说:"我们每个人都只有一定量的个人能力。如果我用一半能力来记住各类想法和琐事,就几乎没有什么精力去寻求变革和推进事业发展了。"在卡尔霍恩的管理工作中,他发现,太多陈旧的管理风格充斥于工业活动中,同样也充斥于通用事业部中。他说:"我们需要去除那些自以为是的家伙们头脑中的不信任感,一旦他那样做了,就能够鼓励员工们走出他们的世界,不受设立的界限束缚,世界被打开,走出封闭的盒子,走到更大的世界中去,拥有更多的玩具,并因此感到更加兴趣盎然——这就是它的全部意义。"

时代发生改变,能产生传统与现代的区分,作为管理文化也就呈现出不同,传统的管理方式有它合理的地方,但受制于时代,却必须进行适当调整,才能符合当今时代的特征。韦尔奇的观点,正是这一个现象的表现,他所说的经理的概念,正是传统权威的理念,经理所履行的职责,只是权力的一种守护,韦尔奇关于领导人的概念,则是当代管理思想的陈述,管理者,应当给予手下人权力和空间，并进行充分的指导，才是自身职责最好的完善，实践也正证明，在韦尔奇所领导下的通用，也产生出让一个时代感到骄傲的工作效率。

认识到授权的作用，树立起授权的理念之后，还需要对授权工作的细节和考核有所准备，

并不是把工作教给下属，就万事大吉了，应该挑选最适合的人选去完成这些工作，同时还要教给它们工作的方法。最后，自己还要履行监督和惩罚的权力，避免出现漏洞，从全局角度对整个工作进行考虑设定，这样才能使工作完善，使授权完整。

有一位著名企业家，在一场座谈会上，和大家分享他的成功经验。

有位听众举手问道："你事业上取得这么大的成功，请问，对你来说，做好事业最重要的是什么？"

企业家没有说话，他站起来，走到黑板前画了一个圈，只是没有画圆满，留下一个缺口。然后回到原来的位置，仍没有说话。

台下听众纷纷开始议论，"怎么没有画完？""是什么意思？"有人说这是一个零，有人说是未完成的事业，有人说是光圈，等等。

但是，企业家只是静静地坐在位置上，微笑着听这些人的发言，并没有做出任何答复。

这时，有人站起来说："请你给我们讲解一下好吗？"

"在我看来，这只是一个未画完的句号。你们问我如何取得成功，其实很简单，我不会把事情做圆满，一定要留个缺口，让我的下属去填满它。"企业家认真地说。

企业家的职责，在于开创自己的事业，他的事业的成败，事业规模的大小，是对一个企业家能力最好的评价，而任何一个人的力量都是有限的，要想取得一番成就，必须要依靠团队的力量，组建自己的团队，确立团队成员最适合的位置，发挥他们最大的效用，才是每个管理者所应履行的最重要的职责。可以说，

如何让别人给自己做事情,是一种管理的智慧,是一种更高层次上带有全局性的圆满。

管理者的职责在于自己事业的开展,对于这一目标的实现,分权是其中最为有效的一种武器。通过有效利用分权,可以使工作的效率得以提高,决策更加明智,也会有更好的执行,员工能够参与决策也会富有更多的激情与创造力,而最终在分权的有效作用下,管理呈现的是如此一个活跃而有效开展的局面。

授权是对下属的信任和鼓励

信任是一个最有效的催化剂,它可以在寄托者和被寄托人之间建起一座最稳固的桥梁,在这座桥梁上,情感得以传递,心性得以寄托,事情也得以顺利发展。若被人所信任,自然是对自身的一份认可,俗话说,"士为知己者死",回报这份信任,是一份努力与感激;若不能被人所信任,整日只是在巧言令色间敷衍,或是限制于各种规则角色之间,那恐怕自己最终也会失去生命的激情与生活的活力。

授权正是对下属建立信任的最好方式。授权不仅不会削弱手中的权力,还会因为这份对员工的鼓励,换得一份信赖与拼搏,员工因为自己身上的这份职责,要对自己进行全新审视,要全力以赴干好这份工作才能不辜负这份信任。作为一名领导者,一定不要吝啬于自己手中的权力把持,有时舍弃一份封闭,以开放的态度对待员工之后,最终所换回的,是团队内部获得空前的活力。如果我们发现了这个秘诀,我们更应该寻找更多的方法,去寻求授权的契机,以能激发我们员工的热情,去全身心投入到工作之中。

韩国有一家卫生材料厂,从 1983 年开始,实行了独特的"一日厂长"管理制度,即让职工轮流当厂长进行厂务管理。

制度规定每周星期一，挑选一名员工做为期一天的厂长，并且每周轮换。

"一日厂长"上任后，需要巡视各部门、车间工作情况，听取各车间、各部门主管的简单汇报，了解工厂运营情况，并将相关的信息记录在工作日记上，以供下一个"厂长"阅读、参考。

"一日厂长"有公文批阅权。在星期一，报厂长的所有公文都要先经"一日厂长"批阅签名，厂长如果要更改意见，必须征求"一日厂长"的意见，才能最后裁决。

"一日厂长"还有对工厂管理、工人提出批评的权力，要详细地记入工作日记中，以便传阅。各主管必须听取"厂长"意见，寻求工作改进。

最后，"一日厂长"还要根据自己的心得，写出报告，在干部会议上宣读，方能结束。

在短短一年的时间里，做过"一日厂长"的已有 40 人，占全厂职工的 10%，有一个明显的效果，干过"厂长"的职工，对工厂的向心力得到明显提高，以更加积极的态度工作，并且他们对于工厂工作有了更加负责任的态度。

一位年仅 22 岁的年轻工人，当了"一日厂长"后，自信地说："如果再给我一次机会当'一日厂长'，一定比上次干得更出色。"

随着"一日厂长"制的推行，该厂管理成效显著，企业的凝聚力也大为增强，并获得了韩国劳动部授予的"杰出劳资关系示范工厂"称号。

通过"一日厂长"制度，员工更能理解各种决策的用意，体谅领导的辛苦，看到公司业务开展是如何相互衔接的，同时也能看出自己工作在其中所处的位置；通过"一日厂长"制度，也是对员工个人的一种鼓励和促进，他们经历领导的岗位，感受到领导的尊严，也认识到领导所承担的职责，他会以全新的角度看待工作中的自己，并会以发展的眼光看待自己的工作与未来。

一日厂长制度，其实是另一种方式的授权体验，它没有把权限下发给具体的员工，而是以轮流体验的方式，让员工感受到管理者的位置和作用。通过这样的授权,对员工进行教育,让他们认识到,人人都可以做领导,通过这样的方式,也产生领导与员工之间的交流,员工能体谅领导的辛苦,也因此被韩国劳动部授予"杰出劳资关系示范工厂"称号。

战国时期,各国争战不断。魏国国君魏文侯决定派大臣乐羊率军攻打中山国。

朝中大臣争议不绝,因为中山国重臣乐舒恰是乐羊的儿子。大家都认为乐羊虽善于布兵打仗,但这次对阵儿子,恐怕乐羊就不会全心全意效忠了。

尽管朝中争议不断,但魏文侯并未改变主意,依然派乐羊带兵出征。

抵达中山国后,乐羊决定用围而不攻的战略,几个月过去,乐羊未动过一兵一卒。

朝中争议愈加激烈,大臣纷纷上奏,奏章像雪片似的飞到魏文侯手中,纷纷指责乐羊在故意拖延时间。

看到奏章,魏文侯只是一笑置之,反而派遣专使带着酒食、礼品去慰问乐羊,犒劳军队,大振军心。

这样一来,朝中的流言愈演愈烈了,魏文侯一不做,二不休,索性给乐羊建造了一座宫殿。

最后,乐羊攻克了中山国,得胜回朝后,魏文侯为他举行了一场盛大的庆功酒。宴罢,魏文侯赏给乐羊一个密封的箱子。

回到家,打开一看,魏文侯赏赐的不是金银珠宝,不是文墨字画,而是满满一箱弹劾他的奏章。

乐羊这时才明白,如果不是魏文侯的全力支持,不是超乎寻常的信任,不要说攻打中山国的任务能完成,恐怕自己连性命也很难保全了。

如果不是魏文侯对乐羊的绝对信任,如果不是对众大臣的质疑加以拒绝,如果不是在战争出现僵持的时候,自己却亲临战场,犒劳士兵,那最终的结果可能就不能想象。可能会轻易更换战争的主帅,加以治罪惩罚,追问各个策略的原因,毫不掩饰自己的怀疑,在这样的怀疑之中,乐羊也不会发挥出自己充分的效用,国家也不会取得战争的胜利。正是这份严峻的形势,才考验出了君主对臣下的这份信任,正是这份饱含信任的授权,才激发下属取得了最好的成绩。

在每位员工的内心深处,都有一把渴望被激情燃烧的生命之火,而饱含信任的授权,就是点燃这个火把的导引。员工激情一旦被点燃,就会迸发出巨大的能量,推动着员工不断努力、奋进,并忠心不渝地献身于自己所从事的工作。

在管理的授权过程中,一定要更多看到信任对下属所起到的积极作用,如果决定进行授权,经过考核,认为对方是合适的授权人选,那就寄托对方信任,让他去完成自己的工作,甚至都能做出失败后依然信任的准备。千万不能进行过多质疑,横加干涉,最终使原本应该有效的授权行为,因此失去应有的作用。

谨慎而放不如不放,授权就应彻底

怀疑似乎是人的一种天性,人们总习惯怀疑事情会有什么不好的发展,人们总怀疑对方是否会有背叛的举动,怀疑甚至形成了自己的文化,今日社会中,普遍相信人心叵测便是最好的证明。

在中国人的传统性格中,似乎有着更多怀疑的成分,人际关系复杂,社会江湖险恶,必须有一个谨慎而防备的心理,才能使我们"小心驶得万年船"。但中国文化在发生转变,逐渐在从一种封闭的状态中走出,以一种开放的心态面对这个世界,并把自己融入其中,对于怀疑,我们也要尝试着改变认识与态度。

在授权的过程中,产生怀疑是必然,我们所选择的授权人选,是否有能力去承担这份工作,对于有能力的人,他又是否会产生道德的背叛?对于这些问题,我们都不能做出明确的判断,也正是这些原因,使得我们在授权的过程,即使认识到授权的重要,但却不能充分发挥授权所应有的作用。

如果经过考核,决定授权下属,就应当给对方充分的信任与施展拳脚的空间,如果只是给予责任,却不给予权力,那只能说是一个不充分的授权,也就不会起到授权所应有的作用。

《吕氏春秋》记载,孔子弟子子齐,奉鲁国君主之命要到父去做地方官。

子齐担心鲁君听信小人谗言,从上面干预,临行前,主动要求鲁君身边的两个近臣随同前往。

到任后,子齐命近臣写报告,自己却在旁不时去摇动两人胳膊,使字体扭曲不工。于是,子齐就对他们发火。两人请求离开,回去后,向鲁君抱怨无法做事。鲁君问为什么,两人回答"我们写字,子齐却从旁边摇摆胳膊,字写坏了,他大发雷霆,这样没法干,只好回来"。

鲁君听后笑道:"这是子齐劝诫我不要扰乱他的工作。"

于是,鲁君就派人到父传达旨意:从今以后,凡是有利于父的事,子齐自己裁决,五年后,再向我报告。子齐郑重受命,尽心竭力,父得到良好治理。这就是著名的"掣肘"典故。后来,孔子赞许道:"此鲁君之贤也。"

相同的事情,还有齐桓公的"凡事问管仲"。

一次,晋国派使者晋见齐桓公,负责接待的官员向齐桓公请示接待礼仪。

齐桓公只一句:"问管仲。"

接着,又一位官员请示政务,他还是:"问管仲。"

在一旁站立的人看到这种情形,笑着说:"凡事都问管仲,看来,当君主也蛮轻松。"

齐桓公说:"像你这样的小人物懂什么?当君主的就是网罗人才,有了人才,就要使用他们,凡事都由君主去做,一则做不得,再来就糟蹋了这些人才了。"

齐桓公接着说:"管仲是我的臣下,既然交付给他,齐国就有所托付,我不会随便插手。"

网罗人才是一件很辛苦的事,找到真正的人才并不容易,有贤良而忠诚的人辅佐，国家事业都会兴旺，身为领导者，不要随便干预，要放手让人才有发挥自己才干的空间。正是鲁君的大度，才为子齐施展拳脚创造了条件，正是因为齐桓公贤明，才可借助管仲辅佐，为齐国国力上升奠定了根基。无论是鲁君，还是齐桓公，他们的话都很值得细细品味。

许多领导对员工就像对待子女的父母一样，总是左叮咛，右嘱咐，生怕出现一点小差错，这样不利于员工成长，更不利于其工作能力提高，只有在大风浪中摔打一番，才会有所成长和成熟。

一位美国化妆品公司的中国区经理，被调回美国本部工作。但他对美国本部的情况并不很了解。

一天，在视察化妆车间时，他发现一个口红调色师刚刚调出的颜色不好看。

于是，这位经理走过去对调色师说："这口红颜色不好看，你为什么不换一种颜色？我感觉这种颜色不是太潮流。"

这位美国调色师听完后，立即站起身直视他，说道："经理先生，这个颜色还没有完全定案，定案以后我会拿给你看，现在只是先上了一个底色。"

这位经理点点头，准备离开。

"还有，经理。"调色师接着说道，"我是专业调色师，已经工作很多年了，如果你觉得你调得比较好，下次可以由你来调。"

调色师继续说："这个口红是给女人擦的，你是个男人，如果你喜欢，别的女人不喜欢，这产品是失败的。"

经理站在原地，不由满脸通红，只能尴尬地笑笑，转身离开。此刻他知道虽然自己是管理者，但对于员工工作也有不可逾越的界限，事后他向那位调色师道了歉。

东西方文化是不同的，但是可以成为我们的有效借鉴，在西方文化中，非常强调尊重第一个人的个性，无论在家庭还是社会中，每个人都是独立的个体，他的语言和行为，都是为他自己负责的。在工作之中，如同故事中的情形一样，即使作为一个管理者，也不能对下属的工作内容有所干涉，否则就是对下属工作与能力的否定，这会遭到下属的强烈反对。这位经理来自中国，不了解这一背景，所以会犯这样的错误。

在中国传统文化中，更多强调集体意识与共性的因素，一个管理者可能会习惯性地认为，下属的工作，自己是可以任意参与和建议的，并且大家也接受这种文化。但是这样做的后果，是下属没有工作的自主性，可能形成什么都依赖领导的习惯，而上司却也不可能投入全部精力到一个下属的工作之中，所以他的指导也是不完整的。

在授权的过程中，既然选定了授权对象，我们就应该舍弃自己的怀疑与顾虑，我们就应当充分信任，无论是对对方的能力还是人品，同时还要做好错误与挫折的准备。只有这样，才能成为一次完整的授权，只有给予充分的信任，下属才能为这一授权所激励，发挥出惊人的效用。

授权人选的选择
要谨慎并且勇于突破

人们可能都会有一种依赖的情绪，一旦寻找到一种寄托，就会将自己的情绪和戒备置入放纵之中，最后因为这份过度的依赖，而使自己遭受本可躲避的损失，而此时比较当初的信赖，却发现有些得不偿失。

授权是一件可以使工作变得轻松的事情，因为他人的分担，自己可以如释重负，从中解脱，但仅仅有这一想法是非常危险的，因为授权并不是全然放手不管，要真是这样，可能不是起到了好的作用，反而会遭遇最终无法收拾的局面。授权最为关键的环节，在于授权合适人选的选择，不仅要考核能力，还要考核人品，只有那些能力足够，又能展现出品性忠贞的人，才是最优秀的授权人选，也往往能够带来最有利的工作结果。在人员的考核中，我们一定要进行全方位的考核和多角度的判断，对一个员工有充分的了解之后，才能做出正确的判断，才可进行最终的授权。

对于授权工作，我们一定要舍弃自己大意的态度，换之以谨慎的考核与思量，看到问题的重要性，谨慎对待，这样才能使我们的授权工作做得完善完整，从而发挥出应有的效用。

在我们选择授权人选的过程中，要不为世俗所限制，敢于突破各种规章制度，这样才能找到最为合适的人选。我们要能舍弃派系之分的概念，大胆起用人才，舍弃对年轻人的偏见，让他们给企业带来更多的活力，舍弃对自身前程的顾及，大胆起用那些比自己能力强的人，这样，才能使自己找到最为恰当的人选，也能显示出一个领导者所应有的管理水平。

小沃森是美国 IBM 公司的总裁。一天，他的办公室闯进一位中年人，大声嚷道：“我还有什么盼头！销售总经理的差事丢了，现在只是一个闲差，有什么意思！”

这个人是伯肯斯托克，是刚去世不久 IBM 公司第二把手柯克的好友。由于柯克和小沃森是死对头，所以伯肯斯托克认为，柯克一死，自己也不会有什么好结果，决定破罐破摔，在事情没有变坏之前先辞职。

沃森父子以脾气暴躁闻名，但对找碴的伯肯斯托克，却没有发火。小沃森认为，伯肯斯托克是个难得的人才，甚至比去世的柯克还要精明，虽说是曾经对手的下属，性格又桀骜不驯，但为公司前途考虑，小沃森决定尽力挽留。

小沃森对伯肯斯托克说：“如果你能行，不论在柯克手下，还是在我、我父亲手下都能成功。如果你认为我是一个不公平的人，那你可以选择离开，不过这里也同样具有机会。”

后来，事实证明小沃森的挽留是极其正确的，他有着极佳的销售才能，他对 IBM 的营销有着不可替代的贡献。当小沃森劝说老沃森投入计算机行业时，响应者很少,而伯肯斯托克全力支持他,两人携手努力,才使 IBM 免于灭顶之灾,并走向更辉煌的未来。

伯肯斯托克是小沃森夙敌的朋友,如果放在中国的环境中,我们在考虑授权人选时,一定会把他排除在外,彼此之间恩怨延续,不一定会给自己带来什么样的影响,并且还是要把自己工作中最重要的权力交给他,这又怎么能让自己感到放心。

但小沃森毕竟与众不同,他突破了常人的思维限制,从事业的角度考虑,最终选择伯肯斯托克作为自己最为得力的伙伴,而事实证明伯肯斯托克也没有辜负他的这番抉择。后来在小沃森的回忆录中,他认为自己在 IBM 挽留伯肯斯托克是自己做出的最明智的决策。

汉高祖刘邦平定天下之后,在洛阳的庆功宴上就曾说过这样的话:"夫运筹帷幄之中,决胜千里之外,吾不如子房;镇国家,抚百姓,给馈饷,不绝粮道,吾不如萧何;连百万之军,战必胜,攻必取,吾不如韩信。此三者,皆大杰也。吾能用之,此所以取天下也。项羽有一范增而不能用,此所以为我所擒也。"

被誉为美国钢铁工业之王的卡内基说过:"可以将我所有的工厂、设备、市场、资金夺去。但只要保留我的组织和人员,几年后,相信我仍将是钢铁大王。"

卡内基死后,人们在他的墓碑上刻上了这样一句话——这里安葬着一个人,他最擅长的,是把那些强过自己的人,组织到为他服务的管理机构之中。

刘邦是一个有自知之明的人,或者说他是一个谦虚的人,他知道自己不是一个全才,在很多方面都不如自己的下级,但他也认识到自己的能力就在于能够任用这些比自己能力强的人,不仅重用他们,并且依赖他们,所以自己才能获得最终的胜利。

卡内基更是将这种超越自己能力的人的使用发挥到了极致,不仅不去拒绝他们,更是求贤若渴地去接纳他们,并以这样的方式,造就自己的管理风格,也成就出自己的一番事业。

授权可以产生效率，但授权的关键在于人才的选择上，选择正确，那自己就进行了一次正确的授权，因此而富有效率；如果选择错误，那最终授权失败的结果，要自己全部承担。授权既然是对自己管理职责的分担，那么自己一定要有效负责起对授权人员的选择，只有充分考核，大胆任用才能起到授权所应有的效果。

把握好授权的"度"，
授权泛滥也是一种灾难

如果有人乐于为自己效劳，承担责任，相信这是所有人都喜欢遇到的情况，尽管把责任都交付给对方，自己落得一身轻松，交付之后，即不闻不问，任凭事态自由发展。

但毕竟最后承担责任的人是自己，别人效劳，也是暂时对自己的代替，如缺乏有效的监控与把握，不能对过程中所出现的问题进行及时的调整和解决，最终问题累积，可能突然一天发现自己已陷入到困境之中。而之前托付他人所经营的项目，已经变成了一个"烂摊子"，而这个"烂摊子"，只有自己去收拾。不会产生任何对事物发展的促进，又要全部依靠自己才能去寻求解决。

如果说管理是一门艺术，那授权一定是其中最高深的一门学问，作为领导者一定要很好地把握分寸，既不能授权不足，使下属束缚手脚，不能充分发挥自己的才华；也不能授权过度，对授权后的管理工作，不再关注，最终使情形发展超出自己掌控范围，一切已无法挽回，不得不承认，自己做出的是一次完全错误的授权，最终依然要由自己去承担全部后果。

在一个古老的王国里，住着一位国王，由于国王待在深宫里，处理各种政务，他常常感到无聊。

一天，有人送来一个活泼可爱的猴子，猴子会讲很多笑话。猴子的到来，解决了国王的许多苦闷。

国王渐渐地对这只猴子越来越宠爱和信任，给猴子很多好吃的，让猴子和自己一起睡觉，甚至连自己的宝剑都让猴子拿着。

春天来临时，国王带着王后到树林里游玩。

国王把随从留在树林外，只带着王后和猴子进了树林。

树林美极了，成群结队的蜜蜂嗡嗡地飞来飞去，争芳斗艳的花朵布满森林整个角落。

国王游玩很久，感到有些疲倦，就对猴子说："我和王后在这座花房里睡一会儿，如果有人想伤害我们，你要竭尽全力来保护。"

说完，国王和王后就躺在一片花丛中睡着了。

不久，一只蜜蜂闻到花香飞了过来，落在国王头上，猴子轻轻地把蜜蜂赶走。

可是，没一会儿又有别的蜜蜂飞过来，依旧落在国王头上。

就这样，猴子赶走了一只又有一只。

猴子终于怒不可遏，心想，国王平日待我不薄，这讨厌的蜜蜂竟然敢在我的眼下，再三骚扰国王睡眠，太不把我放在眼里。

猴子抽出携带的宝剑，一剑劈在蜜蜂身上，结果蜜蜂断为两截，可国王的头也被砍了下来。

王后惊醒了，吓了一跳，"你这只猴子，干了什么？"

王后叫来了侍卫，把这只愚蠢的猴子带出去杀掉，但是国王的头却再也安不回去了。

当代管理，进行授权是完全必要的，但对于授权内容，却必须进行严格的把控。下属是上场打仗的人，但你却是决定给予他们火药的人，他的人品和能力决定他可以使用什么样的武器。

对于员工授权,应该考核两个方面的内容,第一是能力,如果这个人没有这份工作能力,他就不能拥有这样的权限,否则,就可能利用这些权力造成非常负面的效果,有些甚至不能挽回。正如故事描述的一样,没有是非观念的猴子,就不应该拥有佩带宝剑的权力,否则出现的结果,便是无法挽回的事实。另一方面的考核,在于人品,一个有能力而人品不能依赖的人,即使他能作出贡献,但却不具有稳定性,今天对自己有利的情形,明天也许就会成为自己的制约,从长远角度考虑,一定要对此有所准备。

进行授权,我们必须信任对方,这样才能给对方施展拳脚的空间,但是进行授权,却也不能走到另一个极端,完全不闻不问,任其自由发展,最终结果恐怕已不是自己所能掌控。在授权的过程中,一定要有效把握好"度"的概念,既不能不足,也不能过分。认识授权的作用,明晰授权的过程,把握好每个环节,谨慎选择授权人选,进行积极有效的监督,这样才能保证授权工作起到应有的作用,同时,又能使授权行为在自己的掌控之下,起到应有的积极作用。

授权也需要监督,权力分配要有制衡

生活中,我们要时时审视自己,我们要以今天的自己与当初的目标进行比照,看今天的行为是否依然保证自己走在正确的道路上,只有这样我们才能使我们的行为更有效率,避免因方向迷失而做出无为波折的可能,也能使我们更加靠近自己所设定的最终目标。只有具有这种反省意识的人,才能走出最为成功的人生轨迹。

在管理中进行授权的过程,监控就会成为最好的反省方式。

以授权后的业绩比较,看待我们授权行为是否成功,以授权后的能力与人品判断,来衡量我们授权人员的选择是否最为恰当,当发现有所差异之后,做出及时的调整,以保证自己的授权与自己授权的初衷始终保持一致。

具备监控的授权才算完整,能够让授权发挥出最大的效用,如果授权缺少监控,就会缺少其中最为关键的一环,授权不仅不会产生积极的效果,而且因为自己的放任还可能带来意外的损失,也就失去了当初进行授权的意义。

授权是一个关于取舍的美妙平衡,它是权力的一种放弃,可以让下属代替自己完成一部分职责的担当,但它又是一种权力的监督,通过有效监督才能让授权具有应有的意义,也才能收获最后有利的结果。一个管理者,必须看透其中的所有玄机,并有效把握其中的每个环节,才能使管理的效果与自己的智慧结合完美。

高尔文的爷爷是摩托罗拉的创办人,他个性温和,待人宽厚,在下属中有很好的威望。1997年,高尔文接任CEO后,他决定让高级主管们充分发挥他们的能力,不束缚他们,对他们完全信任。

然而,市场现实是冷酷的。自2000年以来,摩托罗拉的市场占有率、股票市值直线下降。市场占有率跌至13%,劲敌诺基亚则达到35%;股票市值缩水72%。更令高尔文没想到的是,2001年第一季度,更创下15年来首次亏损。美国《商业周刊》为高尔文的领导综合能力打分,低得可怜。

高尔文在自己的管理当中太过放手,没有对公司的经营状况做到时时了解,高层主管本应一周就要召开一次的会议,他一个月才开一次,在与下属交流的电子邮件中,谈得更多的也只是平衡工作和生活。就算发现有些下属的做法不恰当,也不愿太多干涉,以免使他们难堪。

两年半前,摩托罗拉准备开发一款"鲨鱼"手机,计划占领欧洲市场,高尔文知道欧洲人喜欢轻巧、简单的机型,但鲨鱼的价格和对手产品一样,但体型却更为厚重。在公司决策会议上,高尔文问:"市场调研结果真的认同这个项目吗?"

行销主管只是简单回答"是"。高尔文便没有再要求进一步讨论。最终产品推出后，结果在欧洲市场连个浪花也没有泛起。

高尔文的作风优柔寡断，摩托罗拉在卫星通讯铱星计划上决策失误，但是即使认识到这个错误，却没有及时终止，铱星平均每年亏损两亿美元，在高尔文的犹豫不决中，摩托罗拉又背负了更大的损失。

高尔文对下属实行授权是积极的，但他的错误在于没有进行及时的监督，最终这样的授权行为没有起到应有的效果，还因此带来更为负面的影响。同时，他个人的延误作风，拖延了最佳的决策时机，使公司在关键时刻不能避免掉不必要的损失，也把握不住最佳的机会。

在瞬息万变的科技产品市场，公司的任何不足，都会使竞争者闻腥而至，聚拢撕咬，竞争对手诺基亚也因此超越了它。

直到 2001 年年初，高尔文对所有问题有所意识，摩托罗拉的光辉历史可能就要断送在他手上。他最终解雇了首席营运官，进行组织重整，让六个事业部直接向自己负责，他开始每周和高层主管开会，改变自己"过于放权"的作风，力挽狂澜，终于也收到了一些成效。

充分授权，给他们充分权限，不去打扰下属，但这并不是说，完全放任。作为一个管理者，对下属适当放手无可厚非，但也要掌握科学监控的方法，建立起完善的监控机制，让下属的权限有的放矢，这样才能避免企业失控，甚至是一盘散沙的局面出现。

《韩非子》里记载了这样一个故事：鲁国有个人叫阳虎，非常有才华，但他对于君臣关系的一番论述却触怒了鲁王，最终被驱逐。

他跑到了齐国，齐王对他不感兴趣，最终只能离开，他又来到赵国，赵王对他赏识，拜为上相。近臣向赵王劝谏："大家都说阳虎私心颇重，怎能用这种人料理朝政？"

赵王回答："阳虎或许会寻机谋私，但是我会小心监视，有效防止，只要我拥有监控而不被臣子篡权的力量,就不会如他所愿?"

赵王总是保持一定程度对阳虎的控制,使他在权限与规则上不敢有所逾越;却又让阳虎在自己职位上施展自己的抱负和才能,最终也使赵国威震四方,称雄于诸侯。

监控不仅可以成为授权的有效保障,还会对授权后的管理行为形成有效促进,对于阳虎这样有品行瑕疵的下属,不仅使他有所顾忌而不能太过放任,更建立起职责与道德的限制,使他能在自己的范围内,发挥出更为强大的效用。由此可以看出,监控不仅是授权不可或缺的一个部分,更是进行授权工作的有效补充。

作为一个优秀的管理者,应该设法使下属成为领导者手的延伸、脚的延伸、眼的延伸、耳的延伸,但切勿成为脑的延伸,否则领导者就失去了自己应有的作用。正确的做法是,在智力上,应该让下属与自己形成脑的叠加或互补,这样才能在自己的控制之下,最大限度地发挥人才的群体优势,使整个群体朝着自己所设定的方向努力。

授权是管理之中最富有艺术性的一门课程,它需要管理者转变自己的传统意识,舍弃掉一份对自己权威的谨慎维护,去积极看到授权背后可以产生的效率和对员工的良好激励,只有这样才有可能去有效寻求授权,积极利用授权。在授权的过程中,同时还要谨慎选择授权人选,把握好授权的度,对授权行为进行积极监督,只有这样才能保证授权工作最终获得我们所设想的结果。

舍与得的激励课：

成全别人想要的才能得到自己想要的

　　进行有效激励，需要我们对人性有更为透彻的认识。认识到认可的重要，才会大方给予言辞的赞美；认可物质的作用，才会把它作为基本的激励手段；认识到精神的重要，才会在注重物质的同时，也不忽略精神激励的有效作用；最终将所有方式有效融合，灵活发挥，才能保证激励效用的充分发挥。一个充满活力的团队，必然创造出卓越的业绩。

善用赞美，成本最低
却是最有效的激励手段

美国有位哲学家曾经说过："人类天性中都有做个重要人物的欲望。"这是人类与生俱来的本能，每个人都有渴望被人称赞的意愿。可以说，能否获得称赞，以及获得称赞的程度，从某种意义上说，已经成为衡量一个人社会价值的标尺，人人都渴望在他人的称赞中实现自己的价值。

作为领导者，必须要了解下属的这一心理需求，更应该适时地舍弃苛求的标准，不要吝啬给下属"戴高帽"，对于下属在团体中所取得的成绩，一定要舍得给予肯定和表扬。要知道，激励从古至今都是领导者最有效的管理法宝。

古时候，每逢遇到战乱需要平反之时，皇帝便会派将军出征，而在出征之前也往往会摆下宴席，预祝将军能够旗开得胜。宴会上，皇帝往往会当着众人的面夸奖将军一番，比如"将军英勇过人，定能战无不胜""此战将军定能以一敌百""江山社稷和天下百姓的安危，全看将军了"之类的溢美之词，其目的就是想要振奋军队气势，提升将领信心。

作为一国之君的皇帝，之所以能够舍得面子屈尊赞美臣下，是因为他知道这几句无关痛痒的赞美对他的江山稳固大有好处。同样，身为现代领导者，更应该明白给予下属赞美能得到好处的道理。

曾经有位非常精明的经理人坦言，他非常喜欢思考怎样才能使赞扬人的话起到跟发钱给下属一样的作用。他说："我不可能按照他们所希望的那样付给他们很多的钱，所以，我要把赞扬当钱使。无论任何时候，无论遇到谁，我都告诉他说：'你干得很不错,加油啊!'立刻,这话就像 100 元奖金似的令他感到兴奋。是的,他们不可能用赞扬去买到什么好东西。但是,他们会把它藏在心里的。而且,他们对我和我们公司的感觉会更好。"这种对赞扬的评价是十分有说服力的:当你的钱已经不足以笼络住手下那些人才时,赞扬可以帮助你把他们笼络住。

美国玛丽·凯化妆品公司的创办人玛丽·凯有一套出众的领导技巧。在下属眼里,她绝对称得上是位大方、舍得付出的领导,也是一位人性化、值得追随的领导。

因为她会把粉红色凯迪拉克豪华轿车、皮大衣、钻石和许多珍贵的物品送给业绩最好的推销员,更舍得在员工取得成绩时,亲自给优秀下属一些言辞上的鼓励,让他们走上公司的"舞台"接受大家的"瞩目"和掌声。当公司获得好的发展时,她总是把赞美送给员工,让他们感觉自己的付出很值得,领导很关注自己,对自己充满了信任和感激。

玛丽·凯认为,最强有力的一种肯定方式,是不需要花钱的,那就是赞美。玛丽·凯明白,没有比赞美和肯定更能使人反应强烈的东西了。因此,只要成功,哪怕是一点小成就,玛丽·凯也会不遗余力地大加赞美。

无独有偶。美国的一位企业家也是最能使用赞扬手段激励员工的人。在这位企业家看来,称赞别人已成为一种功能超常的发动机。当这位企业家就任造船厂厂长的时候,所有人都被他调动起了巨大的热情,从经理到工人,他都很大方地给予嘉奖,称赞工作人员的工作技巧,使受奖的人都觉得这比金钱奖赏更为可贵。

这家造船厂承造的军舰要在 27 天内完工,造船厂里所有的纪录都被打破了。领导者召集造舰的全体工作人员发布一篇庆功的演说词,并且赠给每人一枚银质奖章和威尔逊总统的一封信。最后他转向负责监造者,从自己的袋子里掏出一支金表,亲手递给他,作为一个小小的纪念。

别小看了赞扬的力量,舍得将它送给下属,即使是三言两句,也会在他精神上产生神奇的效应,让下属心情愉快,神经兴奋。而且,在给予下属赞扬的过程中,双方的感情和友谊也会在不知不觉中得到增进,而且会调动其继续努力的积极性。

著名导演张艺谋在重拍镜头时,从来不会摆架子对工作人员吆五喝六,而是先称赞所有人:"嗯,好极了,现在我们来个稍微夸张的演出。"经他这么一说,没有人会表示反对,自然地就接受导演的指挥。

因此,舍弃粗鲁的言语和呵斥,以温言轻语来褒奖他人,往往会让对方产生接纳的态度。况且,每个员工也都需要得到领导的赞赏,需要得到别人、包括陌生人的尊重;需要别人知道自己的价值,自己的优点;也希望能在家庭或工作单位里,感受到那么一种不可或缺的信任。这是一切交往、一切谈话的基本出发点,也是古人所谓"行止于礼"的含义所在。

《庄子·人世间》中说道:"夫两喜必多溢美之言,两怒必多溢恶之言。"意思是说,要传达一种双方都喜欢的信息,就要多说些赞美的话,哪怕是过分的赞美;要传达双方都发怒的信息,就多说些恶言恶语。难道这个世界上还有谁无缘无故喜欢让大家都发怒吗?大家都高兴就是一种生产力,它能决定人与人之间的关系,能生产出你想要的东西,所以无论何时都不要吝啬你的赞美。

说一句表扬的话,真有那么难吗?试着当着员工的面用一百句话称赞他的优点,看看你是否会损失一分一毫?结果当然是不会!不仅不会,还会得到下属的笑脸和忠诚。所以,别再吝啬你的赞赏了,有舍必有得,它可以不用花费一分钱的代价换来最大的好处。

大胆给予物质激励，
相信重赏之下必有勇夫

黄石公《黄石公三略》中写道："香饵之下，必有悬鱼，重赏之下，必有死士。"意思是在香饵诱惑下，必有鱼儿自愿上钩，在丰厚的物质赏赐之下，一定会有勇敢的人接受任务。这虽然与传统文化中所倡导的"不为五斗米折腰"的高尚情操相背离，但却揭示出现实生活中的客观现实。

美国著名社会心理学家马斯洛提出人的需求理论，将人的需求划分为生理需求、安全需求、归属与爱的需求、尊重需求和自我实现需要 5 个类别，并按由低到高的顺序排列。在所有的需求当中，首先必须解决穿衣吃饭的问题，人才能去寻求其他需求的满足。物质的考量成为人第一考虑要素。

在管理当中，必须从这一层面去认识激励对员工的有效作用，在有效的激励之下，下属的工作热情得到了极大激发，展现出更为卓越的能力与拼搏精神，正是在这种状态之中，取得业绩上的突破，对企业也形成最大的促进。

我们不仅应激励员工，还应该寻找更多、更为有效的激励手段，以求能最大程度地激发出员工身上的潜能，同时这也是自身管理职责最大程度的发挥，是自己管理才能最强程度的展示。

曾国藩是一个不爱钱财的人，他在用人选将从来不会考虑为名利而来的人。可是，在用兵上，曾国藩却主张以"利"来获得军心，以厚赏来换得兵将之勇。

曾国藩坚持实行厚饷养兵的统军方式，并因此得到了一支勇猛无比的军队，太平天国运动兴起后，清朝正规军无法抵御，最终不得不依靠湘军的力量，对起义运动进行镇压,对于维护清朝统治起到了重要的作用。

清朝初年,绿营步兵月饷银一两五钱,守兵月饷一两,马兵月饷二两,仅勉强可以维持生计。曾国藩认为,兵饷太低是绿营兵腐败、战斗力下降的一个主要原因。为此,他制定了湘军官兵俸饷制度,营官每月为二百两,分统、统领带兵三千人以上者每月为三百九十两,五千人者五百二十两,万人以上者六百五十两。

并且为防止各军统领多设官职,冒领军饷,在饷章中还规定,凡统带千人者月支饷银不超过五千八百两,统带万人者支饷不超过五万八千两。

连曾国藩本人也不得不承认"章本过于丰厚"。《湘军志》中指出:"故将五百人,则岁入三千,统万人,岁入六万金,犹廉将也。"

如此厚饷养兵,自然"陇亩愚氓,人人乐从军,闻招募则急出效命,无复绿营征调别离之色"。

曾国藩通过厚饷养兵的原则,收到了显著成效。士兵的兵饷除用于个人生活外,还可贴补家用,因此一改当时荒于训练的弊病,安心操练,最终提高了军队战斗力。

军队的战斗力是对一个人管理才能的最好展示,有勇猛无畏的士兵,必然会获取战无不胜的结果,并且军队的战斗力对社会有重要的作用,没有军事力量的保护,可能就不能维持一个政权的稳定。比较绿营军的低俸禄,士兵大多消极分心,兼职他业的情形,湘军果断采取厚饷养兵的激励方式,士兵无后顾之忧,得以专心训练,在战场上勇猛杀敌,还在当时的社会上形成人人争当士兵的风气。虽然就是曾国藩本人也感觉太过丰厚,但却没有任何人能否定这一激励方式的显著后果。

管理虽与带兵不同,但却也有着相通之处,俗话说"职场如战场",自己所带领团队的市场开拓能力、创新能力,以及能否在市场中取得一番骄人业绩,正是对自己管理才能的最好证明。要想取得胜利,必须拥有一支勇于为自己战斗的勇猛军队,对于团队激励的最好方式,正是物质的奖赏,使得团队成员没有后顾之忧，并能看到光明的前途，自然也会施展出全部的力量，并取得优秀的业绩。

商鞅变法时为获取人民信任，在都城南门竖起一根三丈高的木头，下命令说："谁能把这根木头扛到北门去，就赏十两金子。"但没人去做。

商鞅知道百姓不相信他的命令，把赏金提到五十两。

这时人群中有一个人说："我来试试。"他把木头扛到了北门。商鞅立刻派人给他五十两黄金。

这件事立即传开，轰动秦国。后来，商鞅变法也得到了群众信任。

关于项羽，却有不同的故事。

投靠刘邦的陈平对西楚霸王项羽的评价如下：

项羽表面上很爱他的士兵，士兵生病他也会因此落泪，但当要奖赏将士时却特别吝啬，手里拿着"印鉴"（相当于公章、任命书）连印鉴的角都磨光了，都迟迟不肯发放。

下属得不到应有的赏赐，就会情绪消极，认为他不是真的爱惜自己，他看见士兵流泪，人们也觉得虚伪了。时间一长，英雄"本色"被下属看透，慢慢地跟着他的人就越来越少。

俗话说"无利不起早"，天下熙熙皆为利来，天下攘攘皆为利往。利益是我们生活的内容，利益也是领导者掌控驾驭下属的有效手段。商鞅正是以五十两金的重金诱惑，获取人们的信任，为自己实施变法开启社会接纳的大门，而项羽却是因为不忍于物质的给予，却失去士兵的信任，并且开始遭受质疑，最终人才开始流失，自己也不得不面对失败的结局。这些故事都可以给我们很好的启示。

人都不会愿意自己利益的付出，但是作为一个管理者，更多应该看到自己所承担的职责和自己所要获取的目标，超越常人的认识，舍弃自己的一时利益，以有效的激励方式，换取属下的全心努力和自己目标的实现，这也才是自己卓越管理视野与水平的有力展示。

注重物质,却也不能忽视
精神激励的作用

俗话说"人活一张脸,树活一张皮",人是社会的人,在人们的交往之中,会非常注意彼此的评价与判断,它会奠定一个人在社会中所获取的地位,特别是社会群体的认可就显得更为重要。为了获取一份群体的荣誉,个体可能会愿意为此付出更多的努力。

物质是生活的根本,但我们也不能忽略了精神的作用,在马斯洛的需求理论中,当基本的物质生活被满足之后,人们必然向更高层次的需求转移。在激励的过程中,我们认可物质的作用,并积极寻求最有效和充分的方式,但在注重物质激励的同时,也不能忽视精神激励的作用,应当寻找最恰当的精神激励方式,对员工的工作积极性进行调动,让精神激励成为物质激励方式的有效补充,甚至在有些时候,起到物质激励都不能达到的作用。

美国皇冠牌瓶盖公司经营一直不景气,柯纳利上任总经理后,决定改变这种局面。柯纳利的绝活是:不多花钱就能让员工干劲十足。

员工意志消沉、非常懒散。上班第一天,就看到一群守卫人员正在玩扑克,其他部门,甚至生产部门,消极怠工、不尽职责的现象也随处可见。柯纳利认为,这些员工未必是真正懒惰,必须寻找最为有效的方式,才能激发他们的工作热情。

柯纳利首先整顿了工作环境,粉刷了工厂的墙壁,进行了厂区绿色植被的维护,他认为只有在新的环境中,才能熏陶出员工的工作精神。

随后,他将容器部的技术人员调换了工作岗位。这个部门产品毫无销路,工作人员非常消极。得到调换后，他们改变了消沉的情绪，再次鼓起了干劲。

初见成效之后，柯纳利决定实行新的人事制度，建立了完善的员工考核体系与晋升机制，最终公司面貌焕然一新，工作也得到了有效开展。

柯纳利不用多花钱就让员工干劲十足的秘诀，就在于让职工意识到工作的意义，从而激起员工自我实现和赢得自尊的心理渴望。

我们注重激励的效用，但我们也要考虑激励所花费的成本，将我们的投入与产出做出比较，才能使我们的激励发挥出更大的效用。比较于物质的激励，显然精神激励有更多的优势，它的成本花费很小，但是效果却非常显著，有时，这些成果是我们花费更多的物质成本也不能获得的。柯纳利在上任后，只是经过了简单的人事调整，进行工作场所环境改变，就达到了变更公司工作风气的目的，最终对公司运营也起到了很好的促进作用。

中国传统社会结构中，道德扮演着非常重要的角色，在人们的性格之中，非常注重自身的道德认同和社会对自己的评价，人们有非常浓重的集体意识。即使今日社会发生巨大转变，但这种倾向却依然有所延续。开展管理工作，一定要认清这一巨大的文化背景，利用集体荣誉感去有效激励员工，各级领导要通过多表扬、多奖励，来激发下属的集体意识，使每一个成员都产生一种强烈的荣誉感、责任感和归属感，从而为维护集体荣誉奉献更大力量。

曾国藩初练湘军，取得首战胜利，从太平天国军手中夺回了岳州、武昌和汉阳。

为此，曾国藩上书朝廷，为自己的属下邀功请赏，朝廷对此也给予了恩准。但是，曾国藩并不认为这样就足够了，他又想出其他一些鼓励将士的办法。

一天，曾国藩召集湘军所有军官在土坪听令。

军官到齐之后，曾国藩说："诸位将士辛苦了，讨伐叛贼中英勇奋战，屡战屡胜，今天要以自己的名义来为有功将士授奖。"

大家都在暗自思忖的时候，曾国藩命令："抬上来。"

　　两个士兵抬着一个木箱上来，几百双眼睛盯了过来，把术箱打开，里面装的是一把把精美的腰刀。

　　曾国藩抽出了一把，刀刃锋利，正中端刻"殄灭丑类、尽忠王事"八个字，旁是一行小楷"涤生曾国藩赠"。

　　曾国藩说："今天我要为有功将士赠刀。"

　　顿时，广场一片沸腾，有人欣喜，有人赞叹，也有人忌妒。

　　不过，所有人心中都会下定决心，在以后战争中冲锋陷阵，奋勇作战，争取自己也能得到这样一把腰刀。

　　给能干的下属配备值得炫耀而别人所不具备的奖品，可以给他们带来一种极大的荣誉感和满足感，他必定要像以前一样甚至比以前更加勤奋地工作，以追求更大荣誉的获得。同时，他的同事看见了，也会希望得到这样的奖赏，从而会更加努力。这是物质激励所不能起到的作用，或者说当我们的物质激励达到一定程度之后，我们可以尝试不同的精神激励方法，也许可以带给我们意外的效果。

　　曾国藩以厚饷养兵闻名，但他在注重物质激励的同时，却也能善用精神激励的方式，两者有效结合，给自己的将士们带来最大的鼓舞。

　　在管理之中，我们认可激励的作用，并且愿意付出成本，去寻求员工工作状态的有效改善，但却不能陷入到单一物质激励的狭隘之中，否则获取不到应有的效果不说，还会花费出巨大的成本。

　　也许有人会认为，现在时代已经发生改变，人们变得更为现实，对此，我们一定要舍弃掉这种浅薄的观念。首先，精神的激励有它自身的独特性，有些地方是物质激励所不能替代的；其次，社会发展，物质产品更为丰富，这时人们会更多追求精神的获得，这也就为精神激励提供出更多的空间。作为一个优秀的管理者，一定要善于用好物质与精神的激励作用，协调作用，取得最好的结果，也才能完整履行自己管理的职责。

放弃独断，争取员工参与
也会形成很好的激励效果

每个人都在寻求自我价值的实现，而个人自我价值实现的最好方式就是参与，在参与过程中，自己得以展现出自我的力量与智慧，获取最后的结果，也会对自己形成肯定或否定的评价。在参与过程中，生命得以寄托，激情得以释放，个体也得以拥有一份可回味的有意义的生活。

在我们的管理当中，当物质和精神的激励都被我们所应用之后，是否能适当考虑放弃一部分自己决策的权力，适当给员工一些参与决策的机会，也许这会起到意想不到的激励效果。员工参与决策，可以最大程度地调动他们主人翁的意识，让他们认识到自己就是企业的主人，能够感受管理者的荣誉与骄傲，员工参与决策，是对管理者决策工作的最好支持，当他们了解到决策是如何制定，又是为何制定，在执行的过程中就能产生更多的认同感。

有些领导者，不信任下属的能力，或是不愿意交出自己的权力，他们对员工参与决策总是持反对态度，对此，我们要舍弃这份认识狭隘的态度，舍弃这种怀疑的态度，要认识到通过员工的参与，我们的决策工作可以获得多角度的支持，因而有更多合理性，同时，通过员工的参与决策，也能最大程度地调动他们的工作积极性。我们不仅应该争取员工参与决策，还应该寻找更多的机会，去为员工参与决策创造可能。

在芝加哥郊外有一家国际收割机制造公司，27 岁的杰斯是这里的新任主管。

作为主管，他需要管 3 个年龄比他大一倍、状态消沉的领班。正如其他的年轻领导所遭遇的情况一样,杰斯明白,不能强制行使自己的权力,否则只会增加他们的抵制和怨恨。

最终,杰斯决定采取迂回的管理方式。

每天杰斯都会召集这3个领班,把头一天的工作状况告诉他们,让他们了解自己部门生产了多少部件,又有多少次品。

同时,杰斯还要让这3个领班根据实际情况,对所在部门生产情况进行打分,并进行横向比较。

通过和杰斯接触,他们开始认识自己工作的重要,通过与其他部门的比较,这3位领班获得了更加巨大的动力,互相鼓励,生产率开始逐步提升。

当第一次打破部门历史生产纪录时,杰斯召集了领班,买了些咖啡,一起聊天,庆祝一下所取得的成绩。

第二次创造生产纪录时,杰斯又买了甜点来慰劳他们。

第三次破生产纪录时,杰斯把这3位领班请到了自己家里,让妻子给他们做了可口的比萨饼,还在一起玩了扑克牌。

上任3个月以后,杰斯所在的部门就成了全厂生产率最高的单位,杰斯本人也获得了职务的提升。

如果管理者总是维持自己高高在上的权威,使自己与员工之间保持距离,员工感到冷漠,也不会产生工作的激情;反之,给予更多的接触机会,并通过参与让他们知道自己工作的重要,也许会调动起他们工作的积极性,尽其所能,充分发挥创造性和奉献精神去完成自己的工作。杰斯虽然只有27岁,但显然他是一个老练的管理者,他明白与人沟通和交流的重要性,并且非常善于把这种方式应用到自己的工作之中。

1936年戴夫·帕卡德与比尔·休利特一起创立了休利特—帕卡德公司,即惠普公司。

1959年,在帕卡德的领导下,惠普公司业绩蒸蒸日上,但敏感的帕卡德注意到公司员工的热情不高。帕卡德为此感到迷惑，他心想，难道是我们给予公司的回报不足吗？可是我们已是行业内最高水平，惠普公司的股票自上市以来，股价节节攀升，已是华尔街的宠儿，处身于这样的公司，难道还有什么怨言吗？

后来，一名检测人员来办公室请示帕卡德工作，帕卡德就向他提出了这个问题。

这位员工说："我非常自豪在这样的大公司工作，虽然工薪不断在上升，但老板是你，伙计是我，我并不是企业的真正主人。"

这一席话，让帕卡德陷入了深思，他喃喃对自己说道："看来，我也许应该让公司成为大家的，也许他们就会有更多的热情投入到工作之中。"

考虑清楚之后，不久，帕卡德在公司记者招待会上宣布，惠普公司推行职工持股计划，把公司股票分阶段分给那些最优秀的职工。

当职工与公司的关系有一个形式上的改变之后，他们的工作面貌焕然一新，惠普的销售、生产都出现一片大好的局面。

当员工个人利益和公司利益联系在一起时，他们所表现出来的积极性恐怕是难以预料的，让员工分享企业的成果，是对他们最大的一种激励方式，也是再创佳绩的基础，作为管理者，不要忘记了这个激励员工的好方法，不要太多顾及公司的利益，最终因小失大，一份小小的利益舍弃之后，是被激励员工努力拼搏所换回更加有利的结果。

管理不是简单的控制，在当今社会环境中，更多是要与自己的成员团结一致，依靠大家的力量获取一份优秀的业绩，对于管理工作，我们一定要转变观念，从而寻求更为有利的工作方式。有时我们需要放弃自己手中的一些权威与利益，才可换回彼此的信任与共同的协作努力，在管理的考量之中，取舍总存在一种微妙的平衡，而最为优秀的管理者，总能对它有效把控。

不因失败而抱怨员工，
寄予信任与期望是最有效的激励

人生谁能无错，生活中出现差错在所难免，认识到自身错误之后，自己已是被否定，情绪低沉，感觉疲惫，但却依然要承担一切，反思自己，并调整自己，最终才能重拾勇气，再去面对未来。

面对一个犯错误的人，我们习惯的态度是苛责与批评，苛责对方所造成的损失，批评对方能力与态度的不足，但这样的处理方式，并不有利于一个有着自省性格的员工，并且对于现在独立性越来越强的员工而言，会产生负面的情绪，甚至产生态度的反感。

如果对方陷身于错误之中，给对方一个安慰的微笑，使他能解除心理的不安，在情绪有所缓和之后，再帮助他一起去寻找其中的问题，并寻求改善的方法，也许这才是最为有效的处理方式。

工作之中，各项事务繁杂，出现失误更是在所难免，对于失误的发生，管理者一般都不会乐于遭遇，因为它意味着对工作的阻碍，有些人因此大发雷霆，对员工横加指责，进行严厉批评，殊不知，这样做不会有任何的效果，还会因此失去员工对企业感恩的想法。

应该以动态眼光看待员工成长和企业长远发展，看到失误的出现是在所难免的，管理之中都有所准备，面对失误，在对方客观面对的前提下，进行安慰，寻求开展工作的更好的方法，"知遇之恩当涌泉相报，"最终所获取的，是员工与企业双重有利发展的结果。

在用人方面，福特是一个充满智慧的人。

一天早晨，福特正在会议室开会。一个长相凶悍的人突然闯进会议室，从怀里拿出一把折刀，要挟要见福特。

面对陌生人，福特暂停了会议，很客气地把他请进办公室，并让秘书给他冲了一杯咖啡。

当时，员工们非常害怕，猜疑福特是不是得罪了什么人，有人甚至想要报警，都被福特阻拦。

走到办公室，福特让陌生人坐下。

态度缓和一些后，那人开口了："请您给我做事的机会，我真想改过自新。您是老板，您说了肯定算数。"

福特镇定问道："你原来在哪儿上班，做什么？今天为什么拿刀子来我这里？"

陌生人顿了顿，继续说道："不瞒您说，我是一个抢劫犯，在监狱里待了很久，虽然知道抢劫不对，但出于无奈，也是为了养家糊口。"

福特犹豫着，温和地问道："你有没有去其他公司，或者有什么你想干的职业？"

陌生人回答："一听我有前科，他们就把我赶出来。没有人相信我，没办法，只好一次次做回原来的自己，又一次次进监狱。"

福特沉默了一会儿，"如果我今天答应你，你将有什么打算？"

陌生人刚要开口，福特打断了他，"你不需要保证什么，明天早晨来公司上班吧，让我看看你能做什么？"

陌生人一时无语了，短暂的停留之后，连声道谢，最后离开，当公司其他人听到福特的决定后都是大跌眼镜。

最终这个人被派遣到工厂工作。后来，他不仅改过自新，还通过勤恳地工作回报了福特对他的赏识。

对于一些曾经犯过错误的员工，我们不能采取一味否定的态度，那样只会让他随波逐流，自暴自弃，也许适当给予他们一次机会，他们的生活会因此获得转机,而我们也会获得有利的回报。

作为管理者,要以理性的眼光看待自己属下所犯的错误,如果他们能够认识到自己的错误,并有改正错误的决心与诚意,也许这不失为最有利的教育时机,因为这样的机会对于他们来说,显得难能可贵,最终效果甚至超越千百倍物质的给予。这样激励的机会,在管理中稍纵即逝,作为优秀的管理者一定要能及时地把控。当错误出现的时候,不要为之感到烦恼和恐惧,而更多地要看到这种现象之后,所蕴藏的契机。

多年前,一人访问了一家非常成功的高科技公司。

该公司以允许员工有失败和再试验的自由而著名。当访问者正和该公司经理交流时,突然听到一声声长鸣。访问者问经理:"那是什么?"

经理镇静地回答:"那是我们工厂的汽笛鸣响。"

这位反应快速的客人又问道:"你们总是在周四下午放汽笛吗?"

公司经理回答说:"不是,我们放汽笛是告诉每个人,我们又试验失败一次。但对我们来说,听见汽笛,也就意味着离成功靠近了一步。"

作为优秀的管理者,不仅不惧怕失败,反而还会用开阔的胸怀去迎接失败,因为他知道失败并不可怕,它孕育着成功的机会,俗话说"失败乃成功之母"。在他们的管理之下,员工每次面对失败和挫折,不是失望,而是抱有更大的希望,在这样的管理文化鼓舞之下,员工的性格变得更加自信而坚毅,他们有超越常人的气魄与勇气去追求自己的成功,苦难在他们面前反而显得渺小而脆弱了。

此时,比较苛责态度下的员工的性格,他们则多是唯唯诺诺,谨慎而后怕,面对激烈的市场情形,也不敢做出果断的决策与判断,也许这正是面对员工错误,管理者态度不同所取得的不同结果吧!更是个人能力最有效的证明。

激励应恰到"好"处

俗话说"过犹不及"，当一件事情被做得过了头之后，所形成的影响可能还不如当初没有完成的状况，自己花费了好多时间和精力不说，所形成的还是负面的作用，与所想的目标产生更远的距离，自己最终是费力不讨好。

做事情难就难在度的把握，把握不足，会遗失机会，把握过头，又会让机会白白丧失，我们要不断地在实践中磨炼与反思，才能逐渐学会在最恰当的时候，做出最恰当的选择，也才能圆满完成自己的任务，展现出个人有效把控的能力。

管理中的激励把控，是最富有艺术性的一项工作。因为人性是最难以捉摸的东西，人们有物质的需求，但满足之后，又会寻求精神的需求，当这一需求也不能对他形成吸引之后，管理者常常要焦头烂额，去寻求更为有效的方式，以求对员工的有效激励。

但作为最优秀的管理者，他们却能很好地把握其中美妙的平衡，在舍得之间找到一个平衡的支点，在最恰当的时候，以最恰当的方式，将这些内容传达给员工，并能获得最为有效的激励效果。

激励当中，我们不能陷入方式的单一，依靠一味地投入，去寻求激励效果的获得，我们应该在激励的效果与激励的投入之间建立起一道联系，以考核我们激励的方式是否恰当。我们心中应该明确员工需要什么样的激励内容，并且了解各种激励的方式，知道什么样的激励最为恰当，只有如此，才能把握好激励的度，也才能显示出我们自身卓越的管理水平。

在某国，有一个小城市，被无情战火摧毁，这里生活的居民，有的妻离子散，有的家破人亡，有的还在遭受着严重的肉体创伤和精神创伤。

正值隆冬时节,很多难民无家可归,只好流浪街头,刺骨的寒风无情地肆虐,他们却衣不遮体,食物匮乏,饥肠辘辘,只能感叹自身命运的不济。

一位富翁碰巧经过这里,看到难民的情况后,深有感触,决定做一些慈善事业,带给人们一些满足。

富翁花费重金,请来当地很有名气的歌唱家,专程为难民演唱小夜曲。

可是,当歌唱家来到难民营地时,还没有开口,就被难民们打骂着赶了出去。

富翁非常生气,"我花了那么多钱好心帮助你们,你们竟然把他赶走,这真是太过分了。"

难民们委屈地对富翁说:"您的善心我们心领了,可是我们现在不需要听小夜曲,我们需要的是吃和穿。"

人的需求是千差万别的,并非千篇一律,时间不同,环境不同,人们的需求倾向都会不同,这并非是一成不变的,对于难民营里的难民来说,他们最需要的是解决自己的吃和穿,而对于一个酒足饭饱的人来说,一个优美的小夜曲也许可以带给他们最美好的享受。当我们决定给予对方帮助时,一定要对对方的情况与状态有所了解,才能选择最为恰当的方式,千万不能陷入个人狭隘的意识,而盲目主观地去做出自己的判断,也只有这样,我们的帮助才有意义。

当一个人的需求得到满足时,才会激发起无穷的力量,如果你激励的方式,不是对方所需要,那恐怕也只能是白白浪费。作为企业的领导,在运用激励机制时,一定要根据当时的基本情况,通过调查走访的方式,对每个员工的实际需求有所了解之后,才能有的放矢地达到满足员工需求的目的,而不会给难民送去一支"小夜曲",也不会给吃饱饭的人又送去充足的食物。

一个企业家的工厂出现了问题,他的员工生产积极性不高,生产率逐年下降。令企业家对此百思不得其解,这些员工都是这些年经过层层角逐所挑选出来的优秀人才,并且平时自己也使用各种方法对他们进行有效的奖励,但为何最终的效果仍然不是很明显。

"这到底是怎么回事?"企业家对于这个问题毫无头绪。

他决定休息一段时间,到外地旅行,以缓解一下自己的苦闷。

远离城市的喧嚣,他来到郊外一个安静的乡间农舍。

一天早上醒来,企业家看到这家老农正在把喂牛的草料铲到一间小茅屋的屋檐上,感到非常奇怪,他就去问这位老农:"你为什么不把草料放在地上,牛不是就更方便吃了吗?"

老农回答说:"这种草质量不好,放在地上牛就不吃了,岂不是浪费。"

"那你把草放到屋檐上能怎样?"企业家仍然没有明白。

老农淡淡地笑了笑,"把草放到牛勉强能够得着的屋檐上,它就会努力去吃,直到把草料全部吃光。"

企业家恍然大悟,他想了一会儿,恍然大悟说:"原来办法就是这么简单啊。"

没有激励,当然不行,但激励也不是越多越好,在经济学中有着边际效用递减规律,它说的是人们对于同一种商品的消费,伴随数量的增减,单位产品所产生的效用就会越来越少,直至最终消失,甚至产生出负面的影响。

我们作为领导者,在激励的过程中,一定要避免这种情况的出现,当一种激励方式产生的效果已经不再明显时,就要果断地终止这种方式,寻求更为有效的方式替代。这样可以节省我们管理的开支,同时,员工在企业全新的激励方式之中,依然能保持高昂的情绪。

奖励不要忘记惩罚，
惩罚方式有时效果更佳

奖励和惩罚是一对孪生兄弟，如果只有奖励，没有惩罚，对方就会形成惰性依赖，只一味地寻求奖励的内容，而不去询问自己付出怎样的努力，最后丧失掉自己内在的激情；如果只有惩罚，没有奖励，人们就会丧失前进的信心，在苛责之中，完完全全丧失自信，寻找不到任何前进的动力，事情也不会取得任何改进，这两种情况对于一个人的成长和生活都是不利的。最终我们要认识到奖励和惩罚是一把双刃剑，只有有效掌握这两种方式，才能使对方在表扬与批评中寻找到最为恰当的态度，使自身能力得到充分展现。

有些人在管理当中，可能会不好意思，认为进行惩罚是对对方面子的驳斥，所以愿意更多选择使用表扬的方式，希望在一团和气之中完成工作。殊不知，这将会使他的管理效率大打折扣，一个领导者必须在群体中树立威信，如果没有威信，那自己的工作就很难开展，而惩罚正是权威最好的证明，它代表着权力，也代表着一个人的责任。

同时，惩罚也会对激励工作形成最好的促进，一味地奖励，可能会使员工失去兴趣，并产生态度的懈怠，适时地进行惩罚，也许可以让员工产生意识的警醒，甚至产生出比奖励更大的威力。只有将奖励和惩罚方式协调并用，员工才能在取舍之间，寻找到自己最为恰当的工作态度与方式，而这也能彰显出一个领导者所具有的最为完美的激励艺术。

某保险公司，距离完成年度任务指标还有不小差距。

总经理考虑后决定,不但一线业务员应该承担压力,所有内勤人员也要承担一定业务指标,并且规定了每个人完成的指标下限。对此,总经理还专门制定了奖惩措施,超额完成任务的人员予以丰厚奖励,对不能完成任务下限的下属,则要给予惩罚。

最后,公司业务"冲刺"成功。从整体情况来看,部分有能力的下属超额完成任务,很大一部分下属仅仅完成了任务下限;还有一部分下属,由于种种原因,没能完成任务;少数个别员工业绩是"白板"。

总经理考虑,如果不兑现奖励,一定会招致下属群体不满,虽然是一次额外支出,但最终还是决定论功行赏,一一兑现。至于没完成任务的下属,总经理认为这毕竟是少数,况且总体目标已经完成,不必追究,与人为善,没必要和下属过不去,惩罚的事情就这样不了了之。

经理不想跟下属过不去,但一部分下属却跟他过不去。

超额完成任务的和未完成任务的都很高兴。但那些大部分通过努力,正好完成任务指标的下属却不高兴了。他们付出努力,完成了任务,最终回报竟然和那些不思进取、偷奸耍滑者完全一致,他们非常不认可。

许多人没有明着提意见,却暗下决心,今后再有同类事情,一定要向这些未完成任务的同事看齐。

蒙在鼓里的经理还不知道,由于他的所谓"人性化",缺少惩罚措施,最终使自己的管理在无形中失效了,在很长一段时间内对组织产生负面影响。

较多采用激励性的奖励手段来管理,是非常符合人性的,也是无可厚非的,但这不应以减少或弱化管理的约束性的惩罚手段为前提。惩罚与人性,这两者并不矛盾,而更多是相辅相成的,人性的展示不一定要回避惩罚,而惩罚却也不会削弱人性。领导者只有正确地理清自己的奖惩观,才能在奖惩之间游刃有余。建立合理的奖惩制度,让得失在管理之中,呈现出一个平衡点,这是一个领导者管理工作最应追求的内容。

对员工的不足进行告诫,更是一门管理的艺术,我们应采取最恰当的方式,告知对方不足的内容,面对存在的缺陷,又不能使其丧失信心,从而丢掉克服困难的勇气,甚至在一些必要时刻,同员工一起去寻找开展工作的方法,这样的批评才是有效的,这样的惩罚才是有利的。

一个优秀的管理者,在自己的激励中,一定要学会"一边唱黑脸,一边唱红脸"的有效方法,在软硬两种方式中,使得对方明白自己的意图并看到未来的方向,同时又有足够的勇气,去面对所遇到的挑战。在激励的过程中,不要忘记惩罚的作用,打个巴掌,给个红枣。在惩罚的过程中,注意恰当的方式,使得惩罚收到最好的效果,这样的激励策略的使用,才算是完全完整的。

抛弃单一,要善于采用
多样的激励方式

人由小到大,要学很多,学做人,学做事,从父母那里,从老师那里学习很多知识。但所有这些知识的学习,都是为了我们生活中的应用,只有能与生活情形很好地结合,才会起到应有的作用;否则,仅仅是形式上一味地遵从,那所有内容就会像桎梏一样,慢慢套住自己,感觉劳累不已,并且不会起到应有的作用,在这其中,最终人的创造力也丧失殆尽。

张三丰在教授张无忌太极拳时,问道:"孩儿,你看清楚了没有?"张无忌道:"看清楚了。"张三丰道:"都记得了没有?"张无忌道:"已忘记了一小半。"张三丰道:"好,那也难为你了。你自己去想想罢。"张无忌低头默想。过了一会儿,张三丰问道:"现在怎样了?"张无忌道:"已忘记了一大半。"当将所有武功的招式全部放弃的时候,才是对太极精神的最透彻领会。

管理中激励内容也是同样的原理，我们认可激励的作用，我们学习各种激励的方法，但是最终的实施阶段，却一定要结合实际情况，进行有效灵活的运用。理论总是具有高度的抽象概括性，并因此忽略掉个体的具体情况，最终对自己负责的只有自己，理论所讲述的内容也仅仅是一个有效参照，只有将理论的内容进行融合运用，才能使激励发挥出最强大的效用。

松下公司，在公司的管理政策中实施了透明管理的办法，对于员工就起到了很好的激励作用。

在成立初期，松下幸之助就对公司的七八名员工说自己每个月都会将公司的结算、盈亏情况进行公布。

刚开始，员工们都半信半疑，因为当时没有管理者这么做，何况大多数的老板甚至都不清楚自己到底做了多少生意。

员工对于老板的这种观点，只是认为不过是摆摆谱，做做样子罢了。

不久后，员工就发现事实并非想象的那样，松下的态度是真诚的，每月的财务信息都会及时向员工公布。

松下公开财务盈亏的做法，让员工们非常兴奋，因为他们每个月都能看到通过团体的努力，所获取的成果，进而产生一种共识：下个月一定要加倍努力，取得更好的结果。

当松下电器业务扩大设立分厂时，毅然延续了这样的激励政策，分厂负责人每月向松下报告盈亏时，也采取了公开面对员工的做法。

后来，松下的这种做法被命名为"透明式经营法"，他认为对于员工的坦白，就是对他们最好的激励。

通过这一做法，员工们也很少会对公司提出无理或过分要求，劳资双方通过这一方式建立起了一种信任、和谐的关系。

松下幸之助将激励与管理方式进行了很好的结合，起到了激励的效果，同时，管理获得最佳效率，这是激励方式的一种扩充，它不局限于一种传统物质方式,也不是一种精神的寄托,仅仅通过财务的公开,就达到了预期的效果。这个案例,对我们的管理工作可以有更多的启示,在具体的管理工作之中,我们应该寻求更多的可能激励方式,来有效促进我们工作的顺利开展。

作为日本桑得利公司董事长的信治郎,也是一个善于激励员工的管理者。

他经常在一些场合把非常贵重的物品奖赏给员工。最为特别的是,他发奖金的方式很特别,出人意料的方式常常让员工感到惊喜。

信治郎把员工一个个叫到董事长办公室,在员工答礼后准备退出时,他突然叫道:"稍等一下,这是给你母亲的礼物。"

员工再次退出时,信治郎又会说:"这是送给你太太的礼物。"

员工心想这次应该没有什么了,正要离开时,又会听到信治郎大喊:"我忘了,还有一份礼物是送给你孩子的。"

信治郎对于员工的鼓励还不仅仅在发奖的方式上。

一次,总务处的一名员工不小心寄出了一个写错价格和数量的商品,信治郎知道后,马上命令取回。员工前往船场邮局,费了很多唇舌,花费了很大精力,才把邮件放在董事长面前。

看到邮件,信治郎露出欣喜的微笑,他并没有批评那个员工,而是真诚地说了句:"你辛苦了!"

也许有人会认为,信治郎的做法有些虚情假意,但设想一下自己就是那名员工,也就可以理解他为什么大受感动,努力工作以回报公司了。

信治郎的激励方式来自于个人为人处世的方式,他非常注重对每个员工的尊重,正是凭借他的这一性格特点,使他能够有效运用这一激励的方式,也取得了非常好的效果。

作为管理者,要对企业的经营管理活动负责,必须在各种得失之间寻找最佳可能,这样才能履行自身的管理职责,在所有的管理内容中,激励的把控与平衡就成为其中最为重要的内容。我们必须认识到激励的作用,在一份成本付出之后，要看到更大的收获可能，而不能抱怨这份付出；我们在强调物质激励的同时，也要善于运用精神的方法，两者相互协调，才能起到最为良好的效果；在激励的同时，我们还要做好度的把握，并有效掌控惩罚的方式，这样我们的激励策略才算是完整的；最终将所有激励的策略与自身经营状况有效结合，以取得最为优秀的激励效果，也显示出一个优秀管理者所拥有的高超管理艺术性。

对新员工更要注重激励，
这样会带来意想不到的效果

对于管理者而言，新人一般意味着青涩懵懂，刚刚走出校园，对于社会规则还是一片茫然无知；如果团队之中接纳一个新人，也就意味着要花费更多的时间与精力进行有效培训，这样才能让他适应这个岗位，逐渐发挥出自己的效用。同时在过程中，我们还要为这位新人工作中可能出现的错误作好应对的准备。

正是因为这样的认识与考虑，在选聘员工时，更愿意选择经验丰富的老员工，或者在我们激励的过程中，常常忽略掉对于这些新生力量的关注。殊不知，在自己的忽略之中，错失对新人激励的最好时机，团队也错失一次纳入新鲜血液的机会。

企业成员的新老更替，是自然规律，这也是管理者所应承担的重要内容。招纳到一批新人之后，必须进行必要的培训，才能使他走上自己的工作岗位，对于新人成长而言，来自领导的鼓励和认可就显得尤为重要。缺乏认可的人，对于自己的成长可能会欠缺一份信心，而这时来自领导的一句鼓励和认可，就可能使他信心倍增，并且饱含激情。

新人身上所蕴藏的另一项重要内容，是他们身上所附带的全新价值观与精神状态。对于眼光敏锐的管理者而言,这些内容显得尤为珍贵。每个团队都有自己的文化,但时间长了就会逐渐陷入到一种桎梏之中,因而欠缺活力,而这是每一个管理者都头痛的问题,因为采取什么样的措施也不能取得良好的改善,而这时注入新鲜的血液也许就是最好的方法,一条活蹦乱跳的鲶鱼,也许可以激起整船沙丁鱼的活力。同时,在这些新人身上,还背负有文化与思维的不同,这些认识对于单位内部的管理可以起到很好的参照作用。

对于新员工的激励,一定要舍弃掉自己大意的态度,谨慎地对待,有效地利用,才能使新员工顺利成长。团队由于吸收了这些新鲜的血液,也拥有更多的活力与激情,而这些都是自己管理职能完善履行的最好证明。

松下幸之助主持公司的管理工作时,遇到提拔新员工的情况,一般都会谨慎对待。

他特意让资格最老的员工,代表全体科员向新任科长致辞表决心。

新科长首先致辞,说:"我现在奉命接任科长,请大家以后多多指教。"

然后,科内资格最老的科员,代表全体员工致贺词,会说:"我们坚决服从科长的吩咐,努力工作。"

虽然这只是一个简单的仪式,但明确了各自的角色,提高了新科长的威信,也为工作顺利开展打开了局面。或许有人认为,这种做法未免故意为难别人。但如果不采取这一策略的结果是,相互之间总有莫名其妙的芥蒂,科长不敢大胆处理事情,最终给科室内,甚至给公司造成麻烦。

万事开头难,对于一个新上任的领导来说,打开工作局面就显得尤为重要,松下幸之助正是认识到这一问题的重要,才采取积极的措施进行有效解决,方式也许有些极端,但谁也不能忽略这一方式所取得的有利成果。

对于新人,有效激励,使其快速成长是激励的一个方面,同时,还要有效利用新人身上所特有的激情与活力,为团队风气带来改变。

本田先生在自己的管理当中,就非常善于利用新人的效用来有效激励团队。

他认为销售部经理的观念离公司的精神已相距太远,他的守旧思想已经严重影响了他的下属。因此,必须寻找一个富有激情的人对他进行替代,这样才能改善公司销售部门的状况,否则公司的发展将会受到严重影响。

经过周密的计划和不断的努力,本田先生终于把松和公司销售部副经理、年仅35岁的武太郎挖到了自己公司。武太郎接任本田公司销售部经理后,凭着自己丰富的市场营销经验和过人的学识,以及惊人的毅力和工作热情,带动全体销售人员,大胆改革,积极投入工作,取得优秀市场业绩,员工们的工作热情也被极大地调动起来。

公司发展出现转机,销售额直线上升,本田先生对武太郎的工作非常满意,这不仅仅是因为他的工作表现,还因为他把整个公司的气氛改变了。

从此以后,本田公司每年都会重点从外部"中途聘用"一些精干的、思维敏捷的、三十岁左右的生力军以有效激励自己公司的士气。

我们的企业管理也是如此,一支团队时间稍久就会出现许多毛病,没有激情,没有斗志,纪律松散。这时候,除了采取一些新的激励措施外,管理者还要想办法给这支团队注入一股新鲜血液,来激活他们。如同对白血病人的医治一般,需要注入合适的骨髓,旧的、病态的系统被排斥、消亡,最终可以催生全新的造血功能,取代原有的血液。而最终能否起到理想的作用,这要看医生是否精心选配,还要看"新骨髓"是否具备顽强的生命力。

激励是对人性认识最为深入的一门管理课程,需要认识透彻,才能使激励发挥出最大效用。认识到认可的重要,我们会大方地给员工以赞美;认识到物质对人生存的基本保障作用,我们会以物质激励作为激励员工的基本手段;认识到精神激励的有效作用,才能使精神激励成为物质激励的有效协同;同时在我们激励的过程中,还要灵活运用各种激励方式,结合实际情况,有效配合和调整,才能保证我们激励效用的充分发挥,促使管理工作产生出最大的效用。

第 **7** 章

舍与得的沟通课：
巧妙的讲话方式是收服人心的关键

因为沟通，人才能展示自己的社会性，信息和情感才得以传递；因为沟通，才可以使我们的管理更有效率，企业可以成为一个紧密团结的整体。认识沟通的作用，积极寻求有效沟通，巧妙变更自己的讲话方式，积极与双方分享内容，对沟通有这样的认识与准备之后，才能保证我们的沟通快捷而有效率。

不要忽略沟通，它很重要

沟通是人与人之间、人与群体之间思想与感情的传递和反馈的过程，以求思想达成一致和感情的通畅。

人是社会的人，这也许是人和动物最显著的区别。既然身处于社会之中，我们就不可能回避掉各种交往与交流，通过交流，从别人那里获得我们所需要的信息；通过交流，我们可以表达自己真诚的意愿，寄托以情感，联系以生命；通过沟通，我们才能认识到自己的存在。

我们不仅应该积极沟通，而且要善于沟通，了解沟通的重要，寻找更多有效的沟通手段，通晓沟通的各个环节，使自己的沟通更富有效率，实现自己所想要的目的。只有这样，才能让自己有效地融合到群体之中，也才能使自己的生活明朗而有效率。

企业中的沟通，显得更为重要。

因为企业是人的群体，企业要想有效运转，个体之间必须紧密联系一致，才能展现出强劲的团队力量，在这其中，沟通就起到了不可替代的作用。正因为这样，在我们的管理之中，需要建立起有效而快捷的信息传递机制，我们要使有效信息在部门之间、在个体之间、在上下级之间、在企业与外部社会之间有效流动，这样才能保证我们的决策能与外界社会紧密联系，也保证内部交流顺畅而因此富有效率。

对于管理工作，也许有人会认为，就是简单的命令与执行，哪里需要什么沟通与交流，这样做简直是浪费时间与精力。对此，我们一定要摆脱这种旧的思维观念的束缚，要看到一份交流之后，也许命令就会因为下属的理解而更好地执行。通过沟通，我们可以获取到更多的信息，这样可以支持我们做出更正确的决策，所有这些，都是通过有效沟通才能换取的结果，并且，这一管理方式，也是当代管理所具有的最显著的特点。

机房重地的大门上有一把坚固的钢锁，钢锯、铁棒正在比赛看谁能将这把钢锁打开。

钢锯认为自己牙齿锋利，没有任何的事物能够阻挡，心想，我一定可以打开这把锁。但是，钢锯卖力地左锯右拉之后，钢锁依然稳如泰山，自己最终只是气喘如牛，累个半死。

在旁边的铁棒看不下去了，让钢锯退让一旁，稍事休息，换它上场。铁棒使出浑身的力气，没命地朝着钢锁砸去，但费了九牛二虎之力后，钢锁还是无法打开，自己却变得遍体鳞伤。

这时候，一把不起眼的钥匙出现了，它说："你们可以让我试试，也许我能打开。"

钢锯、铁棒此时已是气喘吁吁，不过听到钥匙这番话，不禁哈哈大笑，说道："我俩这么威武都不能打开，你这么弱小的身躯，又怎能打开，你太不自量力了。"

钥匙没有理会它们的嘲笑，径直走过去，把扁平的身躯深入到锁孔之中，一个扭转，坚固的钢锁应声而开。

"这怎么可能?你怎么能做到?"铁棒和钢锯感到非常惊讶。

"我没有你们的力量，但我最懂它的心。"钥匙淡然回答道。

员工的心态，就是这把钢锁，也许我们可以用钢锯般的命令方式，但它们可以屈服于命令，却不会敞开自己的心扉；或是我们可以施展铁棒般的权威压迫，也许可以有所影响，但却不会深入心扉，最终都达不到我们所预想的效果。

最终能解决这个问题的是一把小巧的钥匙，虽然小巧，不用我们花费什么力气，但却可以深入心灵深处，俗话说，"一把钥匙开一把锁"，通过有效沟通，员工可以敞开自己的心扉，我们工作的开展，也可以因此获取更多自由与包容的空间。

公司的效率是我们追求的目标，但我们一定不要忽略这把不起眼的"沟通"

钥匙。认识沟通,并有效掌握沟通,可以让我们的工作更加顺利而富有效率,更为善于使用沟通手段的领导者,甚至可以借助沟通使我们的工作回避掉许多不必要的麻烦。

关羽在镇守荆州,听说大哥刘备说服马超归顺蜀军,心中十分高兴。

不过,没过多久,关羽就听到军中传言,马超武艺高强,英勇善战,简直就像当年的吕布。关羽心想,我是何等威武,马超要想有万人的敬仰,也必须先过了我这一关才行。

于是,关羽写信给刘备,信中表明要与马超比试一场。

信很快就到了刘备手中,看完信后,刘备不禁陷入了两难境地。

刘备找诸葛亮商讨对策,"关羽是我的义弟,马超又是我刚收服的大将,两人约战,必有一失。若不答应关羽,又担心伤了兄弟情谊。我真不知该怎么办?"

诸葛亮沉默了一会儿,对刘备说:"这事不难,交给我处理就好,主上不用担心。"

拿出纸墨,便给关羽书信一封,关羽看到后来的信后,就再也没有提约战的事情。

诸葛亮的信是这样写的:"马超能和吕布并驱争先,但是和你还是无法相比的!不要相信传言,我清楚此人实力,不会胜过你,徒劳约战,只会挫伤我军实力,你应好好镇守荆州,要是出了乱子,这才是你失职的地方。"

关羽哈哈大笑:"知我者,还是大哥啊。"

关羽将书信传给军中将士,不再将此事挂在心上,专心守备自己的荆州。

管理之中,不可能不遭遇矛盾,正如关羽与马超所进行的个人较量,可能会使内部陷入"内耗"之中,而不会对团队建设起到应有的作用。对于这样的矛盾,我们不可以强制的力量进行解决,也不可放任下属的争斗,胜败结果对自己均不利,而诸葛亮的计谋正是借助有效沟通,依靠信任,回避掉这份冲突,也使得各自回到自己的工作重心中。

优秀的管理者,一定能认识到沟通在自己的工作中不可替代的作用。正如一把小巧的钥匙，可以打开一扇封锁的大门，有了彼此的信任，工作就可以开展得更为顺利，认识沟通，并有效利用沟通，可以使工作效率得到大大的提高，同时也彰显出我们卓越的管理艺术。

积极沟通，可以免掉许多麻烦

生活中，假如没有了沟通，它的情形恐怕不能想象。人和人之间，会彼此冷漠，社会之间，也不再有信任与彼此之间的融合，也因此不再能展现出团队的凝聚能力。

正是借助沟通，我们才能获取更多外界的信息，及时对自己生活的方式与内容进行调整，以跟上时代的节奏；及时让对方了解自己的情形，也才能让双方更为有效率，而彼此更加协调。

借助沟通，还可以让我们避免掉许多的麻烦。我们获取信息，我们学习智慧，我们获得信任，而所有这些内容，可以让我们不用走太多弯路，用自己的经验教训，去换得一个通过交流就可以避免的错误，沟通因此可以产生效率。

松下幸之助有句名言："企业管理过去是沟通，现在是沟通，未来还是沟通。"管理者的真正工作就是沟通。不管到了什么时候，企业管理都离不开沟通。

在我们现代的管理活动中，总是想方设法去实现有效沟通，来达到有效经营的目的。我们顺应市场激烈的竞争形式，借助信息化手段来与外界有效沟通，否则就会为市场所淘汰；当代社会，网络与信息便捷而快速，我们及时顺应潮流，使用 QQ、淘宝等方式，去获取我们宝贵的机遇；广告其实本身就是一种信息传递的方式，它及时将最有效的信息传递到终端的客户手中，这样我们才能不会丢失一些有效客户；会议本身也是一种沟通，没有了会议，恐怕一个企业的目标也不可能实现。

正是借助沟通，企业才得以有效运营，正是借助沟通，产品才能为社会所接受，企业也因此获得发展。

为了开展国际文化交流，非洲土著邀请了美国加州大学分校的一位教授前来讲课。

为了表示对土著人的尊敬，这位教授临行前特意准备了一身行头。

那天，教授一身西装革履、极为严肃。可是，一上讲台教授便直冒汗，是因为天热吗？不是！原来，土著人为了表示对教授的欢迎，以部落最高规格的礼仪进行接待。无论男女，全部一丝不挂，只佩戴项圈，私处也只是遮挡一片树叶。

教授很尴尬，不过很快稳定情绪，开始认真讲课，不过，看得出来那些土著很不好意思。

第二天，考虑到入乡随俗，教授一丝不挂地走上讲台，只戴个项圈，私处用树叶遮挡，但是，他最终比第一天还感到尴尬。

原来，土著人为了照顾对方的情绪，吸取头一天的教训，全部西装革履，一本正经，现在只有教授一个人是光着身子站在讲台上，他当时恨不得找个地缝钻进去。

下课后，土著人纷纷向教授道歉，教授也觉得不好意思，双方做了及时沟通，明白了对方的意图，也作出了良好的协调。

第三天，教授穿着西装走上讲台，在场的土著人也都穿着正装，坐得笔直。这次，教授不再冒汗，土著人也听得很高兴。

双方的目的是好的，都是考虑对对方的尊重，但最终的结果显然是十分尴尬的，因为这完全与自己设想的初衷相互违背，而所产生这种尴尬的原因，就是缺少了必要的沟通。通过两次无为的波折，他们才认识到了沟通的重要，大家相互体谅之后，工作也得以顺利开展。

生活中，我们一定也会遭遇相同的情形，原本良好的初衷，最后却演变成为悲剧发生的导火索,而所有的原因,都可追溯至沟通的缺乏。所以,我们不能陷入到自我之中。而进行有效的沟通,我们就可以使自己生活得更加快乐,做事也可以因此而更有效率。

工作中间的沟通就显得更为必要,团队成员之间,上下级之间,工作的目标之间,只有通过沟通,才能和谐一致而更富有效率。如果没有沟通,自己只是陷入到自己的设想之中进行工作,那恐怕,最终工作不会取得有效进展,还会为他人所否定。

一个男人平时有睡懒觉的习惯,每天早上要妻子喊他才能起床。

一天晚上,男人和妻子吵架,谁也不理谁,谁也不愿做先说话的人。

男人第二天有个重要会议,他又不好意思张口告诉妻子,直到睡觉前,实在没有办法,他拿出一张纸,写道:"明天有个重要会议,早上7点钟别忘了叫醒我!"

男人把纸条放到妻子梳妆台前,什么也没有说就去睡觉了。妻子看了一眼,也没有吭声。

第二天,男人一觉醒来,发现已是8点多了,就大声问妻子:"你怎么不叫醒我?我告诉过你了。"

妻子一脸无辜,"我已经提醒你了,7点的时候我给你写了条子,是你没看见而已。"

男人回头一看,枕边确实有一个纸条。

男人非常生气,"这也算提醒吗?"

妻子说:"昨天晚上,你也是这么告诉我的。"

男人一听,只好无奈一笑,匆匆去参加会议了。

故事是一个笑话,不过寓意却很深刻,对我们有着巨大的启示。我们如果不愿积极地去交流,最终可能会给自己造成巨大的损失,因为生活中所有的人对我们都很重要,而交流正是最好的联系方式。这从另一个层面,也反映出交流所起到的关键作用。

作为企业的管理者，应该保证信息被发出之后，必须进行及时的反馈，保证接收人对信息理解无误，沟通才能有效，否则，就会出现误会。沟通达成一致，非常重要，从小处说它可以避免公司人员之间交往中的误解和误会，从大处说它关系到一个组织的生存和发展。

沟通前，应做充分的准备工作

沟通是因为共性而存在，我们有沟通的可能，我们有沟通的必要，双方都有沟通的需求，正是在这一前提之下，我们才会去进行沟通，也才能通过沟通达到应有的目的。如果不能认识到这点，就不能把握沟通的精髓，也就不能让沟通发挥出应有的效率，那么沟通就失去了应有的作用。

对于工作中的沟通，我们的方式是否最为恰当，我们所交流的信息又是否真实而全面，我们的信息是否具有价值，对企业发展能否形成最好的促进，这些都是我们进行沟通工作前所必须进行的准备工作。我们必须寻找最为有效的方式，并且去不断探求更好方式的可能，去发现更有价值的信息内容，去发掘一些隐藏的信息，这样才能保证沟通能够发挥出应有的效用。

沟通是管理的根本，管理者却是沟通的掌控者。优秀的管理者，不仅认识沟通，并且善于掌握沟通，让自己团队之间互通有无，让企业与社会之间，也能做到彼此适应，所有这些内容，根本都在于他对这份沟通所作出的准备。

有一对夫妻，一直省吃俭用，舍不得花钱，在儿子 12 岁生日的时候，这对夫妻合计，准备带儿子出去见见世面，两人从 A 港口出发，坐轮船到 H 港口区，进行为期半个月的海洋之旅。

临行前，妻子带了很多的干粮，3人坐在轮船的包厢里面，3人一直窝在包厢里面吃着自己带的干粮，每天晚上12岁的儿子听着外面甲板上的歌曲声，特别想出去看看。妻子拉着儿子说："孩子，我们上岸去玩好吗？"

儿子很听话地答应了妈妈的要求，到第8天的时候，3人的干粮吃完了，儿子一直在房间里喊饿。可是夫妻两个也只能告诉儿子，船快靠岸了，每天只能喝水充饥。等第10天的时候，儿子实在是饿的没力气了，在屋里哭。

妻子无奈敲开轮船服务生的门说："先生，您好，能不能给我们一些免费的事物，我儿子很饥饿。"

服务生诧异的看着这名旅客问："你们为什么不去餐厅吃呢？"

妻子回答："我们没带多少钱，餐厅东西贵，我们吃不起。"

服务生恭敬地说："夫人，凡是本船上的旅行，可以免费在餐厅就餐，您不知道吗？"

沟通的前提是了解、认识并尊重彼此的差异，只有认识到这点之后，我们才可能在尊重对方的基础之上，建立起沟通的桥梁，然后才会化解彼此之间的误会与矛盾。沟通不是单纯地去强加自己意愿给别人，它是在尊重并认识对方重要性的基础之上，才有可能进行的交流，这也是沟通前所需要的最重要的准备工作。

对于管理者来说，必须进行同样的审视，在我们开始沟通之前，我们是否忽略了沟通的这一基本前提，否则，我们花费如此巨大的精力，却完全不能达到预期的效果，我们抱怨沟通的无用，却可能是我们并不善于进行有效的沟通。对此，我们必须对沟通工作有充足的准备，才能保证我们的沟通富有效率。

在俄亥俄州的奈尔斯，坐落着美国钢铁和国民蒸馏器公司的子公司RMI。在一段时间里，RMI公司的工作效率低，利润率也上不去。

一个叫大吉姆·丹尼尔的人改变了公司的这一状况，他所使用的方法又非常简单。

他担任公司的总经理后,只是在工厂到处贴上了一些标语:"如果看到一个人没有笑容,请把你的笑容分享给他。","只有自己兴致勃勃,事情才可能取得成功。"在标语下面都会签有:"大吉姆"的名字。

大吉姆·丹尼尔还制作了一个特殊的厂徽:一张笑脸。令人在办公用品上,在工厂的大门上,在厂内的板牌上,甚至在员工的安全帽上都绘上了这张笑脸的图案。

在公司内部,人们常常可以看到大吉姆·丹尼尔满面春风地向员工征询意见,喊着员工的名字热情地打招呼。同时,员工们也非常乐意围绕在大吉姆的周围,听他讲各种事情,也把工作中的一些情况与信息反馈给他,即便是和工会主席列席会议时,大吉姆·丹尼尔也能依然面带笑容。

最终,只用了3年时间,在没有增加1分钱的前提下,RMI生产率却惊人地提高近8%,公司总体业绩增长很多。

后来,RMI公司的厂徽被美国人称为"俄亥俄的笑容"。《华尔街日报》评价RMI为"它是纯威士忌酒——柔情的口号、感情的交流和充满微笑的混合物"。

大吉姆所作出的准备工作,就是在我们进行交流前,先准备一份真诚的态度与热情的笑容。优秀的管理者,十分了解沟通的重要性,总能以十分巧妙的方式,赢得别人的喜爱、尊敬、信任,进而让员工愿意与自己进行不断的沟通,从而获取个人的发展和事业的成功。

对于大吉姆工作的改善,他并没有花费出什么惊人的成本,他只是用一个微笑的笑脸符号,为和谐而有效地交流作出了最充分的准备。在这种环境之下,大家得到了情感慰藉与信息交流,彼此信任而团结一致,获得激励而更加努力,这也许是一个优秀管理者能力卓越的最好体现。

放下架子，才能将自己
带上沟通的平台

沟通是平等的，无论身份如何，无论地位如何，如果想进行沟通，那就必须将双方放在同等的位置上，真诚而坦然地告知自己的想法，也真心买意地去征求对方的意见。在沟通面前，我们就必须放弃自己在地位上的不同，放弃在角色上的差异，只有这样才能获取一份信任，只有在这样的氛围中，对方才可能倾诉出自己的想法，也才能使沟通更富有效率。而这正是一个优秀的管理者自身能量的最好释放。

作为管理者，传统的观点会认为，应该是高高在上的，拥有着无上的权威，自己的言语就是下属不可违背的命令，只有这样，才能维持自己的威严，才能保证管理所应有的效率，否则，一切情形都是对管理秩序的违背。对于这种认识，我们一定要结合现实的情况，对于传统而稳定的管理环境，这一策略是正确的，但是如果面对动态而变革的管理环境，那恐怕就需要我们及时作出适应和调整，才能使我们的管理活动符合时代对我们提出的要求。在这种管理背景之下，沟通就显得更为重要，只有通过沟通，才能对外界的信息进行及时的了解，只有通过有效沟通，才能使我们的企业更加富有生命力。

认识到沟通的重要，就需要放下自己的架子，走到沟通的平台，去表达和获取自己所需要的信息。一个合格的管理者，会有效使用沟通方式，一个优秀的管理者，更要善于利用沟通方式，来对自己工作形成最好的促进，这才是他们卓越管理能力的最好证明。

在茫茫的大海里，大鲨鱼是这个王国的统治者，平日里工作繁忙，几乎让它饱尝管理工作的各种艰辛。

大鲨鱼不得不承认,自己虽然表面看上去风光,但内心也有脆弱的一面,每个人的能力都有自己的极限。它心想,自己是不是个合格的统治者呢?他需要了解其他人对他的看法。

这时,正巧龟丞相来汇报工作,大鲨鱼就问龟丞相:"在你心中,我们是朋友吗?我想听到你的真心话。"

龟丞相满脸堆笑地说:"当然,在我心中您是最伟大的朋友,我也是您永远忠实的朋友。"

"既然如此,"大鲨鱼说,"那你说说,我这个统治者是否当得合格?有没有出现什么错误?"

龟丞相勉强挤出点笑容说:"您的管理很成功,我从内心崇拜您。"

大鲨鱼非常懊恼地说:"在处理很多问题上,我从来得不到你的意见。即便犯了错误,也得不到忠告。这是为什么?"

龟丞相想了想,小心翼翼地回答:"作为属下,可能对您有一种崇拜,所以就看不到您的错误了。"

大鲨鱼只好无奈地离开了,在宫殿的门口,正好又碰到了鲤鱼将军,它问道:"鲤鱼将军,你说我是你真正的朋友吗?"

看到国王闷闷不乐,鲤鱼将军回答说:"当然,您怎么了?我亲爱的国王陛下。"

"那好,既然你是我的朋友,那么你对我的工作怎么看?我想听真心话,不管怎么说,我都不会怪罪你。"

鲤鱼将军挠了挠自己的须角,说:"您是海洋里面最伟大的,我只感觉到您的了不起。"

大鲨鱼无奈地点了点头,只好孤独地离开。

每个管理者都需要一面镜子,这样他才能对自己的工作进行审视,以避免发生一些错误,并针对一些问题,做出及时的调整。如果管理者放不下自己的架子,那最终就会如同这个孤独的大鲨鱼一般,不会得到任何有利的建议内容,而他的工作内容也不会得到有力的推动。

放下领导者的架子,将自己作为团队的一员融合在群体之中,建立信任,给他们勇气,让他们愿意主动接近你,并愿意表达出自己的想法,这样自己能解除"高处不胜寒"的困境,工作也会得到积极推进。

京剧大师梅兰芳虽然在京剧艺术上造诣很深,但他并没有因此而自傲,他还会放下自己的身段,不耻下问,虚心向他人请教。关于他,就流传着这样的一个故事。

一次,在出演《杀惜》时,在观众众多的喝彩声中,他听到有个老年观众说了句"不好"。谢幕后,梅兰芳来不及卸装,就专门把这位老人接到自己家中,恭恭敬敬地对老人说道:"说我不好的人,一定是我的老师。先生说我不好,必有自己独到高见,学生在这里恭请赐教,决心亡羊补牢。"

老人指出:"按梨园规定,阎惜姣上楼和下楼台步,应是上七下八,而梅博士为何要八上八下?"梅兰芳这时才恍然大悟,连声称谢。

以后梅兰芳还经常请这位先生来看戏,更请他指正,并尊称他为"老师"。

为人谦虚者才能取得成就,躬下身段的人才能从路上拾起别人所遗落的智慧。人贵在处于顶峰之上的淡然处之,而能旁观四周,不因"一叶障目不见泰山"而隐隐自得。须知,骄纵自满也是一个人失败的开始,梅兰芳之所以成为一代艺术大师,人们佩服他艺术上的造诣,更重要的是有这份宝贵的艺德在背后支撑,并为众人所敬仰。

管理者虽然身居要职,但却必须对自己的权威有透彻的认识,更要认识到自身所承担的这份职责,在所有的内容中,沟通又具有不可替代的作用,必须能够舍弃自己的"面子",舍弃所谓的尊严,真诚而平等地与员工建立起交流的渠道,才能更好地去履行自己的职责。

转变自己说话的方式，注重倾听

沟通是一门艺术，只有最富有智慧的人，才能通晓人生所面临的种种问题，并进行简洁的论述，最终在适当的时候，以最恰当的方式，去告诉需要知道这些内容的人。

管理中，沟通更是对一个管理者管理能力最为严峻的考验。他们需要认识到沟通是他们开展管理工作的根本，并且要想方设法去寻找工作中各种各样的沟通方式及沟通机会，只有这样，才能使得团队获得团结一致的基础，也才能进发出团体最为强大的力量。

在深山山顶上，住着一位智者，无论什么大小事情，他都能运用自己的智慧提出建议和忠告，人们因此非常尊敬他。

一天，有一位年轻人来求助智者，他苦闷地说："我是个心直口快的人，一看到别人有什么不对，就会立刻指出，结果我得罪了不少朋友，他们在不断地离开我。"

智者听完，没说什么，只是拿来两块木板，一个榔头，一把钳子，一个改锥，还有两撮螺钉。

智者说："你先帮我把这一撮螺钉钉到木板里面吧。"

年轻人不解地看了看智者，还是点了点头。

年轻人先用锤子钉螺钉，但木板很硬，费了很大劲，也钉不进去，即使钉子弯了，也没有效果。

后来，年轻人用钳子夹住了钉子，用榔头使劲砸，钉子虽弯弯扭扭钉进木板，但最终前功尽弃，因为木板最终裂成两半。

年轻人累得气喘吁吁，无奈地看着一片狼藉的现场。

这时，智者走过来，拿起螺钉、改锥和榔头，把钉子往木板上轻轻一砸，然后拿起改锥使劲拧起来，没费多大力气，螺钉就钻进了木板，并且木板依然保持天衣无缝。

智者指着地上的木板，"硬碰硬有什么好处呢？这是笨人才会用的笨办法。"

年轻人似有所懂地点了点头。

看着年轻人有所领悟，智者捋了捋胡须，平静地说说道："忠言也不必逆耳，良药却未必苦口，并不是什么时候都需要直接告知。说的人生气，听的人上火，最后伤了和气，好心也变成了冷漠，友谊则成了仇恨，有什么好处，有时候需要适当改变我们说话的方式。"

年轻人终于有所明白。

智者接着说道："我活了一把年纪了，只有一条经验，就是绝不直接向任何人提出忠告。当需要指出别人的错误时，就像上螺丝一样，婉转曲折地表达自己的意见，对方保足自己的面子，我也传递了我的意思。"

年轻人恍然大悟，连忙向智者称谢。

我们生活中可能会经常遭遇到年轻人的情况，明明自己表达出自己真实的意图，并且也会产生积极的效果，但对方却不乐于接受，甚至会产生反对的态度，这种情况令他百思不得其解。智者符合禅理的见解可以给我们带来很好的启示。适当时候，变更我们说话的方式，也许会起到很好的效果。尊重对方的情绪，以对方能接受的方式去表达我们的看法，也许就会起到很好的效果，并能赢得别人的好感。

善于沟通的人，对于同样的内容，总能掌握最为有利的说话方式，也能掌握最佳的时机，最终经过他们的表达，就会为对方所乐于接受，而不会有排斥的情绪与后果，这样的沟通是有利并且能够促进工作开展的。如果不能有效地掌握这样的方式，即使自己的动机是不为大家所质疑的，但最终因为方式的不当，引起反感,不会为对方所接受,而且还会影响到彼此间的和气。

很久以前,有个非常富有的商人来到一个国家准备做黄金生意。

为了表示对国王的敬意,商人拿出三个一模一样的金人准备作为礼物进贡给国王。

三个金人,栩栩如生,惟妙惟肖,国王看了非常喜欢,爱不释手。

但是,商人提出了一个要求:"国王,如果您能区分三个金人哪个最有价值,那么这些都是您的。如果不行的话,我会离开您的国家。"

"没有如果,我肯定能解决这个问题。"国王打断了商人。

商人说:"好吧,期限是一个月。"国王点了点头,他便离开了。

商人走后,国王左看右看,都觉得三个金人没什么不一样。

国王叫来了大臣,使用了很多办法,又是称重,又是检验,但最终,依然没有一点头绪。

眼看期限快到,国王有些坐不住了,他生气地自言自语:"泱泱大国,难道连这点本事都没有吗?以后如何立足!"

国王下令,凡是验出三个金人价值的,赏金万两。

最后,一个老头揭令,他说:"如果能见到三个金人,很快就能分出哪个最有价值。"国王派人将老人请进宫里。

在满朝文武官员的注视下,老人仔细查看了金人,发现耳朵有个小口,便向国王要了3根很细的银丝,将银丝从耳朵小口中穿了进去。

很快,人们就都看到了结果:第一根银丝从另一端耳朵里出来;第二根从嘴里冒出来;第三根没有动静,像是进了肚子。

老人哈哈大笑,指着第三个金人说:"最有价值的,就是这个金人。"

期限到了,国王把答案告诉了商人,商人表示赞同,并称赞:"不愧是泱泱大国,人才辈出。我以后就在贵国做黄金生意,并且我每年都会进贡物品。"

上天给了我们两只耳朵,却只有一个嘴巴,就是要多听少说。沟通最为有效的方式，并不是自己尽心竭力地表达，反而要收敛自己所有的言语，当对方有所倾诉之后，其实已表达了对自己的信任，也传递出全部的信息内容，我们也已经实现了沟通的目的。

作为一个管理者，你若想和员工实现有效的沟通，必须会使用多样的沟通方式，必须要善于运用你的耳朵，去倾听来自员工的声音，而不能仅仅只是把自己看做一个话语权威的发布者，将沟通变成简单的命令发布，否则沟通的效用就会大打折扣，甚至会失去应有的作用。

分享，可以让你成为员工的朋友

沟通本身就是一个分享的过程，通过沟通，使对方能够了解彼此所获取的信息，通过沟通，使得对方了解到自己所持的观点和态度。两个独立的人，因为沟通而产生联系，更通过沟通，可以形成共同的认识和团结的力量。

分享又是我们生活中的一个重要部分，和爱人的分享，和朋友的分享，和家人的分享，为他人感到牵挂，寄托彼此的情感，也使自己有更多依附，我们的生活因此而感到充实和快乐。

我们的工作也同样需要分享，我们不仅需要分享彼此的信息，我们也需要承托这份信任，当能够像家人一般看待自己的同事与领导时，在这种氛围中工作的员工，就可以寻找归属感，寄托信任，从而更加努力地工作。

在管理沟通之中，要能充分利用好分享的作用，分享可以让领导与员工之间的联系更为紧密，分享可以让员工找到更多的归属感，并对他们形成最好的激励而愿意付出更多的努力。正因为分享如此重要，我们尽可能多地利用分享，并建立起分享的可能，只有当领导能与员工融为一体之后，才能起到最为有效的沟通效果，也能促生最大的效率。

一个制造企业聘请了一位有管理专长、但在技术方面却并不是很擅长的人担任管理者。

因此，厂里的员工对新任厂长并不服气，认为他并不了解业务，对于他所提出的新的管理方案也不配合，甚至在生活中都不愿与他接近。

面对这一情况，这位新厂长非常担忧，经过深思熟虑之后，他想出了自己的应对策略。

下班后，这位新厂长就会经常带一些小礼物，到两位主管家里拜访，和他们成为朋友，和他们及家人谈天说地，偶然也会谈论工作上的一些事情。

两个月后，两位主管也开始时时在周末时候，到厂长家里拜访，喝茶，聊天，也会报告一些厂里员工的情况，并对一些问题发表出自己的看法，逐渐地，新厂长就对厂里的情况越来越了解了。

半年后，新任厂长和主管取得了更多工作上的共识，他们几乎成为了无话不谈的朋友，这显然对他们工作的开展非常有利，新任厂长对自己工作策略进行了及时的调整，也开始进行逐步的实行。

接下来，在上下班的时候，厂长经常会在厂子里四处走动，看见谁都会主动热情地打招呼。

看到车间的王组长，他就说："嘿！听说你儿子功课特棒，他的脑袋一定跟你一样聪明。"

"嗨！李秘书，我看见过你的男朋友在门口等你，他好帅好高！今天他来吗？"

中午时，新厂长还经常和大伙儿一起用餐，有时还讲一些他和两位主管在一起的笑话。

没过多久，这位新厂长也就不"新"了，大家最终接纳了他，他的管理策略也得到了很好的执行。

这位新上任的厂长是一个聪明的领导者，当他遭遇被排斥的情况之后，他巧妙地使用了一个计策，就最终解决了这个难题。他选择使用的方式，就是交流和沟通，他利用业余的时间，建立起与自己直接联系两位下属的沟通渠道，通过逐渐地沟通，逐步去建立彼此间的信任，通过这些信任，去争取工作开展的有利局面。在情况有所改善之后，最终与下属建立紧密的联系，通过分享生活中情感的一些内容，使得属下打消了那份陌生的隔膜，接受了他，也为工作的最终开展打下了坚实的基础。

沃尔玛公司总部设在美国阿肯色州本顿维尔市，他的股东大会是美国最大的股东大会。

公司总裁山姆·沃尔顿说过："如果将沃尔玛管理体制浓缩成一种思想，那可能就是沟通，它是我们成功的真正关键因素之一。"

山姆·沃尔顿还非常注重让员工了解公司业务进展，与员工共享信息，是让员工发挥最大能量的重要途径，是与员工沟通和联络感情的核心。

为保持信息渠道通畅，每次股东大会，公司都会组织尽可能多的商店经理和员工参加，尽可能多地让他们看到公司全貌。

每次股东大会结束后，山姆·沃尔顿都会和妻子邀请所有出席会议员工约2500人到自己家里举办野餐会，在野餐会上大家一起聊天，畅所欲言，讨论公司的现在和未来。

经过股东大会，公司领导层也全面收集了来自不同岗位员工的想法和意见，进行总结，并有效指导自身工作的开展。

同时，沃尔玛公司的每一个店面经理，也要定期向店里员工公布该店的利润、进货等各种信息，以此鼓励他们争取更好的成绩。

沃尔玛正是通过交流和共享信息，适应了员工沟通与交流的需求，促使员工产生责任感和参与感。他们意识到自己在公司的重要性，感觉到被尊重和信任，最终积极主动地去争取更好的成绩。他们通过有效地沟通，凭借这些建议制定最为合理的管理方式,通过沟通,他们的工作关系也得到极大改善,人们能够以信任的态度去看待彼此在工作中的位置，也许这才是沃尔玛管理思想的根本,也是沃尔玛取得这么巨大成功的秘密所在。

沟通对管理的意义是显而易见的，企业发展的整个过程必须依靠沟通。可以说,如果一个企业没有实现全面、顺畅的沟通的话,那么企业管理者就难以发挥积极作用,更谈不上灵活应变与内部协调了。合格的管理者,能够认识沟通的巨大作用,并有效利用沟通;作为优秀的管理者,更会积极去探寻所有有利于沟通的可能,"分享"无疑是其中最富有艺术性的一种方式,认可下属工作的重要,并且向对方敞开自己的怀抱,最终就会取得有利的结果。

要重视反对者的意见，
它们的作用更为显著

沟通之中,不可能不遭遇反对意见,或者说,沟通本身就是为了寻求不同的意见,如果只是寻求相同意见,就失去了沟通所拥有的最初意义。

不过,对于反对者的意见,相信没有人乐于接受,因为他意味着对自己判断的一种否定,或是对自己所持意见的一种不同,遭受否定与不同之后,必须去努力进行调整与反思,才能使自己再次回归正轨,而这又是一个无比痛苦的过程。

但关于反对者的意见内容,往往又会形成非常有利的结果。不同意见的提出,正是成为自己一个最为有效的参照,在对比之中,看出自己的优势与不足,或是自己考虑是否全面,有了一番比较之后,才能对自己的决策与最后的结果,有更为有利的把控。同时,反对意见的提出更是对自己最为有利的锻造,只有经过这些反对者的意见考验，才能使自己的判断能力不断增强，考虑问题也越为全面。如果自己只是谨小慎微地对所有反对意见都采取回避态度的话，那最终就不可能取得进步和改善。

作为一个管理者，应该以客观的态度去对待自己所遭遇的不同意见，从中寻找到有利的因素，以做出及时的调整，促进工作的开展，不能因为一时情绪的因素，而对相应内容进行一概否定，并对建议者进行惩罚，这样就失去了一个管理者所应有的公正。

作为优秀的管理者，更会以积极的态度去面对所有不同意见内容。他们会舍弃掉对自我的保护，将自己完全袒露于舆论与评判之中，舍弃掉情绪的干扰，而从中寻找最为有利的观点，最终得到的是政策的调整，也是自身的进步，同时，也展现出自己超人的气魄与卓越的管理才能。

汉高祖刘邦就个人能力而言，正如他自己所说，并不是太强，但他有一个极为突出的优点，那就是能够听取别人的批评意见，这点与霸王项羽非常不同，项羽太过刚愎自用、唯我独尊，也许正是因为这样的区别，才有了两人事业成败的不同。

秦末，刘邦率军攻入咸阳，推翻秦朝统治，刘邦进入秦宫后，看到宫殿高大雄伟，美女、珠宝不计其数，心中产生羡慕，想要全部据为己有。

这时，大将樊哙劝止刘邦，刘邦不悦，谋士张良对刘邦说："秦王所以不得人心，最终失去天下，原因就在于穷奢极欲。如果您刚入秦宫就像秦王那样贪图享乐，岂不坏了大事？樊哙的话可是忠言，忠言逆耳利于行，良药苦口利于病，您还是听樊哙的吧！"

刘邦有所感触，最终采纳了樊哙的意见，接着刘邦又废除秦朝苛法，同时约法三章："杀人者死，伤人及盗抵罪。"不仅分毫未动秦宫财宝，而且撤守灞上，深得秦人拥护。

《道德经》曰："信言不美，美言不信。"意思是真实的言辞不华美，华美的言辞不真实。接受不同的意见，是需要勇气的，如果总是听不进去不太中听的话，那这个人就不可能成长和有所进步。

纵观我国历史，凡是成就突出的人，大都勇于接受批评意见，他们能够从善如流，能够吸取众人的智慧，避免自己失误，从而成就自己的事业。刘邦所以能够以弱胜强战胜项羽并取得天下，在故事之中我们不难看出他虚怀若谷的精神，和诚心接受别人批评的大度，这正是个体和组织得以健康成长的重要品德。

相比较项羽放火焚烧阿房宫，乌江自刎，坑杀20万降兵，不难看出他性格的刚烈，欠缺包容，而这也许是他最终没有成就霸业的原因。纵使他在巨鹿之战中大败秦军主力，却也在楚汉之争中最终失利。

林肯的陆军部长史丹顿就曾骂过林肯是个该死的傻瓜。

林肯一次为了讨好一个自私的政客，签署一道命令，转移某些兵团。史丹顿看到后，拒绝执行，还大骂林肯竟然会有这种命令，简直是"该死的傻瓜"。

有人忙不迭去报告总统，而林肯却平静地说："如果史丹顿说我是'该死的傻瓜'，那么我一定就是，史丹顿一向是对的。我过去看看是怎么回事，我要知道究竟错在哪里。"

林肯去找了史丹顿，史丹顿告诉他为什么这道命令错得离谱，林肯最终撤回了命令。

从这个事仲中，可以看出林肯是一个多么宽容进取之人，只要批评是出于善意的，并且言之有理，即使冒犯了自己的尊严，他也会虚心接受，因为在最为优秀的管理者耳中，它的作用比赞美还要伟大。

员工寄希望于领导，不只是对个人生活关心，还希望领导能广开言路，倾听和接纳自己的意见与建议。而有些人只简单把"人和"定义为不吵不闹，没有反对意见，开会一致通过等表面现象，忽略了问题冲突对事业发展的积极意义，也缺失了众人智慧的支持，在自己的狭隘之中，仅仅延续着这种表象的和平。

"人非圣贤，孰能无过"，工作失误在所难免，个人不足，是每个人都会面对的情况,并且智者只对值得批评的人才会提出批评意见,而对不值得批评的人一般会选择沉默。这正是对自己工作的有利促进的机会,完全不应错过,而将所有内容拒之门外。

甄别人言真假,
才能使沟通起到应有的作用

沟通过程中,我们一定要能甄别出他人言语的真假。不能鱼目混珠,一概接受。如果我们选择完全信任,其中的谎言,可能就会让我们遭受不必要的情感或经济的损失;我们也不能选择完全不信任,如果拒绝一切信息,自己就会陷入封闭,沟通也就失去应有的作用。

对言语的甄别能力,就是对一个人阅历与判断能力的最好考验,只有对生活有着丰富阅历,并且能够观察生活和思考生活的人,才能甄别出言语的真假,挑选出那些能够信任的人,来给自己的工作提供最大支持,沟通的方式也能为他们所有效应用,从中获取最有效的内容,也可以展现出一个人智慧的深邃,和对生活的理解与掌控。

在管理之中,沟通信息的甄别,显得尤为重要。市场竞争激烈,各种信息混杂其中,有些是别有目的的陷阱设定,有些却是因各种误会所导致的错误信息,作为优秀的管理者,必须在自己的沟通中,去鉴定出人品的优劣,去辨认出信息的真伪,只有这样,工作才得以顺利开展,沟通也才具有意义。

我们应该寻求甄别方式,比如我们会考核我们的员工,建立历史信用的档案记录,并把它作为品性判断的依据;我们也可以对我们的信息,特别是一些关键信息,进行必要的审核,以确保我们能获得准确而及时的信息内容。

这一甄别的能力,有赖于自己的锻炼与反思,只有不断实践,才能使自己具备一双"火眼金睛",只有不断反思,比较其中的不同,才能使自己分辨出其中的区别。最终,伴随不断成熟,也必然能彰显出一位优秀领导者所具有的卓越的沟通与判断能力。

老洛克菲勒在家中和小孙子玩得高兴,小孙子在屋里跑来跑去。

老洛克菲勒把孙子抱到窗台上,鼓励他向下跳,小孙子纵身一跃,洛克菲勒在下边接住了他。

又一次将孙子抱上窗台,并且再次鼓励他往下跳,并做出伸手接他的动作,小孙子有了上次经验,觉得好玩,毫不犹豫地跳了下来。不过这一次,老洛克菲勒突然收回双手,小孙子"乒"的一声摔倒在地板上,痛得失声大哭。

一位朋友这时正好来找他,目睹此情此景,非常惊讶,走上前询问为何如此对待自己的孙子。

老洛克菲勒笑着说:"我想让他从小就知道,任何人的话都不可轻信,包括自己的爷爷。"

洛克菲勒把自己一生纵横商界所得出的为人处世之道,以简单明了的方式进行阐述,实在令人震惊而钦佩。

在常人眼里,老洛克菲勒教育孩子的方式也许有些不妥,但他所阐述的内容,却能带给我们深深的警示。相信这个孩子在有过这样的经历之后,一定能对任何的言语都有所甄别之后,才去决定自己的行为,显然他已经能够对自己的行为承担更多的责任,虽然他经历了一次摔打的痛苦,但却可以避免今后在人生中因为轻信他人而犯同样的错误。

在中国人的文化之中,只要考虑对方有益,就可以不用限制言语的真假,并且性格中多有包容,对于一些小的失误也都能够以平常心看待。在这种环境氛围之中,出现一些因为个人情感或一时利益考虑而出现的谎言也就在所难免,因此我们应该认识到自身的这种文化背景，理解它所产生的原因，从而从中，有利于分辨出真假。"害人之心不可有，防人之心不可无。"但是，同时我们也要能给对方以信任，不要去怀疑每个人，对每个人的话都进行拒绝，那么自己就可能变成一个怀疑论者了，最终也不能融入到社会之中。

宰相晏婴去世后，再无人能当面指责齐景公的过失，更没人敢直言不讳和他说心里话了，对此，齐景公感到非常无助。

一天，齐景公宴请文武百官，散席后，一起到广场射箭取乐。

当齐景公射出一支箭，不管射中没有，中没中圆心。旁边的人都会高声喝彩："好呀！妙呀！""大王箭法真是厉害啊。"听在心里，齐景公却很不高兴。

事后，齐景公与臣子弦章谈起这些事情，抱怨臣子不务正事、只知拍马屁逢迎。

弦章对景公说道："其实，这事也不能全怪臣子，古语云：'上行而后下效'，君王喜欢什么，群臣就学什么；群臣向你奉承，也就说明平时你喜欢奉承。"

听了弦章的话，齐景公若有所悟："对啊，是我一时疏忽才造成今天的局面啊，一切情况都是从我这里开始的。"

为感谢弦章，齐景公派人送来一些珍贵礼物，准备赏赐。

弦章摇头没有接受："喜欢奉承大王，正是为得到赏赐，如果我接受赏赐，那么，也就没有什么区别了。"

自此，齐景公非常信任弦章，经常交流，及时检讨自己的言行过失，成为一个开明君主。

如果不能甄别下属言语的真假，只是听那些自己愿意听的，而忽略了它所代表的现实情况，那可能就不会对管理形成促进，齐景公明智之处就在于，认识到真言的作用，并去积极寻找。现实生活中有许多相似的情况，这个故事可以给我们很好的启示。

对于言语的忠诚，领导以身作则也许就是一个最好的方法，如果自己能够开明纳谏，那相信，下属也会积极主动将最真实的情况反映上来。

　　沟通是生活中我们每天都会进行的行为，也许因为太过平凡，所以许多人忽略了它，而管理之中的内容，又可以为我们有一个很好的提醒。去认识沟通，积极面对沟通，尊重双方的平等，同时注重以灵活多变的方式，寻求最为有利的表达方式，对于反对者的意见也能够虚心接受，并能甄别人言的真假，具备这些能力，相信对我们的沟通工作会有很大的帮助，一个交流顺畅的公司，也就必然有更强的凝聚力。

第 8 章

舍与得的留人课：

真诚地对待下属是留住人才的有效方法

　　企业用人、留人，对管理者而言是最难的一门课程。对于人才的挽留，需要我们以更超脱的眼光看待人才的作用与位置，才能保证他们寻找到合适的位置，发挥出充分的效用。把握现在、突破常规限制、尊重人才、以自身实力去吸引人才、真诚地去挽留人才、为人才创造最好的工作和生活环境，相信这些内容，为我们挽留人才会提供出最好的参考。

不要等到失去才懂得珍惜

"抓住今天,才能不丢失明天",这是流传在菲律宾的一句谚语。

很多时候,我们总是喜欢将自己的眼光留意过去,离去的人,逝去的事,望向别处的时候,我们却忽视了身边的人,今天的事情。我们总是喜欢去追寻一些已经得不到的内容,却学不会珍惜今天的所有。殊不知,得不到的,未必是最好的,而身边的人,又未必是最差的,也许感觉像左手握右手一样,给不了自己激情,我们就失去了关注,但其内在却也蕴涵闪耀的品质。

学会珍惜今天的人,他们是快乐的,他们每天都沉浸在今天所带给自己的欢乐中;与懂得珍惜现在的人在一起相处,也是轻松的,因为他们懂得对彼此的尊重;学会珍惜今天的人,是最有效率的行为,无论是对历史的回忆,还是对未来的向往,只有今天的好好把握,才是最有价值的。

管理中人才最为重要,人才是团队的根本,没有人,团队也就无谈建设,一个优秀领导的管理能力,就体现在对人才的驾驭上。我们尊重人才,认识到人才的重要性,特别是对于一些灵活多变的企业,思维开阔的人才就显得更是不可或缺,我们接纳人才,寻找人才,分析每个人才的特点,寻找他们的长处,同时也清楚他们的不足,从而有的放矢,进行有效利用,安排在适当的岗位,完全释放出个体身上所具备的潜能。

在人才的驾驭中,对人才今天的把握就成为最为重要的内容,越优秀的人才,也就有越为强烈的独立性,有些人也许觉得他们会很难应付,但是我们一定要看到,这些人才背后,会带给自己企业完全不同的发展空间,我们理解他们,尊重他们,在双方的合作中寻找出最佳的平衡点,最终,才能在彼此的信任中,展示出他们的才华,取得最为有利的结果,也彰显出一个领导者卓越的驾驭能力与包容气势。

春秋时期,一匹千里马长到可以骑乘的年龄,但主人却让它装载食盐在太行山上行走。

千里马四蹄伸直,膝盖弯曲,尾巴下垂,皮肤也有溃烂,口吐白沫,汗水淋漓,到了半山坡上,使劲挣扎着,但因为负担沉重车辕,却怎么也拉不上去。

这时,伯乐坐车从旁边经过,看到这种情景,急忙从车上跳了下来,攀扶着千里马痛哭起来,并脱下自己的粗麻布衣服盖在千里马身上。

伯乐为什么哭泣?

千里马能日行千里,致远是它特性,负重却是牛的特性。用千里马拉盐车,又怎能发挥出它的长处呢?看到千里马使用不当,对于爱马如命的伯乐来说,又怎能不感触伤心呢!

千里马低头长长喷了一口气,突然抬起头来高声嘶鸣,声入云霄,好像金石抨击一般铿锵有力。

洪亮,又是什么原因?

那是因千里马今天终于见到了伯乐!

如果询问一个人,人生的目的是什么,他也许会思考,物质的享受,精神的愉悦,但也许对自身能力的一个充分展示,会成为我们生活最为重要的内容,因为没有什么内容能够比体现出自我价值显得更为重要。

把握人才的今天,就需要发掘下属的能力,虽然没有确切的意识,但在领导者心中就已经能对人才的特点与能力有明确判断,再将他放在最适合的位置上,他就会充分施展出自己的才能。对于人才最好的尊重,就是让他发挥出今天的效用,也许这才是"知遇之恩"的真正内涵。

在 18 个诸侯中,项羽最忌讳刘邦,把他远封偏远的巴蜀和汉中,他手下的兵士却总想回老家,每天都有人开小差逃走。

有一天，忽有人来报："丞相逃走了。"

汉王急坏了，感觉突然被斩掉左右手一般。第三天早晨，萧何又回来了，汉王见了，又气又高兴，责问萧何："你怎么也逃走？"

萧何说："我怎么会逃走？我是去追一个逃走的人。"

汉王又问："追谁？"

萧何说："韩信。"

韩信是淮阴人，追随项梁，后又跟项羽，未被重用，最终投奔汉王。

韩信到了南郑，依然不被重用，一次因为犯法，险些被杀，幸被夏侯婴所救。

夏侯婴看韩信是条好汉，多有推荐，只是做个管粮食的官。

后来，丞相萧何见到了韩信，交谈之后，知他能耐不小，很是器重，几次三番劝谏汉王，但未被接纳。

韩信知汉王不肯重用，因此找机会也就溜走，萧何听说后，急得跺脚，亲自骑快马追赶，追了两天，才把韩信追回。

汉王听说追的是韩信，生气地骂萧何："逃走的将军有十来个，为何单单追韩信？"

萧何回答："韩信那样的人才，举世无双。大王要准备在汉中待一辈子，那就用不到韩信；若要打天下，就非他不可。一切看大王选择。"

汉王沉默片刻说："我当然要回东边去。"

萧何说："大王要争天下，就赶紧重用韩信；不重用他，韩信早晚要走。"

汉王说："好吧，就依你意思，让他做个将军。"

萧何说："叫他做将军，还是留不住他。"

汉王说："那就拜他为大将吧！"

萧何很高兴："还是大王英明。"

汉王让萧何把韩信找来，就要立刻封将。

萧何直爽地回答："大王平日不大注重礼仪，拜大将可是大事，要择个好日子,隆重举行。"

汉王说:"好,都依你。"

拜将仪式之后,接见韩信,说:"丞相多次推荐,将军一定有好计策,请将军指教。"

韩信谢过汉王,详细分析楚汉双方局势,认为汉王发兵东征,一定能战胜项羽。汉王听后十分高兴,只后悔当初没早点发现这个人才。

人才不为管理者所发现,便会选择沉默或是离开,而作为优秀的管理者,却能发现其中所蕴藏的契机与自己可能的损失,正如萧何追韩信的典故一样,萧何所追回的,是管理者刘邦的一番事业。

在自己的管理中,必须能够发现人才,并给他们最为合适的位置,正如拜韩信为大将一般,我们才可以挽留人才,也让人才发挥出自己卓越的贡献。

要有人才意识，
树立爱惜人才的好名声

"名声是一座活动的桥梁,可以令人飞渡深渊,而迈向成功。"这是巴尔扎克的一句名言。

名声重要,他是一个人在群体中认可程度与威望的象征,在一个人名声的影响下,人们会决定对他采取的态度与接触行为。我们希望自己有个好名声,这样就会从别人那里获得信任和支持,我们希望对方能有个好名声,这样就不用有更多的质疑与试探。正因为名声如此重要,我们每个人都会尽心努力去建立并维持自己在群体中的声望。

对于一个管理者而言，必须要认识到人才的重要，特别是对那些有霸业雄心的管理者而言，优秀而卓越的人才，就显得更为不可或缺。重视人才，爱惜人才，重用人才，才是一个优秀管理者所最应树立的声誉，也是他视野开阔，胸襟坦荡，胸怀天下的最好证明。在自己爱惜人才的名声的传播之下，社会各路人才必然会蜂拥而至，认可他们的才华，并寄托以信任，给他们充分施展的空间，才是一个管理者最应履行的职责。最终，借助众人之力，成就自己的一番宏伟霸业。

管理者，就是在得失之间取得最美妙的平衡，在未来的发展中获取最有效的成绩，人才的智慧与决断，总可以让自己的事业取得飞跃发展，正是因为能看透这其中逻辑，才会去爱惜人才，挽留人才。作为领导者，要舍弃态度的一份随意，舍弃一时认识的狭隘，行以尊重，担以重任，才能获得自己霸业的一番成就，也可成就自己流传千古的任人用贤之名。

秦穆公是个非常开明的君主，有气度，有毅力，善于搜罗、使用各种人才，他挖空心思，招揽天下贤能，并给他们提供一个表演的舞台和机会，发挥所长，为秦国的发展，跨进春秋五霸之列，并为后来一统天下，打下坚实的经济与军事基础。

秦穆公任用的第一个大能人，叫做百里奚，是秦穆公用五张羊皮赎来的奴隶。

百里奚原来是虞国人，虽饱读诗书，满腹经纶，但却不被当局者所重用，元前655年，晋国灭掉虞国，他拒绝在晋国做官，被晋国充做奴隶（媵人），在穆姬嫁给秦穆公时，陪嫁到秦国。

百里奚在去秦国途中，逃回楚国，楚国国君楚成王听说百里奚善于养牛，就让百里奚为自己养牛。

秦穆公是一位胸有大志的国君，听说百里奚是人才，就想重金赎回百里奚。谋臣公子絷说："楚成王一定不知百里奚的才能，才让他养牛。若用重金赎他，不就等于告诉他百里奚是千载难遇的人才吗？"

秦穆公问："那我如何才能得到百里奚？"

公子絷回答："可以贵物贱买，用一个奴隶的市价，以五张黑公羊皮来换百里奚。这样楚成王就不会怀疑了。"

百里奚押回秦国后，秦穆公亲自接见了他。

百里奚说："我是亡国之臣，哪里值得国君垂询！"

穆公说："虞君不用你，才使你被掳，并不是你的过错。"

秦穆公亲自解除了他的奴隶身份，与他商谈，讨教国家大事，一谈就是三天，大有相见恨晚之感。穆公十分高兴，要拜其为上大夫(上卿)，委以国政，百里奚坚决辞让，推荐自己的好友蹇叔。

最后，秦穆公将蹇叔请来秦国，让他和蹇叔一道做秦国的上大夫。因百里奚是秦穆公用五张黑公羊皮换回来的奴隶，故世人称百里奚为"五羖大夫"。

百里奚郁郁不得志，年近七十才为穆公所接纳，拥有施展才华的机会，而秦穆公也因发掘出百里奚这样的人才而具有威名。求贤若渴，担以重任，当世人能看到君主有这样的气魄与雄心时，又怎能不崇拜他、归顺他，人心所向处，自然是天命所依，秦最终能够一统天下，也许正与他用人识才的这份威望紧密相关。

三国时期，天下纷争，却也为各路人才施展才华提供广阔的舞台，凡可成就一番事业者，都不能与背后人才脱离干系，而其中最为重贤用才之人，恐怕就属曹操。关于他不计前嫌，重用人才的故事有许多，这些故事充分展示出他胸襟的开阔与性格的包容，也许这也是他成就一番伟业所最需要的品质。

陈琳是当时"建安七子"之一，曾写一篇檄文，历数"操之罪"，还把他的祖宗三代都骂了个狗血淋头。文章传到许昌时，曹操正因头痛卧床，看了檄文又惊又怕，"毛骨悚然，出了一身冷汗。"曹操从此对陈琳这个人恨之入骨。

官渡之战，曹操生擒袁绍手下陈琳。但曹操却没有感情用事，一刀杀之，以泄私愤，他认为陈琳有才气，杀了可惜，下令"赦之"，并"命为从事"。

正是这种"宰相肚里能撑船"的威名，使曹操笼络到了许多优秀人才，为最后完成统一北方大业，奠定了最为坚实的基础。大凡成就事业者，都具有宽容他人之量，因为他们明白不计前嫌是求得人才、留住人才的关键。如果只是心胸狭窄,无容人之量,那恐怕只能把自己及事业送上绝路。

领导者,所应追求的是自己的事业目标,对于目标的实现,这些人才的作用就显得最为重要,得道多助,失道寡助,而这一道之根本,也许就在于人才的使用。如果能突破自己的局限,放下自己的一时利益考虑,从长远发展去追寻自己的目标,那我们可能就会树立起一个使用人才的好名声,人才归之,人才用之,最终也能显示出这个人卓越的管理能力与宽阔的视野。

尊重可以架起领导与员工
之间沟通的桥梁

"要尊重每一个人,不论他是何等的卑微和可笑,要记住活在每个人身上的是你我相同的灵魂。"这是叔本华的一句名言。

每个人都需要被尊重,被对方认可自己的能力与人品。被认可自己在群体中所具有的角色与地位,无疑可以带给一个人最大的享受。正是因为这种尊重,生活工作之中,我们可能会付出更多的努力,去追寻这份荣耀的获得。

反之,如果不能为对方所尊重,那后果就会变得不同。任凭自己付出怎样的努力,却总不能获得认可,自己寻找不到群体内的身份,总是有种不安定的感觉,如果自身能力与人品总是得不到认可,也会心怀怨念,最终,在所有情绪的影响之下,就会破坏掉彼此的信任,而不再有任何发展的可能。

作为管理者,在自己的管理活动中,要是不能认识尊重的作用,让对方感受到发自内心的真诚,让下属能认识到自己的能力和在群体中所作出的贡献,缺少这份信任,那么,下属的才干也得不到充分发挥。

对于人才的利用,我们要舍弃传统之中的忽视态度,不能简单以合同的方式强制挽留,或是仅仅把工作关系看做是利用与被利用的关系,这样的方式不能留住那些有用的人才,也不能体现出管理者所拥有的智慧与性格涵养。尊重人才正是挽留人才的最好方式,认可对方的作用,让对方感受自己是不可或缺的,这样才是最好的处理方式,也能显示出一个领导者优秀的管理水平。

一天纪晓岚游览五台山,走进一座寺庙,方丈把他上下一打量,看他衣履还算整洁,仪态一般,便招呼一声:"坐。"吩咐一声:"茶。"意思是倒一杯茶水。

寒暄几句后,知是京城来客,赶忙站起,面带笑容,领进内厅,招呼说:"请坐。"又吩咐:"泡茶。"意思是单独沏一杯茶来。

细谈之后,才明白来者是当代有名的学者、诗文大家、礼部尚书纪晓岚,立即恭恭敬敬地站起,满脸堆笑,请进禅房之中,连声招呼:"请上坐。"大声吆喝:"泡好茶。"

他又迅速拿出纸笔,请纪晓岚留下墨宝,以荣耀禅院。

纪晓岚提笔一思,一挥而成,是对联一副:坐,请坐,请上坐;茶,泡茶,泡好茶。

方丈看后,万分尴尬。

方丈是一位势力之人,对不同的人,有不同的对待方法,这也是纪晓岚对他感到不满意的原因,最终在提笔留字的时候,巧妙通过一副对联,表达了自己的不满,方丈因此而感到惭愧。

方丈不足之处,正在于对对方的尊重,如果因为对方财富地位的不同,而以不同态度对待的话,那可能就失去了尊重的意义。尊重来源于一个人的人品和能力,如果缺少了稳定性,就会不为人所信任,反而会成为自己性格展示的一个笑话。

松下电器是日本最大的家用电器生产商之一,其子公司遍布全世界,素有"松下电器王国"之称。松下取得如此辉煌成绩,和他的经营有道是分不开的,尤其是松下独到的留人体制对公司发展起到了至关重要的作用。

松下公司一直认为,任何公司要想创造非凡业绩,都离不开全体员工的共同努力、协同进取,因此在管理过程中,重视员工,尊重员工,并想尽一切办法去留住优秀的人才。

松下发展到拥有1400人规模时,曾经出现管理的瓶颈问题。因松下旗下工厂尚未相对独立,管理者仍不敢大胆决策,事事汇报,由于责权划分不明,最终管理低效。

松下本人反省自咎:伴随规模的扩大,各工厂管理不能完全由自己一个人来完成,而必须下放自己的权力,作为自己的下属,他们了解自己的岗位和职责,并且能够充分信任,所以应该拥有更多的经营决策权力。最终,他想到了"事业部制度",实际上是一种分权经营方式,部长对客户负责,厂长对部长负责,员工对厂长负责。每个事业部都是独立实体,但合起来又成为一个大的企业。

最终结果证明,这一策略是有效而正确的,正是通过有效授权,提高了生产效率,通过对员工的尊重,最大程度激发了员工的热情,也使自己得以度过发展的瓶颈。

松下公司有效权力下移实际就是充分用人留人的举措之一。优秀人才不需要任何申请,将自己的新想法及时地实施到行动中去,可以体现自身的价值,还会更加相信自己能为公司创造更大价值,并愿意继续努力。通过下放权力,优秀人才得到尽情发挥,并使他们能长久地留在公司。

下放权力是对下属最好的一种尊重,是对他们人品与能力的完全认可,被尊重的员工,也会更加尽心竭力地在自己的岗位上发挥出自己的效用。

员工的去留是每个管理者都会遇到的问题,对于卓越的人才而言,更是希望能极力挽留。对于这个问题,作为管理者,也许应该站在一个更高的角度看待这个问题,也许可以寻找到最为有利的方式。每个人都渴望被尊重,如果自己能够真诚地去对待每个员工,让他们看到自己的重要,并能为企业所接纳,也许这就是对人才最好的挽留之道。

给对方以施展才华的空间，
是挽留人才的最好方法

生命因绽放而精彩！

生命中，我们追求财富的获得，但财富仅是我们一个人价值的附庸；我们追求名声，但名声却只是我们能力与人品的一个评价，我们总会不断追问自己，什么才是我们生活的本质，并会因这个问题的不能解答而困苦不堪。到最后，我们才明白，能对今天进行把握，在合适的位置上绽放自己最美的生命力量，展示自己的智慧与才华，也许才是我们生活中最重要的内容。

对于最为卓越的人才，他们不会为一般的名利所限制，他们一般都以寻求自我价值的最大实现为目标，所以对于他们的挽留，给予其施展才华的机会，就变成最为有效的激励方式，也是最强有力的手段。

对于这样的人才，每个管理者都渴望拥有，因为他们身上的智慧已经超越常人的极限，甚至在他们身上会背负着历史的使命，而所有这些，对于企业发展都有着至关重要的作用，这样的智慧，可以让企业获得他人所不能及的掌控能力，这样的使命，可以将企业发展带到前所未有的高度。

作为一个优秀的领导者，他的使命是带领自己的团队，去开创前所未有的业绩，他一定要能突破传统按部就班的观念约束，展现出力挽狂澜的大气与气魄，不拘一格降人才，寻找到最为优秀的人才，并把他们任命在重要的位置上。

舍弃静止，给企业带来激情，舍弃遵从，富有开创的精神，舍弃怯懦，要有迎面而上把握机会的能力，只有在市场竞争中游刃有余，才能最终展现出自己卓越的管理艺术。

拿破仑是法国最为杰出的军事家、战略家,他一生南征北战,取胜无数,战功卓著,创立法国历史上最为辉煌的拿破仑帝国。

拿破仑之所以能取得如此巨大的成功,与他敢于破格提拔人才有着密切的联系,得益于一大批优秀青年将领对他的支持。在任用将领时,拿破仑坚持的原则是,"勇气过人"、"足智多谋"、"遵循兵法规律与自然法则",当然最好的一点是"年轻有为"。

拿破仑曾说:"将领就是一个军队的象征,任用年轻将军,就等于拥有了一支年轻的军队,这支军队会有狮子般的力量。"

拿破仑手下的名将马尔蒙,26岁任炮兵司令,27岁任军长和炮兵总监;达乌,28岁,远征埃及的骑兵指挥官;苏尔特,25岁任准将,30岁时晋升少将;奥什,25岁任准将,29岁任命集团军司令;乌迪诺,34岁任步兵总监。

除贝蒂埃元帅外,绝大多数都是年轻人,有这样一支军队支持,拿破仑才能实现所向披靡的战争神话。

军队管理中,领导者应该认可有真才实干的年轻人,大胆提拔任用,因为他们有着勇往直前的勇气,而不应该局限于按资排辈,让年轻人的性格变得不再锋锐,渐渐失去活力,因为失去这种力量,军队战斗力会因此下降。

在企业的管理中,年轻人也许没有长者的智谋与深沉,但他们却有着突破的精神与拼搏的勇气,这也许可以成为企业取得突破的关键因素。一个有魄力的领导者,要敢于破格提拔这些有能力的年轻人,越早提拔对企业越有利,也可以使他们在实践中更快成长,可以为企业服务更长时间,带来更大的效益。

对于员工才华的发挥,我们看到今日的有效利用,同时还要有长远的未来发展规划,只有有效地解决好未来这个发展问题,才能更久远地挽留企业的员工,才能让员工在不断的发展中发挥出越来越大的效用。

朗讯科技公司于1994年正式成立,总部设在美国新泽西州,是全球最大的通信设备制造商，拥有员工超过 3500 人。

在朗讯的管理思想中，企业能否赢得人才忠诚的关键，在于能否为人才创造机会，他们如果能拥有一个有成就感和自我实现感的职业前途，那么他们自然就会留下来。

管理者深知，人才经常会反省：根据自己的技术、能力、知识、天赋以及理想，在这个组织中是否达到自己应有的成就？现在的工作状况又是否会妨碍自己的成长？这种期望与现实的匹配性表现得非常强烈，不能满足人才的这种需要，往往会失去优秀人才，至少会导致人才献身精神越来越差。

了解到员工的需求，朗讯公司特别帮助员工设计职业生涯，而不是进行消极处理。委派专人，负责询问员工的职业生涯打算，还尽量帮助员工实现。其中一个叫 Rosemary Don 的人，他的职责就是问每位高级职员有何期望，然后制订一个计划帮助他们实现。每一位公司副总都会与高级人才座谈，探讨如何能有利于人才发展。

Don 是位管理行为学博士。作为高级管理人员，她认为，这表明了公司的**诚意**，也会让员工感受到自己是受到重视的，这些都是金钱所不能解决的问题。

Don 还为人才提供了各种机会，如参与涉外业务、加入业界联合等，这样的目的在于提高人才的业务能力，发挥其创新精神，提高他们的积极性和主动性。这些对企业来说非常重要。

对于管理行为会因每个管理者的认识而呈现不同，如果认为企业和员工双方紧密联系、不可或缺，那在此认识指导下的管理行为，就会有更多的信任与激励手段，为员工争取到最好的发展机会，就是对企业最好的促进，而这也能最大程度地挽留住企业的人才。与其他挽留人才的方式比较，不得不承认这是一种更富有智慧的留人策略。

挽留人才，不是仅仅把所有有用的人才都保留在自己的部门之内。人才没有发挥的空间，也就失去了应有的意义，并且人才只有在展示自己的过程中，才能发挥出积极的效用,否则也不能说重视人才。企业发展需要人才,也为那些卓越的人才提供了展示的机会,舍去世俗的牵绊,承认人才,重用人才,这才是挽留人才的最好方法。

帮员工念好家里那本"经"

战场上每个人,都有奋勇杀敌的勇气,但每个人都会有后顾之忧的牵绊。最为优秀的将领,希望自己的战士能勇猛向前,但是他一定知道要解决好战士的所有顾虑,才能达到这一目的。如果能够认识这个问题,并寻求很好的方法去解决它,那么在战场上,他将获得一支所向披靡的队伍,他的士兵忠诚于他、信任他,并愿意为他施展全部的力量。如果不能认识这个问题,或是不能进行很好地解决,他的属下就会有所牵绊,甚至对自己的将领产生怀疑,若被此种情绪所掌控,那纵使你有百万雄师,也挡不住一溃而散。

商场如战场,领导者所要做的工作与一个将领所担当的职责有很大的相似性,领导者希望自己的下属能全心全意地尽力工作,为公司开创出最为优秀的业绩,就应该解决好他们的顾虑问题,帮员工念好家里的"经",体现出自己的诚意。只有对上级产生信任,才能无所顾忌发挥出自己全部的力量,否则,在最终效果上就会大打折扣,产生怀疑之后,甚至更会产生消极或是离开的念头。

现实生活中,我们必须吃饭穿衣,在物质需求得到满足之后,人们会更多地追求精神的向往,这些都是我们所要考虑的方面,我们进行工作,投入工作,自然希望能给我们的生活带来更好的改变,如果不能实现这一目的,那也许就失去了他们参加工作最初的动机。

正是在这样认识的指导之下,在领导者的管理之中,更多将下属的福利问题考虑为自己职责的一个部分,并尽其所能地为下属开创出稳定而有利的工作环境,员工在无所顾虑之后,才能将自己全部的精力投入到工作之中,开创出最为有利的业绩内容。也只有这样的工作作风,才能体现出一个领导者远见的眼光与体贴的关怀,将员工与企业紧密联系,寻求双方最为有利的发展可能。

1992 年,经过安得鲁飓风后,美国电话公司发现,他们在南加利福尼亚州最为短缺的不是电线杆、电线或开关,而是日间的托儿中心。

原来,许多电话公司野外工作人员都有孩子,当飓风将托儿中心摧毁后,必须有人待在家里照看孩子,最终使工作人员的数量减少,从而影响了工作效率。

当领导者认识到这一问题的严重性之后,积极寻求了解决,招募一些退休人员在这里开办临时的托儿中心,从而将父母们解脱出来,可以投入到紧张的恢复电话网络的工作中去。

如果对应付危机的预案考虑得更为周全,可能会使恢复工作开展得迅速和有效。庆幸的是,最终人们认识到了这个问题,并解决了这个问题,工作得以顺利开展。

有过这个经验之后,美国电话公司的管理者,又在不断寻求更好的方式,去解决员工所遇到的问题,以追求员工工作效率的提高。

在这个案例中,因为员工的家庭问题,影响到了工作的效率,最终通过有效组织,解决掉这个问题,从而使工作得以顺利开展,线路抢救工作得以及时进行。通过这件事情可以对我们的管理工作形成更多的启示。生活中每个人都会遇到很多的问题,男大当婚女大当嫁,住房问题,医疗问题,生活的娱乐,甚至从精神与文化的角度去寻求对一个人的认可,作为一个管理者,必须去仔细对所有方面都有所考虑,才能为自己的下属创造出一个最为良好的工作环境,也才能让下属在最饱满的状态中发挥出自己的作用。

在中国传统社会中,有着很重的家庭意识与社会伦理观念,他们习惯依赖一个群体,并充分信任,他们也愿意为这个群体付出自己全部的智慧与力量。对于这种情况,有有利的一面,他可以对群体充分信任,也有不足的一面,过分依赖,容易产生性格的惰性。作为一个管理者,必须认识到自己所处社会背景的特点,从而进行有效利用,解决好员工的后顾之忧,让员工对企业产生充分的信任,以形成有效的稳定性,同时又通过有效的激励,使员工的工作充满激情,这样才能取得最好的效益,也显示出一个管理者卓越的水平。

1920 年,经济不景气,很多工厂或停产或倒闭,但松下公司并没有为此遭受损失,反而获得有效的发展,它所依赖的就是员工的充分信任。

对付经济危机,松下有自己的一套道理:越不景气,就越要放宽银根,扩大生产,扩大就业。针对经济危机,松下的意思是:"生产额减半,员工不许解雇。开工时间减为半天,但员工的薪资全额给付,不减薪。不过,员工必须全力销售库存产品。用这个方法,先渡过难关,再静候时局转变。"

"不解雇员工,既然开工半天,就该减半薪水,员工不会有意见。"有主管这样建议。

"半天工资损失是个小问题,使员工要有以工厂为家的观念才是最重要的。所以任何员工都不得被解雇,也不能让他们的收入减少。"松下给出了十分肯定的回答。

听到松下的指示,人们无不欣喜,人人奋勇尽力,拼全力销售工厂库存的产品,优秀的人才得以全部保留。

松下的招法果然灵活。员工倾力推销,产品不仅没有滞销,反而造成产品旺销不能供给的局面,创下销售纪录,在世界经济危机中,别人工厂纷纷倒下,而松下,继续兴建第四、第五、第六工厂!

松下公司有着自己独特的企业文化,他非常强调"家"的概念,更愿意把自己的员工看成是家庭的一员,得到大家的信任,也为这个群体努力奋斗,正是在这一理念的指导之下,松下公司采取积极的策略面对这次危机,而不是产生消极的逃避,最终所取得效果也非常明显。

　　员工与企业关系的处理，是舍与得之间的一道美妙平衡，作为优秀的管理者，一定要能看到自己的投入与产出之间的联系，舍弃掉狭隘与局限之后，也许就可以从更高的角度去看待彼此的关系，从而进行更为长远的掌控，这样他对管理活动的影响，就会更为深远，也就更为显著。

发自真诚地去挽留人才

　　人生最难就在真诚。

　　真诚并不是完全无所顾忌地表达出自己的想法，而是在尊重对方的前提下，去体贴对方，考虑对方，提出自己最为恰当的意见。若我们能感受真诚，就会如同一道打开的闸门一般，寄托信任，也有更多才华与精力的施展；若没有真诚，那么彼此的怀疑可能会让人们的交往有更多的反复与试探。正因为真诚如此重要，我们在生活中，才会耗费一个人全部的智慧，去寻找真诚的可能，并以最恰当的方式表达出我们的诚意。

　　当今社会之中，要做到真诚就显得更为艰难。

　　社会文化发生变革，传统道德体系有所破坏，利益因素充斥人们的生存空间，对于真诚，人们有更多的怀疑，对于真诚，人们有更多的得失考虑。也许正是因为这份难得，所以才显得越发重要，一份真诚的展示，在现代社会之中，更能够发挥出璀璨的光芒。

　　作为领导者，必须有一批忠诚的下属，而下属的忠诚又从何换来？换句话说，怎样才能使自己的下属在工作中忠于自己？

　　忠诚要以"诚"心来换，俗话说"心诚则灵"，领导者要有着"既纳之，则安之"的气魄。大胆任用和信任自己的爱将，不对他们产生怀疑，委以重任，并能为对方有所考虑,"若要人敬己,先要己敬人",当领导者能真心实意地对待自己的下属时,就建立起了彼此的尊重与联系,纳才也就成功了一半。

在每个公司,管理者一定要避免"身在曹营心在汉"的情况出现。而这种情况出现的原因就在于下属不能再感受到来自群体的信任,在内心已开始偏向离开,而这样的结果是非常可怕的,或者仅仅维持表面的停留,又或者直接选择离开,投奔到自己所向往的群体。而来自领导的真诚,显然是解决这一问题的最好方式。

明君是一家保险公司的业务经理,他从事这个工作已经有6年了,他所带领团队的业绩一直是全公司最好的。

别人问他管理的秘诀是什么?

他笑笑回答说:"没什么秘诀可言,即使有也是广为人知的。我所用的管理方法是自己以身作则,带领下属做别人不愿做、做不到的事。我们给顾客承诺是全天24小时服务。我做到了言行一致,以这样的方式表达出我们的诚意。"

一天午夜12点,他的手机响了,他接通了电话,对方没有声音,一分钟后,电话挂断了。凌晨2点,他手机又响了,他再次接通电话,对方依然没有声音,一分钟后,挂了。凌晨4点钟的时候,他的手机又响了,他接通电话,对方没有声音,一分钟后,依然挂断了。凌晨6点,天刚蒙蒙亮,手机又响了,明君仍然热情地问:"请问您是哪位,有什么事需要我帮忙吗?"对方迟疑了一下,挂断了电话。

上午在办公室10点钟的时候,接到一个电话,"我已经准备好一张20万的支票,请带好你的保单过来洽谈吧。"这就是那个在午夜打电话却不说话的人。

保险行业是最为变化繁杂的行业,因为各种项目繁多,所以它本身就是一种对风险与收益的平衡,在这样的环境中,真诚就显得更为艰难和不易。也许正是在这样艰难的环境中,就越能显现出这一品质的宝贵,并最终会带来更为有利的效果,正如深夜的电话一般,每次的烦扰,都是对态度的考验,而明君以他的真诚赢得了客户的信任。明君自己是这样做的,他也是这样去带领自己的员工的，也许这就是他们能取得公司最优秀业绩的秘诀所在。

比尔曾经说过这样一段话："对商业道德的认真思索，会使人们从中受益。那些认为人就应该剥夺他人来获取利益的人，他们的观念是不诚实的想法，我们的社会真正所需要的是正直诚实的商人。"

关公与刘备被打散，张辽劝他投降曹操，带甘、糜二夫人暂时屈居曹府。曹操爱惜人才，"小宴三日，大宴五日；又送美女十人，使侍关公。"

关公与曹操有约在先："但知皇叔去向，不管千万里，便当辞去。"

袁绍当时进攻白马，关公想报答曹操的知遇之恩，倒提青龙刀，跑下山来，斩了袁绍的大将颜良、文丑，此时曹操心里更加敬佩他。

关公听说刘备在河北，就要投奔，到丞相府拜辞，曹操在门口挂出"回避牌"，第二天依然回避，只为能挽留关公。最终关公将受封的银子封好，放在库中，将汉寿亭侯印挂于堂屋中，护送二夫人出北门而去。

得知此事，曹操不由感叹："关羽不忘故主来去明白，真是大丈夫！"

程昱认为放走关羽，是为后患，建议追上关羽，将他杀死。曹操爱惜人才，未有应允。对张辽说："云长封金挂印，不为利动，不为名移，吾深敬之。他去不远，我结识他做个人情，请住他，待我与他送行。"

曹操追上关羽，送与路费，关公推辞不受。

曹操笑道："云长天下义士，恨我福薄，不得相留。锦袍一领略表寸心。"令一将下马，捧过战袍，关羽恐中有诈，不敢下马来领，用青龙刀尖挑锦袍披于肩上，称谢一句离去。

曹操敬重关公，一心想挽留身边，对方执意离开，也未有强留，并未采取以绝后患的策略，为他送行，馈赠路费，即使过关斩将，曹操还是不予计较和追究。曹操虽不得关羽，却获得求贤若渴、爱惜人才的名声。而这一切都是以真诚换来，相信必有更多人来投奔，这才是他后来成就霸业的根基所在。

情感是最难捉摸的东西，现代社会的快捷变化，并没有让它在社会中显得黯然失色，而是更多赋予宝贵与珍惜的内容，维护一份情感，展示一份真诚，在生活中就显得更为难能可贵。有效利用这一重要的人际影响因素，当员工能感受到来自领导的情感时，必然会产生心理的一份认可与依赖。

以情动人，留人先要留心

"不是血肉的联系，而是情感和精神的相通使一个人有权利去援助另一个。"这是柴可夫斯基的一句名言。

在《心理学大辞典》中对情感是这样解释的："情感是人对客观事物是否满足自己的需要而产生的态度体验。"虽然有些太过生硬，不易理解，但却能反映出情感在生活中所产生的作用，情感可以影响一个人的态度，而态度又可决定我们的行为，即使今日社会主题发生转变，但依然不能改变情感的存在与所发挥的作用。

俗话说"晓之以理，动之以情"，这是群体之中，人与人交往的一种重要手段，明白共同的道理，得到对方情感的认可，才有进一步接触与开展工作的可能，而这更是我们开展管理工作所不可或缺的重要依凭。

今日生活中，每个人都围绕物质利益而旋转，但每个人都是有精神与情感的个体，除了基本物质需要外，还有获得情感的关怀和激励的需要，作为领导者，必须认识到这一情况，并寻求有效的方式进行激励，才能充分发挥出下属的能力和作用。

作为优秀的管理者，情感可以成为他们最为有效的武器，认识情感，把握情感，以最为适合和有效的方式，去使员工的情感得到寄托，有这份信赖与依托之后，才能保证企业的人才最稳定地停留在自己的公司，而这也是自己管理中卓越的掌控能力的最好证明。

俗话说"士为知己者死"，有这份情感缅怀，相信任何人内心都是一份信任与坚持。

管理之中，当利益于事无补的时候，情感也许可以成为最有效的一个管理手段，甚至有些关键时刻，必须依靠这一方式，才能使双方获得最好的发展，而这也是管理的艺术性体现。

1815 年拿破仑从流放地厄尔巴岛回到法国。鲁伊听到消息后，向路易十八请战："我要把拿破仑捉住，装到囚车里带到您面前。"路易十八批准了，但刚到半途，他的士兵便跑掉了大半。

最后在奥萨路，他遇到了拿破仑，出人意料，拿破仑没有痛骂他的背叛，提到此事时，打断了他："那时候的事，我都忘了，只知道鲁伊是个难得的人才，他是'勇者中的勇者'……"

鲁伊是拿破仑一手提拔的战将，他想到拿破仑以前对自己的种种恩惠，见自己犯了错误，依然并不责怪他，感激莫名，跪倒在了拿破仑的脚下。

当天晚上，拿破仑又召见了鲁伊，以真诚和求贤若渴的态度，邀请他参与自己东山再起的计划，拿破仑的真诚让鲁伊誓死为拿破仑效命，成了拿破仑"百日王朝"的忠实的支持者和追随者。

拿破仑是个聪明的管理者，他认识到鲁伊对于自己成就事业依然重要，他最终动之以情，使他获得了再次的信任，并为自己成就事业做出最大的支持。作为聪明的管理者，总会应用好感情这种方式，在最恰当的时机，在考验彼此信任的时刻，能展现出自己超人的气魄与度量，给对方情感以慰藉，而获取这份难得的认可。

其实历史故事中，还有很多这样的内容，楚霸王当年所以能"破釜沉舟""背水一战"，并取得成功，就在于他所招人马全都和自己有生死患难的交情，愿意同自己出生入死，真正体现出"士为知己者死"的气概，而所有这些正是依靠项羽本人的一片真诚才能换回。

在日本企业的管理之中,非常注重企业文化的建设,他们总是费尽心思去营造一种友好、互助的氛围,让员工有归属感觉。在这一环境之下,员工才能产生出充分的信赖,并展现出全部的实力。

自身实力是挽留人才的最强保障

"桃李不言,下自成蹊"。如果桃李有芬芳的花朵、甜美的果实,即使不会说话,但仍然能吸引许多人到树下赏花尝果,以至于在树下自然走出一条小路出来。这个成语常常用来比喻一个人做了好事,不用张扬,也会为大家所认可,不过放在这里显然也可以从另外的角度进行理解,如果一个人拥有良好的人品与能力,自然会吸引更多的人与他为友,如果一个企业拥有卓越的能力与社会地位,那社会中的人才,也就会自然而然地归拢到他的帐下效力。

挽留人才是一个领导者所必须面对的工作,对于这一任务,领导总是会想尽各种可行的方法,无所不为其用,以求企业能有最好的发展可能。在所有方式之中,自身实力的展现,也许是其中可以充分考虑的方式,并不需要花费更多口舌的介绍,也不需要设定各种严密的合同进行限定,让他人看到一个光明而广阔的前景,那相信这样的机会对任何人来说都会成为富有魅力的吸引,所为梧桐引得凤凰来,择良木而栖,各路人才,必然会聚周围,也为企业发展提供更多的帮助。

企业的实力展现,是一种综合性评判,这其中包括有:企业产品的市场率,企业自主技术研发能力,企业管理的效率与文化,企业未来发展与公司规模扩张的可能,只有那些最有实力的企业,能够经受住时间的长久考验,才能获得这份社会的认同，也往往能吸引和挽留最为优秀的人才。

美国百事可乐公司产品在国际市场上长盛不衰，畅销全球。

该公司总裁卡恩·卡洛维在接受采访时，谈到他如何取得这一成绩，他的回答只有一个字：人。他的下属无一不是这个行业里最为优秀的精兵良将。

而关于他所能获得这样一支奇兵队伍，他认为自己所依赖的，就是百事可乐公司的赫赫名声。

公司的每一个下属都以能为这样的公司服务而感到自豪，他们认为自己与众不同、感到自己比别人更为优越，在这样的公司工作，必须更加努力，才能维持自己的这种认可。

公司规定，下属凡是外出，一律要住五星级宾馆，乘飞机要坐头等舱。对此，公司总裁卡恩·卡洛维是这样解释的："我们是第一流的公司，下属当然也是第一流的，第一流的公司，当然应该享受第一流的服务，否则，会挫伤我们员工的工作积极性。"正是这两个"第一流"，吸引着千千万万的优秀人才都希望能加入百事可乐公司，并愿意全心努力。

优势感，是一个很容易被人们忽视的因素，但它所产生的效用对领导者来说却是巨大的，充分认识它，并有效利用它，也许能使自己的事业"百尺竿头，更进一步"。

百事可乐公司是全球知名公司，在人们的意识中会认为，最好的公司，往往会有许多的发展机会，也可以最大程度地发挥出一个人的价值，正因为如此，人们纷纷愿意寻求这样的机会为自己提供发展的平台。百事可乐公司也这样做了，两个"第一流"，正是最好的证明，在这样的氛围中，吸引到最优秀的人才，也发挥出最卓越的才华，在他们的推动下，企业自身也依然向不断的高度迈进。

冯景禧于1969年创办香港新鸿基证券有限公司。该公司在香港证券市场上，占有30%的比例，公司年赢利额达数千万元。冯景禧个人财产更是达数上亿美元，成为称雄一方的"证券大王"。

但新鸿基集团并不以拥有巨额资产为荣，他却认为自己最宝贵的资源，是拥有一大批有知识、有能力、有胆量、善于把握时机、敢于接受挑战的人才队伍，正是凭借他们，自己才能在市场中取得这么卓越的成绩。

为什么如此多人才愿意加盟新鸿基集团并努力工作呢？

执行董事谭宝信对这个问题是这样介绍的："在冯景禧的管理之下，集团形成一股难以形容的奇妙力量，就是企业的文化，这是企业的实力所在，正是企业的这份魅力，吸引源源不断的人才加盟到这个集体中，并为这个集体的成长与发展，努力奋斗。这样的气氛能激发下属的创造性，在这里工作，肯定比其他机构能取得更大的成功。"

集团中的文化氛围是一种家庭式的工作氛围，在工作之中，下属觉得如此亲近、温暖，吸引大家非常愿意到这里工作，也乐于在这样的企业中奉献自己全部的力量。

新鸿基集团的实力就在于自己的企业文化，在这一文化氛围的影响下，使公司的管理者和下属融为一体，对内有一种无与伦比的凝聚力，对外有着极高的吸引力。而这对公司获取人才，以及公司的发展都具有不容忽视的作用。

每个企业都有自己不同的情况，我们的实力可能隐藏在不同的方面，新鸿基的管理文化是自身的实力，那我们也可能拥有技术的优势，或是市场的广大，又或是我们的管理效率，或是我们未来的发展可能，只有我们自己首先认识到自己的优势所在，并不断拓展自己在这一方面的差距，才能吸引到最为优秀的人才，为企业发展提供最大的推动力。

如果真不能挽留，不如放手让他走

对于每个人来说，放手并不是一件容易的事情，一段情感，或是一个目标，都不是容易放弃的。

一段情感，意味着一段美好的姻缘，放手之后，自己只有痛苦的回忆与寂寞的感触；一个生活的目标，总是寄托有太多自己的期望与努力内容，如果放手之后，自己又必须寻找前进的方向。正是因为放手不易，所以人们紧紧抓在手中，但是这样的延续，却也不会产生任何有利的结果。

如果已是缘分不在，那就坦然放过，也许可能会感到痛苦一时，但却因此可以给自己一个走出的机会，还可以寻找明天的可能，如果只是让自己陷身在今天的旋涡中，不能自拔，不会有任何的改观，还会因此失去明天的可能。

优秀的人才，对企业来说，何其宝贵。正是因为认识到人才的作用，我们才会进行极力挽留，并不允许人才有任何离开的可能。也许正是这份态度的压迫，却使得人才失去自由的空间，开始产生反感的情绪，最终恶性发展，直至双方关系破裂。

当企业寻觅到优秀的人才时，我们尊重人才，双方彼此信任，提供最为充分的施展空间，发挥他们的效用，为企业发展提供最大的推动力。当一天双方感到不再适应，需要离开时，我们也不会太多挽留，表现出我们挽留的诚意，仍然不能协调之后，我们就快乐分手，也许明天我们还有相遇的可能。

如果我们已经尽了所有可能，也许这份坦然的心胸，却可以赢得彼此尊重，如果只是谨慎不放手的话，恐怕就不会有什么好的结果。

关羽在张辽的劝说下投奔曹操，曹操爱惜人才，极力挽留，三日小宴，五日大宴,并许以财富美女,但最终依然不能打动关羽,还是决定离去。

在关羽离去后,身边谋士程昱献策,放走关羽,必为日后大患,建议追上关羽,将他杀死。最终为曹操拒绝,他钦佩其才华,放手让他离开自己的地界,甚至过五关斩六将也不为记恨。

二人日后果又相遇,赤壁之战后,曹操大败,败走华容,在这里又遇到关羽,才有"关云长义释曹操"的典故发生。

在关羽当初离开时,程昱的建议是可以为大家所理解的,既然人才不能为我所用,我又何必让你日后成为我的阻碍,他考虑的初衷是,杀掉他,让人才不要成为自己潜在的敌人。对于这一建议的否定,正体现出曹操作为一个管理者的气度与智慧,他爱惜人才,不忍害之,心中更多的是对他的一份尊重。也正是这一策略,给日后的自己留下了一条出路,在华容道,自己落难之时,又是关羽对自己的义举,才使得自己有延续的可能。

在人们的传统认识中,似乎一个人的离去,总是因为某些问题的发生,才导致双方不欢而散的结果。因为离去而不再信任,因为不再信任也会最终离去,而忽略了离去还有其他更多的理由,而对于信任我们也有再次建立的可能。对此,我们要舍弃这种陈旧的观念,看到现在更多的是市场运作方式,劳资双方完全可以在这里寻找最为匹配自己要求的机会,当有一天互相不再适应时,我们又会去寻找新的出路,而不会有情感的纠缠与信任的决裂。

俗话说"强扭的瓜不甜",勉强留下的人才,也不会发挥最强的效用,不如让对方坦然离开,也许我们总有一天还会再次相遇,而那时却可以彰显出一个领导者卓越的气魄与长远的判断。

张强是一家机械公司的总经理,他为自己手下没有优秀的销售人才而发愁,前任的销售经理,因为业绩不理想,最终离职,他又在寻觅新的人选。

这时一个叫李梅的人,出现在了张强的办公室,她是美国 MBA 硕士毕业,有着 3 年的国际市场机械产品销售经验,性格坚毅,做事非常富有效率,张强敏感地察觉到他找到了那个最为合适的人选。

李梅上任后，果真没有让他感到失望，她制定了各种销售策略，积极开拓市场，建立最有效的竞争薪酬机制，业务成绩连年翻番，在行业内形成不小的影响。对此，张强感到非常满意，他希望李梅能继续待在公司，为公司作出贡献。

不过，两年后，李梅还是决定跳槽，因为她看重了一家美国国际机械制造公司，认为在那里可以更充分地展示自己的才华，因此她决定离职。不过她没有鲁莽地表达自己的意愿。

先是培养出自己的下属作为自己职位的接替者，让他熟悉各项工作的开展，并有足够的能力驾驭好这份工作，然后在适当的时候，与总经理张强进行坦诚地交流，说明了自己离职的原因，并告知他工作交接的准备。

最终，虽然张强很无奈，但还是接受了这个结果，李梅也得以顺利离职，并且他们还因此成了朋友，在业务上有效开展一些合作。

李梅为自己的离职，做出了充分的准备，她准备好了后备人选，使他能接替自己的工作，避免给公司造成任何的损失，他以恰当的方式表达出自己离职的意愿，并让对方最终接受，最后她完全良性地处理好自己这次离职的行为。

在管理中，处理人才的离去问题总会成为最为棘手的问题，处理不好，双方甚至会撕破脸皮，大打出手，最终结果，两败俱伤，也没有任何的信任，完全忽略掉过往的合作与信任。一个优秀的领导者，能够站在更为高远的角度去看待自己所面对的问题，人才宝贵，但人才的离去也是不可避免的，双方如果真的没有合作的可能的时候，就应坦然让对方离去，舍弃自己留恋的情绪，也放弃一些更为强制的方式，最终彼此还能保留一份信任，还可以乐观对待再次的相遇。而这也体现出一个领导者，具有深远的考虑与卓越的管理艺术。

该留的留，该走的及时请他离开

正如人生有来有去，如果总是纠缠曾经的逝去，想要极力挽留，那对人对己都不是明智之举，因为这份纠结，而缺少生活的洒脱。

生活就如同流水一般，如果只没有保留，而没有宣泄，缺乏有效流动，最终只能成为一潭死水，失去应有的活力与激情，只有在时间的腐朽之中去度过每一天。

我们的身体因为血液的流动，才使我们充满活力，因为每天养分的补给，才能使我们的精力充沛，书写生活的内容，展示出生命的精彩。

企业管理之中，也是同样的道理，员工就是它的血液，员工的能力就是企业所具备的力量，我们要不断保持血液的新鲜，才能使团队充满活力。同时，使我们的血液有效流动，才能把对身体有害的毒素排出体外，保证身体的每个功能运转正常而不产生阻碍。

在企业的管理之中，要时时对员工的工作能力与情况进行及时的考核，对于不符合标准的员工，要及时进行培训和教育，如果最终依然不能胜任这份工作，那只能进行适当的调动，甚至是辞退，让他去别的行业或公司寻找对其更为有利的发展。对于不符合要求的员工，千万不能进行太多的迁就，影响自己工作的有效运转不说，可能也会让对方寻找不到最有利的方向，对于双方都没有益处。

在我们辞退员工的过程中，一定要多给一些包容，尽量以婉转的方式进行。尽力给予员工更多的机会，使他可能找到适合自己的角色，在辞退中，也要注重方式方法，以最恰当的方式表达自己的意见，在尊重对方，彼此信任的基础上，去再次寻找适合自己的角色。

IBM 中国公司每年都会进行一次绩效考核,考核结果分为一、二、三、四四个等级,四等为不合格。

若某位员工考核被评为四等,也并不会马上被"炒鱿鱼"。

对不合格的员工,IBM 会进行具体分析,看是态度问题,还是能力问题?并据此提供有针对性的帮助,并提供给予改正和提高的机会。在 IBM 中国公司的管理中不能容忍员工犯两种错误:一是违法;二是违背职业道德。如果有人敢"越雷池一步",那就只好请他"干脆走人"了。

西门子也提供同样允许员工犯错误的机会。

西门子管理会提出这样一个口号:员工是企业内的企业家。这句话并不是空洞的,而是渗透在管理的具体细节之中。

在西门子,员工有充分施展才华的机会,工作一段时间后,表现出色,都会被提升,如果本部门没有空缺,也会被安排到其他部门。优秀员工可以根据自己的能力和志向,设定自己的发展轨迹,一级一级地向前发展。

对于那些一时不能胜任工作的员工,西门子也不会将他们打入"另册",而是在尽可能的情况下,提供一些更换岗位的机会,让他们进行更多的尝试。许多时候,这些不称职的员工通过调整,就找到了自己的位置,最终干得与别人一样出色。

员工的考核与调整,是管理工作中必须进行的内容。对于人才,我们尊重和挽留,对于不符合职位要求的员工,我们也会进行及时的调整,以保证我们组织具备应有的效率。在对那些不符合职位的员工处理的过程中,一定要更多赋予他们尝试的机会,帮助他们分析原因,寻找对策,以提升自己工作的能力与水平,同时给予他们更多尝试的机会,不断去寻找最为符合自己特点的工作机会与角色内容。

对于那些最终选择离职的员工,同样也要注重方式与方法,理性看待离职,双方也去寻找最为适合自己的沟通方式。

我们一般辞退员工会有三种合适的方式。一、因业绩不好需要辞退员工；二、因公司效益不佳辞退部分员工；三、建议性辞退，让员工知难而自退。对于每种情况，都要选择合适的方式，让他的主管告知工作的情形与自己状况的差距，或者让大家看到公司经营状况的不利，认识到辞退员工的原意，又或是借助他人旁敲侧击，让他明白公司的不满，从而自己能主动选择辞职。只有方式恰当，才能保证此项工作的顺利完成。

在辞退的过程中，还要注重多种方式的灵活使用。给予员工另行选择的机会，比如其他的部门或者是较低一些的职位，给予空间，就不会让员工感觉到辞退难以接受。有意让别人"挖"走他们，透露一些别的公司对他感兴趣的信息，在这样的暗示之下，促成对方主动地离开。同时，还可以使用"明升暗降"的策略，对于确实不能胜任公司任务的员工，而这一职位又承担着重要的作用，那我们不如给予一个名誉的提升，使他离开这样的职位，从而保证企业运转得顺畅。

在对人才的管理过程中，我们重视人才，尊重员工个性，但我们也要能及时对不符合要求的员工进行处理，舍弃自己的懈怠，舍弃一份情感的不忍，以理性去看待企业的运转与效益，才能使自己的人才管理工作完整。同时在辞退员工的过程中，要更多包容对方，提供更多尝试机会，注意恰当方法的使用，最终才能使辞退工作圆满完成，企业也获取应有的效益，也只有这样才能体现出自己所具有的高超的艺术性。

寻找人才，挽留人才，是管理者最为重要的职责之一。优秀的领导者，必须要分析清楚当代管理的形式，看清楚人才的作用，从而为自己挽留人才工作奠定坚实的基础。珍惜人才，把握人才，给人才施展以充分的空间，同时，还要能解决好人才的后顾之忧，发自内心地去对待人才，展现出企业自身的实力，平淡看待人才的离去，掌握这些内容，相信必然会对人员的去留工作提供很大的帮助。

第9章

舍与得的协调课：

灵动处理是管理协调的重要前提

企业中有职务划分，则必然会有职务之间角色与工作内容的协调；企业要在市场中进行经营，就有可能遭遇各种风险。划分职务的范围，以灵动方式进行彼此关系的处理；认识危机、有效利用危机、充分应对危机，在领导者这样的认识和管理之下，相信企业必然会更加团结，也会拥有更强的市场抵御风险能力。

走到员工中间,及时发现问题苗头

最有智慧的人,并不是能够准确预测未来的人,因为未来的情形谁也不能掌握。无论未来发生什么情形,他们都能面对,并能以灵活的策略进行处理,最终结果,事情发展又都恢复到应有的秩序,在外人看来,这些出现的危机,似乎都已为智者所掌握。如果未来的所有可能发生的情况都在自己心中有所准备,那情况就会简单得多,而这也许才是智慧的根底所在。

生活中我们也需要灵动地处理我们所遇到的人和事。虽然每日生活千篇一律,虽然自己和他人也没有什么太大的差别,但每个人每天生活中都会遭遇不同的情形,对于遇到的人和遭遇的事情,进行灵活处理,轻松应对,而不可千篇一律,偏执于自我的偏见,而使自己陷入到绝对之中。灵活地对待人,才能让自己为大家所接受,灵活地处理事,才能让各项事务顺利发展,也许这才是我们生活幸福的不二法宝。

企业的管理中,必然会遭遇各种问题,绝对不会是一帆风顺的,长久的稳定,就会使企业失去最强的竞争力,反而越强的挑战,就越是对企业自身实力的最好证明。企业遭遇的情况,必须能够灵动地进行处理,协调自己内部的关系,上级与下级之间、同事之间要能相处融洽,同时,企业还要能灵动地处理企业所遇到的问题,要对各种危机有所准备,不为惧怕,并发现其中有利的机会去促进自身的发展。

企业的领导者就是企业的掌舵人,他需要带领大家同舟共济,在激流险滩中躲避风险,抓住机会,在得失变幻中,寻求最为有利的发展。如果领导者能够学会灵动处理关系,那么他将展示出自己强大的平衡能力和超人的智慧与眼光,最终众人也能以艺术的水准对他的管理进行评价。

在巴西桑托斯的海顺远洋运输公司门前,立着一块 5 米高 2 米宽的石头,上面密密麻麻写满了文字,记载了一个让人心情沉重,而又引以为戒的故事。

40 年前的一天,海顺公司收到"环大西洋号"的求救信号,马上派人前去营救。

可当救援船赶到出事地点时,"环大西洋号"已经消失了,不见一个船员,只漂着一个救生电台,仍在有节奏地发出求救信号。

望着平静的大海,大家都非常疑惑,为什么一艘先进的船居然会在这里出事。

这时,人们发现了一个瓶子,打开瓶子,发现一张纸,上面有 21 个人的笔迹:

一水理查德:3 月 21 日,我在奥克兰私买了一个台灯,想给妻子写信时照明用。

二副瑟曼:我看见理查德拿着台灯回船,说这个台灯底座轻,船晃时别让它倒下来。

三副帕蒂:3 月 21 日下午离港,我发现救生筏施放器有问题,就将救生筏简单绑在架子上。

二管轮安特耳:检查消防设施时,发现消防栓锈蚀,心想还有几天就到码头了,到时再换。

船长麦凯姆:起航时,工作繁忙,没有看甲板部和轮机部的安全检查报告。

机电长科恩:3 月 23 日 14 时,我发现跳闸了,因为以前也出现过这种情况,没多想,将闸又合上。

电工荷示因:晚上值班时,我跑进了餐厅。

看完这张纸条,谁也没说话,一样沉静,仿佛看到整个事故过程:火灾从理查德房间引发,消防栓没有起到作用,救生筏放不下来,最终一切无可挽回。

错误的原因正是在过程中,一点点累积形成的。因为一个个细节的累积,最终导致全体崩溃的效果,如果当初任何一个小的问题能被灵动地处理,那相信也就不会有最后悲剧的发生。这块石头的警戒,对远洋公司的管理起到了很大的作用,人们知道积极面对工作的每个危机,并且进行最为及时的处理,这样才能保证公司在接下来的 40 年时间里，没有一次海难事故的发生。

一些企业的领导者，他们所待的地方就是自己的办公室，他们获取的信息就是书面的报告，这也许就会让他们不能及时发现企业所面对的问题，而问题的累积，最终可能会对企业自身形成巨大的影响。作为优秀的领导者，必须能时时走到员工之中，了解他们的状态，发现他们的问题，并能及时予以解决，这样自己的员工才能展现出最好的状态，投入到工作之中。

有一家国有大型企业的人事经理是一个海归派，名叫李祥。他上班第一天，发现办公室里的冰柜上挂着一把锁，各种饮料被封在里边。

他问总经理："为什么要把冰柜锁起来?"

总经理告诉他，本来是放在冰柜里，供所有雇员和外来客人随时享用，但每次装满之后，一转身，冰柜就变空了，最后只能无奈地把冰柜锁了起来。

李祥说，也许我们应该及时进行沟通，这样这个问题就会被及时地解决掉，否则，它所展示出来的是对员工的不信任，这种质疑会对公司的管理有所影响。

总经理接纳了他的意见，第二天上班后，总经理召集各个部门的主管，对大家说："昨天人事经理李祥告诉我，全世界的冰柜都是不上锁的，从今天开始冰柜门不再上锁，大家可以随时在上班时间享用，但禁止任何人将饮料带回家，希望大家配合我，把冰柜上的锁拿掉。"

最终，这一问题得到了及时的解决，而单位的气氛因此也变得更加和谐。

李祥所解决的也许只是一个小的问题，不过他的态度却是应该为大家所思考和学习的，及时发现工作中的问题，并以灵活的方式进行有效解决，这也许是每个管理者所应具备的品质，虽然它的作用不大，但却可以保证企业可以获得长远的更为有利的发展。

尊重下级是上级处理关系的最好方式

一个人的权威,并不来源于静止的崇拜,而应是发自内心的一种钦佩与认可。

一个单位的领导者,他是这个团队的负责人,他的职责就是带领大家去寻求最为有利的发展。对于这一职位,更多是需要他展示过人的能力,智慧的果断,性格的坚毅,才能做出最有效的决策,正是因为他所具备超越常人的素养,所以人们才会对他认可和依赖,而这也正是他拥有权威的原因。

一个最高的领导者,不应该以冷漠和拒绝去显示自己的权力,彰显自己的不同,如果他的管理方式只是局限于此,那么他就不能认识权威的本质,也不会得到大家的认可。时间一长,也就失去了信任,即使在表面上尊重你,也会产生工作态度上的消极,最后,管理工作不能有效开展,也就不能显示出自身的能力。

优秀的管理者,他会尊重自己的每个下属,以平常心看待自己在群体中的位置,工作角色的不同,只是因为工作需要不同,大家协同共进,才能使群体发挥出最有效的作用。这也就奠定了他处理关系的基本方式。对别人的尊重,一定可以换回对自己的尊重,建立起沟通的渠道,无形中就奠定了信任的基础,这对于自己工作开展无疑是非常有利的。

一个小男孩,出于一时的气愤对自己的母亲喊道他恨她。然后也许是害怕惩罚,就跑出房屋,跑到大山里边,并对山谷喊道"我恨你,我恨你,我恨你"。

片刻之后,山谷传来回音,"我恨你,我恨你,我恨你。"

小男孩非常吃惊,他跑回屋里对母亲说,山谷有个奇怪的声音说他恨他。

母亲把他带回到大山边,并且这次要他喊"我爱你"。

小男孩依照母亲的吩咐去做,而这次他却听到,有一个小男孩的声音在山谷里回荡"我爱你，我爱你"。

生命就像这种回音，你送出去什么，它就送回什么，你播种什么就收获什么，你给予别人什么自己也就得到什么。为求自己在人生各方面取得最好的收获，那么当你面对每一个人、每一件事的时候，就该学会以尊重的态度，去对待彼此，寄托信任，予以鼓励，那么你自己也就会获得相应的尊重、信任和鼓励，而这一规则应该被我们看做金科玉律，奉行不悖。

领导者要使自己的工作卓有成效，除了自己努力，还要有三靠：靠上级热心指导，靠同级的精诚协作，靠下级的鼎力配合。要取得这"三靠"，关键在于这"尊重"二字。尊重上级是比较容易做到的；尊重同级需要勇气，要克服自己一个"妒"字；而尊重下级则要与"领导高明论"的观点决裂，放下自己的"架子"。有些领导对于放下"架子"总不是那么认可，认为"官升脾气长"，如何说放就放得下，但放下"架子"，说难也不难，只要养成平等待人的品格，从认识上发生改变，"架子"也就会自然消失。

IBM 拥有的三条准则之一就是"尊重个人"。

这是早在 1914 年由老托马斯·沃森创办公司时就已提出的，1956 年小托马斯·沃森在接任公司总裁后，又将该条原则进一步发扬光大。

沃森父子深知，每个人都有强烈的自尊心，希望得到别人的重视，被上级和他人所认可，自尊如果得到满足，员工都会更加自觉进行工作。领导者对每一位下属的尊重行为，能让员工充分感受到公司对他们的认可和重视。尊重和信赖员工，最终换来的将是员工的信赖和肯定，而这正是大家所追求的最令人满意的劳资关系。

上至总裁下至普通员工，对于这一规则也极为认可，用这一原则指导自己管理工作的开展。在这一原则的指导下，IBM 创造出了最为和睦的工作环境，在这种环境之中，大家彼此信任，有效合作，展现出独特的魅力型领导风格，也取得了最为优异的企业业绩。

当尊重成为企业的一种文化的时候，它就会发挥出更为无穷的效用，成员之间因为交流而更加信任，整体团队因为彼此的沟通而更加富有效率，而这一切都是领导对于尊重的认识所换取的结果。

作为一个单位最为主要的领导者，应该接纳尊重的理念，并在工作中不断探求更为有效的方式。

在正职与副职之间，领导与员工之间，建立良好的沟通，舍弃自己的大权独揽的工作作风，舍弃掉权威的绝对的错误观念，尊重对方的意见，同时能够积极倾听，对于其中的有效成分能进行采纳。

在工作中，要能舍弃自己对权威的绝对把控，舍弃掉对下属的怀疑，对下属的能力与品性充分尊重，尊重他们的作用，进行充分授权，充分发挥其效用，为自己分担工作，同时也形成一个和谐互助的工作氛围。

尊重还表现在对工作中一些错误的包容态度上，失败是任何人都会遇到的问题，关键是如何看待失败。特别是领导人更应该树立自己看待失败的态度，对待失败者，不要去过多责怪，更不要训斥，分析失败的原因，寻找改善的途径，对其工作方法进行调整之后，再进行充分的鼓励，以使他能在今后的工作中胜任自己的工作，以更长久的方式去看待彼此的关系与工作的处理。

尊重虽然看似简单，但却是一门深奥的学问，只有不断的反思体会，才能明白它在人们交往之中的作用，也才能更好地在自己工作中进行应用，同时，我们还要不断地去寻找工作中可能的尊重方式，以求给予对方更多的尊重，寄托自己的信任，也更有利于促进工作的开展。懂得尊重的领导，是对人际关系有所理解并能寻找规则的人，善于运用尊重方式的领导，他的人际关系处理就会因此拥有许多灵动的内容，沟通更为顺畅，问题处理也更为顺畅，工作开展也就更加有利。

当一个领导者，能够去尊重自己人际中的每个人时，人际的关系处理也就得以拥有灵动内容，也就显示出管理艺术的高超。

灵活恰当地发挥好副职的作用

俗话说:"有志者自有千计万计,无志者只感千难万难。"

面对同样的事情,聪明的人,总会想方设法去寻找途径,实现自己的目标,以灵活多样的方式去促进自己的事业;而平庸的人,面对目标,却总是缺乏灵活变通,事物的发展又总不会如我们想象的一般简单,不能很好地符合现实的情况,最后只能望目标而兴叹,却不知自己缺乏进取精神。

人是一种善于变化同时也善于应对变化的生灵。灵本身来自神也体现出神态,灵的活跃程度比所有生命都要大,活本身是生命的一种表述,正是因为这份活跃,生活才得以拥有蓬勃内容,灵活最终由所有生命种类活灵活现地分别表现出来。灵活投入思维成为一种最活跃的内容,而这种活跃以灵活的思想最为自由,也最敏捷快速。

副职是组织结构中最为关键也最难以处理恰当的一环,因为他是作为上级与下属的衔接而存在,上级的工作能不能得到很好的执行,下级的意见又能不能及时反馈到管理者那里,这些都要依赖于副职工作的能力与效率。副职有着与更多人交流的机会,所以他为人处世的方式,就显得尤为重要,在所有内容之中,对问题进行灵动地处理,就显得更加关键。

灵活是以恰当的方式,在合适的场合以合适的方式,将自己的意思传递给对方,使他能够接受自己的意见,最终促进工作的有利开展;灵动是及时对工作进展进行追踪与反馈,并把信息及时汇报给领导者,把下属的意见进行反馈,以便能及时调整自己的工作方向。

管理就是一门关于人的艺术,如果能够灵活地对人际关系进行处理,那自己管理的能力必将上升一个台阶，而副职又往往都是正职人选的培养目标，如果自己能游刃有余地对工作进行处理，那么在自己工作的考核中，距离自己的升迁，必然更迈进了一步。

汉朝开国皇帝刘邦，在攻破秦朝京都咸阳之后，看到金碧辉煌的宫殿、花枝招展的美女，一时间为表象所迷惑，往秦二世的龙床上一躺，自己感觉飘飘然了。心中就有了自己在皇宫里住下来的想法。

刘邦手下的猛将樊哙气得对刘邦进行了责问："你是想得天下，还是想当秦王？"刘邦听了之后大为反感，只顾自己寻欢作乐，对他的意见内容不理不睬。后来，还是张良在旁说服，通晓其中的道理，刘邦才得以移兵城外，并揭开了楚汉相争的序幕。

相同的意思表达，张良取得了成功，而樊哙进谏失败，看来有时候良药苦口也不能治病。

樊哙与张良所进谏的内容都是相同的，但如果分析樊哙进谏失败的原因，就在于其方式不恰当和艺术不高明。"良药"苦口，违背了刘邦自尊自重的心理，产生了"抗药性"，因此即使你的内容正确，刘帮也不愿采取接受态度。相比之下，张良的进谏效果就要好许多，也许不同的是樊哙武将出身，作为谋士的张良就更懂得说话的艺术，就和汽车爬坡是一个道理，先运用明理的方式把前后原因说清楚，再做好有利的铺陈，等到所有动力都准备充足，最后就会顺利上坡，直截了当，说明自己的建议内容。事实证明，对于同样内容，采取不同方式，最后能够取得接纳与排斥的不同结果。

英国著名学者帕金森和鲁斯特莫吉在他们合著的《事业成功之路》这本书中曾经说过，表达自己的意愿，一定要选择合适的方式，批评之前，最好先以表扬铺路，其实，这也是符合情理的，是人们自尊自重的需要。作为副职，对自己的领导，或者是在一些关键环节陈述意见，一定要注重方式，如果方式不当，激怒了上级，忠告的初衷也就失去了意义。即使内容再正确，也不会产生任何积极的作用。

在美国，很多人都知道爱德华·豪斯上校，他在威尔逊统治白宫期间，对国内及国际事务都有着极大的影响作用。威尔逊本人十分重视豪斯上校的咨询和意见，而他又是用什么方法来影响总统的决策呢？

《周六晚报》的一篇文章引述过一段关于豪斯上校的讲述，揭开了其中的奥秘："我发现，要改变总统的看法，是非常难的，但只有一个方法，那就是，常常不经意地向他提出一些见解，等我的观念自然灌输到他的意识中时，他就产生了兴趣，最终潜移默化地影响了决策。这一方法第一次使用是在一次偶然事件中，我去白宫拜见他，想要催促他决定一项政策，不过，当时他的态度非常不赞成，我并没有太多对自己的观点进行陈述，只是简单分析了问题的利弊和这项政策的有利效果，几天后，在餐桌上吃饭的时候，却吃惊地听到他把我的建议内容当成他自己的意见表述了出来。显然这是与领导进行工作最为有利的方法。"

豪斯上校并没有提醒总统："那不是你的思想，而是我的。"因为他不在乎这种肤浅的名誉，他更关心的只是实际效果，如果决策能够通过，那这将是自己工作能力的最好证明。时间长了之后，相信威尔逊总统总会认识到他的智慧和对自己决策的支持，而这时社会上，也必然会给威尔逊以最高的赞誉。

"献其可，替其否"是《左传》中的一句话意思是，建议用可行的去替代不该做的，后来演化为成语"献可替否"，意思是要多从正面去阐发自己的观点，多提建设性的意见和建议，去替代反面的批驳与否定。一个出色的部属，不仅仅要对上级领导言听计从，而必须给领导出主意、想办法，尤其是当领导者的考虑不符合实际情况时，要能够通过部属巧妙的进谏和忠告，使领导者改变初衷，这必然是对于自身工作能力最有效的肯定。

批评也要讲究方式

狄德罗有这样一句名言："真理喜欢批评，因为经过批评，真理就会取胜；谬误害怕批评，因为经过批评，谬误就要失去。"

没有人喜欢批评，因为它意味着对一个人的否定，在这否定之后，必须花费更多的精力去寻找肯定的认可，同时，它也是对一个人自尊心的最大伤害。但是，也没有人能够否定批评所产生的积极效果，抛弃自己一时的尊严之后，才能对自己与社会有更清醒的认识；在批评的激励作用之下，自己才能调整自己事业的方向，才会增强自己的能力，获取进步从而能追逐更好的结果。

批评对人会有帮助的作用，但却不会为人所乐意接受，也许适当转换一种表达方式，在其中更多融入灵动的内容，对于同样的表达内容，以不同的方式进行表述，也许就能起到很好的效果。

管理之中，对于领导者工作而言，批评下属是家常便饭。因为对于工作方针必须时时调整，这样才能保证全盘工作按照计划进行，下属工作必须进行时时督促，才能保证能力不断增强，而使整体效率不断提高。但对于管理，又不能简单把批评看做是管理工作的全部，认为对下属的呵斥就是自己权威的表现，这样对于管理工作的本质认识，就陷入到一种肤浅之中，难说有艺术性。对于管理的认识，更多需要看到团体的效率，看到自己的职责，从这一角度，要寻求如何才能使批评产生效率。因为这一动机，我们必然会寻求更有效的批评方式。

对于同样的表达内容，只要适当变通方式，就会起到很好的效果，比如在批评下属的时候要考虑对方的接受情况，对不同性格的人以不同的方式告知；比如尊重对方的情感，批评之后，总是不忘鼓励，以便能让对方依然建立起自信；

在自己的工作方式之中，更多融入灵动的内容，工作的开展就会更加便捷，也就使得自己的管理更加富有艺术性。

杰克·韦尔奇就任通用电气公司总裁之后，面临着一项棘手的工作就是：免除查尔斯·史坦恩梅兹的计算部门的主管职务。

史坦恩梅兹在电器方面是个非常难得的天才，但担任计算部门主管却遭到彻底失败，他并没有表现出卓越的管理能力。不过，公司不敢冒犯他，公司绝对少不了他这样的人才的帮助，最终如何以恰当的方式，对这一工作职位进行变更就成为一个让人头疼的问题。

韦尔奇亲自出马，一天，他约史坦恩梅兹到他的办公室，对他说："史坦恩梅兹先生，现在公司有一个工程师顾问的职务，这项工作非常重要，需要对公司的运营做出全盘的计划与建议，我们考虑你是最合适的人选，不知你是否有兴趣来担任这样的职务。"

史坦恩梅兹听了，十分高兴，"没问题，只要是公司的决定，我都乐意接受。"

对这一调动，史坦恩梅兹内心十分高兴。他自己心里明白，更换职务是因为自己担任部门主管不称职，但他对杰克·韦尔奇处理这一问题的方式感到非常满意。

通用电气公司的高级管理人员也很高兴，杰克·韦尔奇巧妙地调动了这位最暴躁的大牌明星，并没有引起一场大风暴——因为他让史坦恩梅兹保住了自己的面子。

这样的情形在中国社会相信会更为常见，因为中国传统社会中有浓重的情感文化与面子文化，在工作的调动安排中，必须要顾及每个当事人的情绪与利益。采取恰当的方式，进行灵动安排处理，才能保证工作为大家所接受，工作也因此顺利开展，而不会因为抱怨等情况发生，对工作开展形成阻碍。

批评是一门艺术，也是对于管理者能力的最好考验，简单地去对待批评，就会给工作带来消极的后果，而对批评有更多的考虑和准备，也会给工作带来更为有利的结果。

松下幸之助被称为"经营之神"，但大家也许不知道这位"经营之神"在工作中会经常责骂自己的部下。但他的责骂方式却是非常巧妙的，最终不会破坏彼此的信任，还会形成很好的激励，他的秘诀就在于对于对方和自己情感的考虑和把握。

后藤清一曾在松下公司任职，一次，因为一个小的错误，被松下先生严厉批评。当他来到办公室时，松下正气急败坏地拿起一只火钳死命往桌子上敲，然后大发雷霆。最后，后藤正悻悻然要离开，松下却突然开口说道："等等，因为我太生气，把火钳弄弯了，麻烦你费点力气，帮我把它弄直好吗？"

后藤无奈，只好拿起火钳拼命敲打，而他的心情也随着敲打逐渐归于平稳。当他把敲直的火钳交给松下时，松下看了看说："嗯，比原来还好，你真不错！"然后就高兴地笑了。

然而，更为精彩的还在后头！后藤走后，松下悄悄地给后藤妻子拨通了电话，对她说："今天你先生回家，脸色一定难看，请好好照顾他！"

责骂之后，反以题外话来称赞对方，这是松下用人的高明之处。本来，后藤在挨了松下一顿臭骂之后，决定辞职不干，但松下的做法，反使后藤佩服得五体投地，决心继续干下去，而且要干得更好。

在批评的时候，必须去考虑下属的情感。不同的性格有不同的接受方式，我们必须寻找到其中最为恰当的；同时，还要考虑每个人都会有很强的自尊心，如果他认为这样的批评不能接受，或者认为领导失去了公平，最终就会选择辞职离开，而这就失去批评应有的初衷。批评的过程中，对下属的情感进行尊重，灵动地对方式进行调整，就能起到更为良好的效果。

批评的过程中，还必须对领导者自己的情感进行考虑，遇到问题发泄情绪是经常遇到的情形，但如果处理不好，就会对工作产生破坏。批评的同时，尽量掌控自己的情绪，就是在自己发火之后，也别忘记做好善后工作，这样的批评也就可以起到更好的效果。

激发有建设作用的冲突

没有人喜欢冲突,因为它意味着彼此的斗争,意味着精力的耗费和最终胜负不同的结果,在这结果之后还有个体情绪的悲伤、意识的调整、行为的改变,还有这其中必然的周折。

莫鲁瓦有这样一句名言:"没有冲突的婚姻,几乎同没有危机的国家一样难以想象。"

婚姻之中不可能避免冲突,总是回避冲突,就会隐藏许多问题,直到最终集中爆发而不可挽回。反而我们生活中一些有利的冲突,却可以使我们向着有利方向发展促进。最终因为表达出彼此的意见,从而有寻求统一与包容的可能。国家的管理之中,如果回避危机,也是同样的道理。只有表达出不同的思想与问题,才能不断地寻求解决,从而使社会文明不断进步。

在管理中,传统的观念是回避冲突的,因为人们看到冲突的破坏性后果,为寻求群体的秩序,保持全体的统一,尽可能减少冲突的发生可能。但冲突的发生又总会产生出积极的效果,暴露出组织内的问题,进行及时调整,促生更好的效率,通过不同意见的碰撞,擦出思想的火花,我们要认识冲突,我们更要有效利用冲突。

管理之中,对于冲突的认识与处理,是管理者气魄与视野的最好证明。不为惧怕,敢于承受,站立于历史高度,对管理活动进行完整看待,减少其危害的效果,尽量去发现其中的有益内容,冲突最终不仅不会为其所回避,反而还会成为管理者进行有效管理的手段。

作为优秀的管理者,往往能够舍弃对冲突的回避态度,能够舍弃冲突所带来风险的惧怕，以最高深的智慧看透其中的逻辑与蕴藏内容，有效掌控之后，显示出自身高超的管理艺术水平。

富兰克林·罗斯福就任美国总统期间，就非常善用"沟通"手段来激发有效冲突，而他本人也被认为是处理公共关系的行家里手。

在决策任命时，通常会把高级官员的候选信息通过名声不好的"可靠信息源"渠道透露给社会媒体，比如，把高级法院可能任命的大法官的名字"不小心泄露出去"，如果该候选人能够经得起公众的挑剔考察，得到大家的认可，那么这个任命也会自然执行。

但是，如果该候选人缺乏新闻、媒体及公众的关注，总统新闻秘书或其他官员不久后就会发表诸如"从未将此人放在考虑之列"的正式讲话。

白宫的任职者们不论党派归属，都认可这一方法，通过激发冲突，对工作形成最好的促进。

从这一工作的细节，就能看出罗斯福卓越的管理才能，他没有惧怕冲突，而是以自身的气魄去寻求积极冲突的可能，并把它作为自己开展工作的有效方式。同时，我们也能看到冲突对工作开展的有利促进，在一个任命没有形成之前，以冲突的方式，去对候选者进行一次考核，无疑会对自己决策形成最好的支持，冲突有时会显现出其他管理方式所不能获得的效果。

在通用汽车公司的发展历史上，有两位重要的人物，在他们的管理风格之中，对于"冲突"有不同的认识，因此采取不同的策略，最终也取得了不同的效果。

一位是威廉·杜兰特，他在做出重大决策时，大致上用"一人决策"的方式，他喜欢那些同意他观点的人，而且永远不会宽恕那些当面顶撞他的人。最终所形成的结果是，由工厂经理组成的经营委员会讨论问题时，很少遇到一个反对者，总是一致通过，但可悲的是，这种局面仅仅维持了4年的时间。4年后，工厂经营出现了危机，而这又不得不归结于他的管理方式，最终杜兰特不得不离开公司。

另一位有影响的人物是艾尔佛雷德·斯隆，他是通用历史上，拥有最高声誉的一位领导者,被誉为"组织天才"。在杜兰特离开之后,他接任了领导者的职务,他目睹了杜兰特的错误,因此决定彻底改正这一情况。他认为没有一贯正确的人,在他做出决策之前,必须征求不同意见,鼓励争论和发表不同意见,才能做出最后的决策。他甚至培训基层员工,以使他们能对公司决策提意见,大家普遍认为,"没有对立方案,不能决策"的管理原则,就是斯隆首创。

对于今天的领导者来说,通用汽车公司的这一管理情形会成为很好的反思与借鉴。冲突和矛盾都是必然的,普遍存在的,所以就不应回避、抹杀,更不能为暂时"一致"所蒙蔽,最终窒息掉人为提出意见的可能,缺少了冲突应有的作用,最后自己管理的效率必然降低,自己管理的生命也会终止。每个人的认识都是有限的,有益的冲突可以成为弥补不足的最佳方案,只要协调合理,冲突可以成为成功道路上的垫脚石。

杜兰特和斯隆,向我们展现了两种不同对待冲突的态度与结果。一个反对冲突,并且杜绝冲突,最终只能以失败告终;另一个正是看到这样的结果,所以认真看待冲突,并寻求积极冲突的可能,最终促进了公司的发展,甚至开启出管理的一个新时代。

优秀的管理者,不是对自身利益进行狭隘维护,局限于意识的局限,最终失去最好管理工作的可能,一定要能将冲突内容有效地融合到自己的认识与工作之中。认识冲突,把握冲突,轻松地应对冲突,自由地运用冲突,只有这样,才能更有效地促进管理工作,展现出卓越的智慧。

对可能出现的危机要有充分准备

每个人的生活中，都会出现危机，但人们对待危机的态度与处理却必有不同。

有些人，会非常惧怕，相信任何人都会产生出这样的情绪，最终因为情绪的影响，自己也就失去了最为有效的处理危机的时机，过后明白时，已是万分后悔；有些人，却能把握一时的情绪，以自身的理性去分析所遇到的问题，并寻找背后的原因，寻找到最为有利的解决方法，几次尝试之后，危机也许就会迎刃而解了。

比较这两种态度的不同，也许对待危机发生的准备就显得尤为重要了，有所准备之后，就不会乱了手脚，就有从容面对的可能，而这对于问题的解决就显得尤为重要。每个人在经历过事情之后，性格都会变得成熟，也许对于危机的这份准备，就是我们成熟的根本所在。

现在从事管理工作与古代为官之道有许多相同之处。它们的本质都在于一舍一得，明朝司礼监掌印太监在教导冯保时所提出的一些观点，就可以成为我们很好的参照。他说，文官做官要三思，三思也就是思危、思退、思变。知道了危险就能躲开危险，这就叫思危；躲到人家都不会注意你的地方，这就叫思退；退了下来就有机会，再慢慢思考自己的不足，以及自己往后该怎么做，这就叫思变。

无论官场还是职场，时浮时沉，要想立于不败之地，必须学会灵活多变，若了解舍得的真谛，便能如鱼得水，加快自己在事业上成功的步伐。

对于危机的出现，我们更多需要以平静的态度来对待，看待危机中所蕴藏的机会，去积极预测危机的结果，即使最终结果不利，也能做出最为有效的挽救，这才是对待危机应有的态度。

1995 年 1 月 17 日，日本发生了 7.2 级坂神大地震，2006 年 11 月 15 日千岛群岛也发生了较大震级地震。但日本的损失并不是很大。

分析原因,为了减少地震造成的损失,日本人十分重视地震危机管理。

除了在房屋建筑上提高防震标准外,日本政府对大众抗震教育和训练也做到了经常化和制度化。

在日本,小学不仅有防震知识教育,而且还会经常举行防震演习。老师一说地震开始,孩子们便立即双手抱头,钻到桌子下面或者其他较安全的地方。

在社区,家家都有应急包或应急箱,里面装有饮用水、干粮、急救包、手电筒等逃生工具。

同时,日本每一个市、镇都有专门的防震指挥部,以备必要时所用。

最终当地震来临时,大多数市民都镇静自若,自发地组织自救和他救,从没有出现骚乱现象,也就将损失减到了最低程度。

地震的发生,对于一个国家或地区的经济、社会发展会形成致命的打击,特别是一些较大级别的地震,更会完全摧毁这个地区的建设。但地震的发生,又是对当局管理水平的最好考验,他们能否应对危机,能否对危机的发生做好充分的准备,这都会对他们的工作做出巨大的考验。只有那些准备充分的人,才能临危不惧,冷静处理危机之下的各种问题,将危机中可能出现的损失减少到最小,也以此来证明自己管理的完善与卓越。

在日本这个地震多发的国家,有着自己的完善的管理,从教育上,从人们意识上,从社会结构上,都做出充分的应对。因为这样充分的准备,最终当地震发生时,人们也就不会发生慌乱,冷静而有序地进行各项救生工作,把地震的损失减少到最小。因为地震的频繁发生,所以管理者意识中有足够的准备,因为这样的准备,人们又能有效地去应对和处理地震的发生。

作为管理者来说,应该在自己的管理当中,对危机进行有效的准备,也许日本的地震危机管理可以为我们做出很好的提示。对员工进行教育和训练,使员工增强危机意识和抗危机能力,在管理当中,建立危机预防和处理机制,这样当情况出现时，员工们就能有条不紊地进行有效处理。在这些准备之下，最终危机就有可能被妥善处理，而自己的管理工作也就得以完善。

危机之中也会存在机会

危机的发生都是与改变紧密联系，改变的发生，有可能会带来坏的结果，但其中也有可能蕴藏发展的契机。

因为人们更多偏向于保持状态的平稳，所以对改变的发生，一般会以否定的态度来看待，因而人们太多选择回避和拒绝，却不知道其中也就丢失了有利的机会。

有着深邃智慧的人，或者说阅历更为丰富的人，他们不仅不会回避危机，还会以积极的态度去面对，在态度上选择勇敢接触，因为他们知道危机的出现总是意味着改变的发生，而这其中也就必然会有十分有利的内容。对于改变，只有那些最为聪明的人才能把握并且有效利用。

随着全球经济竞争日趋激烈，世界著名大企业纷纷推行"危机式"生产管理，掀起了一股"末日管理"的浪潮。他们认为每一次危机本身既包含导致失败的根源，也孕育着成功的种子。发现、培育，以便收获这个潜在的成功机会，才是危机管理的精髓。而习惯于错误地估计形势，并使事态进一步恶化，则是不良的危机管理典型。简言之，如果处理得当，危机完全可以演变为"契机"。

作为一个企业的管理者，他是一个企业的掌舵人，他要带领企业在得失的激流中顺利航行。当面对危机时，他一定要能舍弃掉自己的惧怕，舍弃掉眼界的狭隘，以最为沉稳的性格有效把控时局，站在长远的角度对问题进行看待和处理，最终以企业的顺利发展，作为自己管理水平高超的最好证明。

20世纪90年代初,波音公司由于员工工作积极性不高,产量大幅度下降,生产效率低下,企业走进了经营的低谷。

领导者意识到了这个问题,并积极寻求改善的方法,最终波音公司的领导者们想出一个非常奇妙的"以毒攻毒"的策略。

他们自己摄制了一部虚拟的波音公司倒闭的电视新闻片,自曝惨状。

在一个天色灰暗的日子里,众多的工人们垂头丧气地拖着沉重的脚步,鱼贯而出,从波音公司走出,最终不得不离开自己工作多年的飞机制造厂。在厂房上面挂着一块"厂房出售"的牌子。同时,扩音器里不断传来一个声音:"今天是波音时代的终结,历史悠久的波音公司关闭了最后的一个车间,卖掉了所有的专利,也辞退了所有的员工,宣布了企业的倒闭。"

这是波音公司总部对所有员工提出的告诫:如果公司不能进行彻底的变革,如果每一个员工不能产生危机意识,如果不能改变工作的状态,提高效率,那么公司的末日就是如此景象,最终对谁都非常不利。

真可谓"假作真时真亦假,真作假时假亦真"。这一计谋实施后,没想到影响空前,波音公司很快就从改革中"尝到了甜头"。员工们由于充满危机感而努力工作,尽量节约公司每一分钱,充分利用每一分钟,波音公司的飞机制造业因此转变迅速而有效益。

仅1992年这一年,波音公司就削减库存费用达1亿美元,经营成本也降低了20%~30%。

这本是一个并不存在的危机,但它能起到非常好的效果,员工懒散而低效的工作因为一个宣传片的播放,而得到了彻底的改变。人们认识到自己懒散工作的结果,最终会对企业形成不利的影响,而这样的结果对自己的影响也是彻底不利的。因为危机意识,使得人们产生无限奋进的激情,有效激励企业的员工,从而取得最为有利的结果。

这是一个聪明的管理行为,管理者不仅不惧怕危机,而是积极利用危机,去对自己的生产经营活动进行有效激励。他能洞察危机的原理，明白危机的出现是对一个人潜能的最为有效的激发，正是因为这样的认识，领导者有效利用危机，对管理活动进行了有效的促进。

王某是高原地区苹果园的经营者，每到收获季节，他都会将上好的苹果装箱发往各地，由于高原苹果味道佳美，很少污染，深受顾客青睐。

可是，天有不测风云，一年高原上突然下了一场特大冰雹，苹果被打得遍体鳞伤。

王某看着满园伤痕累累的苹果，心事重重，这时，苹果已经订出90吨。不知该怎么办？

王某俯下身拾起一个苹果，揩去泥土，咬了一口，意外地发现，特别香甜。

突然，一个绝妙的主意油然而生！

王某果断地命令手下把苹果装进箱子，并发运出去。但是在每个箱子上都附上一个简短说明："不要光看苹果外表，这是冰雹打出的痕迹，是高原地区出产苹果的特有标记，这种苹果，果肉坚实，具有妙不可言的味道。"

收到苹果的买主半信半疑，他们尝了之后，发现味道果然特棒，人们开始纷纷青睐高原苹果，甚至还专门要求提供带伤疤的苹果。

"塞翁失马，焉知非福"，世界上没有绝对好的事情，或者是绝对坏的事情，好的事情可以转变成为坏的，同时坏的事情中也会蕴藏有有利的契机。一场冰雹的出现，影响了苹果的外观，这在外人看来是最为糟糕的一件事情，不过最终，不仅被经营者巧妙回避，并且还因此成为属于自己特有的标记，为顾客所认可。所以发生的这一切，都有赖于管理者应对危机的意识，一个灵活的处理，一场危机就可迎刃而解，并因此获得更好的发展机会。

当企业出现危机时也是一样，面对不利情况出现，我们要冷静思考，灵活进行处理，采取积极的态度面对，及时创造有利条件，这样坏事也有可能变成好事。

妥善处理所遭遇的危机

人们钦佩于稳重的性格,当一个人能呈现性格的稳重时,一般都会给予赞赏与认可,对于自身性格塑造,也希望能纳入稳重内容。而稳重之所以为人们所重视的原因,就在于在人们面对危机时,能够发挥出最为强大的作用,它可以让人们保持冷静,不为一时的表象所迷惑,最终在人们面前,坏事也会转变为好事。

人们都敬仰智者,因为他们拥有超人的智慧,人们都希望学习这样的智慧,从而当他们身陷困难之中时,能够帮助他们对所遇到的问题进行全面分析,从而可以寻找到走出困境的方法。

对于优秀的领导者而言,稳重与思考是其性格最为重要的两个支撑。性格的稳重,可以让人们不为所遇到的问题而慌乱,从而为看清楚问题,妥善解决提供最有力的保证;敏锐的思考,可以让自己能从更多的方面对自己遇到的问题进行反思,继而为问题的最终解决提供更多可能。

一个人因为具备这样的品性,也必然会得到人们更多的认可和敬仰,并产生了更多的依赖,而他本人也就更为符合一个领导者的职位。

在深山的一个寺庙里,住着一位德高望重的老和尚,他还收了四个小徒弟。

老和尚年事已高,决定选择他的衣钵传人,并为此想出了一个办法。

一天,老和尚召集了几个弟子,对他们说:"寺庙大堂最为珍贵的香炉不见了!这是怎么回事呢?"

小和尚们都不敢置信,因为寺庙唯一的门一直都是由这几位和尚轮流看守,外人根本进不去。

老和尚以平静的口吻说道:"这是寺庙最珍贵的宝物,只要拿的人能够承认犯了错误,把东西放回去,我是不会追究责任的。"

第一天过去了，没有人承认；第二天也没有……

小和尚们开始相互猜疑，五天过去了，还是没人站出来。

老和尚最终无奈地说："如果都认为自己清白，那表明你们定力已够，修行可以结束，明天就可以离开这里了。"

第二天，为表自己清白，大家一大早就背着行囊离开，只剩下一个又瘦又痴的四弟子在菩萨面前依旧打坐念经。

看到这种情况，众和尚心中松了一口气，终于有人承认拿了香炉了。

老和尚走过来，询问："你为什么不离开？香炉是你拿的吗？"

四弟子摇摇头，回答道："我为修养佛心而留！"

"既然你没拿，为何要留下来承担怀疑，让别人误会。"老和尚说。

四弟子回答："过去五天，怀疑伤自己的心，也伤别人的心，需要有人承担才能化解怀疑。"

老和尚笑了，从袈裟后拿出香炉，放在四弟子手上："香炉还在，只有你能够承担！"

自然，四弟子后来成为这个寺庙的住持。

人性真实，面对危机，人们自然都会躲避，面对怀疑，人们也会想办法回避，但所有的回避，却不会对问题的最终解决产生有效的推动，只有那些心胸最为宽广的人，才能承担这份职责，去探究问题的根源。这种性格的能力，就是他成为一个领导者的原因，也是老和尚挑选住持所衡量的最为主要的因素。

面对企业所遇到的危机，大多数人会更多考虑自身的利益，寻求逃避的可能，而这时就需要一个人能对所有问题进行承担，以寻找最好的解决办法，这也是一个领导者所应扮演的角色。只有具有这样性格的人，才符合一个领导者的要求，只有具备这样的能力的人，才能带给一个企业最好的发展。

科学家进行了一项实验：将六只蜜蜂和六只苍蝇装进两个一模一样的瓶子，瓶子斜放，瓶底朝窗户。

几小时后，蜜蜂倒毙或饿死；而苍蝇则穿过另一端的瓶口全部逃跑。

原因在于，蜜蜂喜爱阳光，认为有光的地方是出口，不停地在瓶底寻找出口,遵循这种逻辑,直到力竭身亡。

而头脑简单的苍蝇则似乎缺少逻辑,全然不顾亮光吸引,四下乱飞,结果误打误撞找到下面的出口,重获自由和新生。

一个出色的管理者,要能打破僵化,不为常规所限制,充分发挥出思维的空间,从而能为企业发展带来更为充分的空间。

面对趋于复杂的世界,如果你想使之变得合理,就必须拥有随机性的智慧而不是教条式的智慧,就如同布拉多印第安人通过炙烤鹿骨来决定狩猎的走向一样。

为什么这样讲?

因为通常情况下,布拉多印第安人都会利用积累的有关猎物、追踪、天气和地形的丰富经验来进行狩猎。然而,当外界环境的变数加大或遭遇其他特殊情况时,布拉多印第安人便会把经验搁置一旁,转而求助于非逻辑性的“魔法”,进而使狩猎最终取得意外的成功。

魔法为其固定的狩猎模式引入了一个随机的变数,因此充满活力,狩猎的战术因此不会墨守成规,避免了由于一味遵从经验而可能造成的无效追逐或失败。

企业所面临的危机,是不可预期、不可想象、不可理解的。领导者的工作就是从混乱中理出秩序。但是,如果一味地遵循规律性,就会失去更多思考的可能,容易导致失败,有时开拓的思维就为你提供出了更多的可能,而深邃的智慧,却可以让你具备这样的思考角度,而使你的管理工作更加具有灵活性。

企业是作为群体而出现的,这就必然有企业内部各个成员之间的协调,企业发展中遭遇各种危机的协调,这些工作内容是对一个领导者严峻的考验。优秀的管理者,会分清楚正职与副职之间的角色与工作内容,同时又会强调以灵动的方式进行灵活处理,企业因此而更加和谐;面对危机,管理者也能充分认识危机,有效把握危机,积极面对危机,不为危机所惧怕,反而能在自己的管理中有效利用,相信这样的管理者必然能使企业发展得更为顺畅。

第 10 章

舍与得的团队课：

明确职责是打造优秀团队的根本

　　人是因为社会性才与其他动物划分出明显的区别的；企业是因为大家团结一致，才能发挥出最强的效用，获取最有利的结果的。对于领导者来说，一定要有团队管理的意识。每个人都是团队不可或缺的部分，各自承担自身角色，展示自身性格，发挥各自的作用，注重团队气氛，打造团队文化，当以团队的理念进行管理时，团队也必然会发挥出最强的合作与创新作用。

领导一定要有团队意识

"人类天生是社会性动物",这是亚里士多德的一句名言。

人总是生活在社会之中,脱离社会就不可能生存,我们获取生命,继承先人的文化,学习语言,传授智慧,彼此互助,才能使我们的生命充实而精彩。

社会也同时需要我们每一个人,需要我们千千万万个如此普通的个体,去贡献我们的力量,为这一庞大的群体结构提供最为根本的动力,才能维持这一机构的有效运转,并因此呈现出属于一个时代的特征,每个个体在其中所扮演的角色与起到的作用都不可或缺。

团队正是一个小的社会,它有着自己的边界,内部则是紧密联系,彼此信任,各担角色,相互有效配合,从而在外部社会中展现自己卓越的能力,获取最为优秀的业绩。

每个成员对于团队来说,都是不可或缺的,在各自的岗位上,承担自己的职责,也发挥着自己的力量,最后所产生的结果,不是简单的个体的叠加,而是通过有效的相互配合,发挥出完全超越之前的群体力量。

作为管理者,要能认识团队的重要,自己领导的是一个团队,每个人在其中扮演不可或缺的角色,紧密合作,才能发挥出最大效用。同时,一个领导者也要具备掌控团队的能力,

了解团队的机制,明白团队的效率,并寻求最为有效的方法,这样才能完善地履行自己的职责。

凡是能成就大事的人,都会有一个团队在背后对他进行支持,大家在背后紧密合作,出谋划策,在市场上奋勇拼搏,才能获取属于一个团队的成绩,也以

此证明一个管理者最优秀的管理水平。

在森林里的一条美丽小河旁，住着 3 只小狼。

一天，来了一只大象，它依靠自己高大魁梧的身材，侵占了小狼的家，把它们赶到了河流的下游。

有一次，这 3 只小狼又看到了大象。

一只小狼气呼呼地说："大象抢了我们的家，还如此骄傲，我想让它知道我们的厉害。"

"可我们怎是它的对手呢！"一只小狼说。

这时，一直沉默的小狼开口了："如果我们一起努力合作，它会没有办法招架的。"

3 只瘦弱的小狼站在了大象面前，大象只是趾高气扬地看着它们。

一只小狼扑了上来，大象一脚把它踹开，另外两只小狼也扑了过来，和大象搏斗在一起。

一开始，小狼不是大象的对手，被大象扔了又扔。

没多久，一只小狼咬住大象的尾巴，任凭大象如何甩动，都咬住不放；一只小狼咬住大象的耳朵；一只稍显强壮的小狼咬住大象的一条腿，任凭大象如何踢弹，都不动弹。

在 3 只小狼的齐心攻击下，"庞然大物"累得气喘吁吁，渐渐体力不支地瘫倒在地，它从没想到，自己会栽在小狼手里。大象最后又离开了河流的上游，而小狼们，也维护了自己的尊严。

俗话说："三个臭皮匠，顶个诸葛亮。"三个看似普通的个体，通过有效配合，也许可以战胜一个庞然大物。在团队内部，管理者的重要职能就是将所有员工的能力加以统一，构成一个共同目标，并根据实际情况对人员进行分配工作。只有每个员工都明确自己的岗位职责，各司其职，才会产生最为良好的效果。

富翁年事已高，有一个大厂需要继承，他有 3 个儿子。这 3 个儿子彼此都不信任，只是希望自己能成为唯一的继承者，因此富翁很担心工厂未来的发展。

为了改变这种情况，富翁常常试着用话语来排解他们的分歧，但效果并不明显，他总在尝试一些有效的方法。

一天，富翁把 3 个儿子叫了过来，吩咐道："在你们面前有一堆筷子，把筷子绑成一捆，然后折断它。"

3 个儿子不知道父亲葫芦里卖的什么药，结果谁都无法折断。

这时，富翁把这堆筷子解开，说道："你们一次拿一根筷子去折，看能不能把这捆筷子掰开。"

3 个儿子开始拿着一根筷子掰起来，没过一会儿，一捆筷子就轻而易举地被掰完了。

这时，富翁说道："儿子们，你们的争吵和分散，会使你们的力量瓦解，轻而易举地被你们的对手打败。但是，如果你们能保持团结，便有足够的力量去对付所有的敌人。"

3 个儿子你看我，我看你，笑了起来，把手放在了父亲的手掌上，紧紧地握在了一起，他们终于明白了老父亲的意图，也知道了自己该怎么去做。

道理很简单，并且为我们所熟知，但是，就是如此简单的一个原理，却总是为我们所忽略。因为各种原因的考虑，人们总会被蒙蔽了双眼，只是在意自己一时的利益得失，关注他人的存在会给自己带来什么不利的结果，却忽略了他人对自己的重要，忽略了彼此之间存在着有效合作的机会，最终经过一番困苦之后，才明白双方对彼此都是不可或缺的，与征战和抢夺的方式相比，也许我们可以通过更多的协调与合作，使双方获得远比当初要多得多的收获，并且，彼此还能毅然保持信任和协作。

中国是强调集体精神的文化，但个体又具有很强的独立意识，彼此之间又有怀疑与不信任。作为一个管理者，应该对这种情况进行充分认识和把握，看到合作的需求，舍弃怀疑，寄托以信任。同时，也要避免管理的失控，必须进行有效的控制，才能取得最好的效果，体现出一个人的管理艺术。

团队的本质在于相互配合

泰戈尔说过："一朵鲜花打扮不出春天的美丽，一个人的力量总是显得单薄，只有相互协作才能拥有移山填海的力量。"

不管是在生活中还是工作中，一个人的力量总是非常有限的，而通过有效合作则可以产生出无穷的力量。一个人离开了团队就很难独自在竞争中获胜，这就好比是鱼和水的关系，个体是鱼，团队是水。在工作中，个体需要通过与他人的协作才能完成自己的任务，体现出自己的价值，也获取到超过当初的收获。一个个体，离不开自己的团队，一个团队的成功也离不开所有成员的共同努力。

每个人又都是独立的，每个人都会有"个人英雄主义"情结，这往往会成为团队协作的最主要障碍。我们都渴望自己的能力得到别人的认可，自己受到他人的关注，张扬个性，以自我为中心，去进行我们的工作和生活设计。但在自己生活中，适当时候必须认识团队的重要，接纳团队的安排，这正如人的本性和人的社会化之间的矛盾，脱离社会，自己不可能完整存在，甚至不能生存，比如将自己融入团队之中。同时，团队也需要能释放出个体的个性，为他们施展才华提供充分的空间，在合作中寻找不同，以不同来驱动合作，个人能力的最大限度发挥，团队也获得最好发展，这是个人能力的最好体现，也是团队效用的最大限度发挥。

木匠有一把螺丝刀。螺丝刀头是用铁做的，而螺丝刀把是木头做的，非常漂亮，上面雕刻着两条龙。

木匠修理很多东西都会用上螺丝刀，他十分爱护这把螺丝刀，用完后都会放在一个精美的盒子里。

一天晚上，螺丝刀顺利地完成了一天工作后，准备躺在盒里休息一下。

这时，螺丝刀头对螺丝刀把说话了："我有一个问题，很早就想问你，一直没有机会。今天正好睡不着，能不能聊一聊？"

螺丝刀把有些不解，"咱哥俩儿客气什么？还有什么不能说？有什么话就直说吧。"

"那我现在就问你。"螺丝刀头说，"为什么工作时只有我满头大汗，而你却比较清闲？"

螺丝刀把愣了一下，但没有说话。

螺丝刀头清了清嗓子，继续说道："你只凭着你漂亮的外表，便和我平分劳动成果。我认为不公平，难道你不感觉内疚？"

螺丝刀把看着螺丝刀头，一言不发，过了一会儿，就倒头睡去了。

螺丝刀头心里暗自高兴，"你不说话就承认你没有理了。"于是，它也歪着头睡着了。

第二天，又接到新任务，木匠不小心把螺丝刀重重地摔在地上，螺丝刀头和螺丝刀把这回彻底分了家。

虽然螺丝刀头被摔得很疼，但是它心里却乐了，甩掉了一个大累赘，这下可以给自己又换一个帮手了。

结果，出乎意料，螺丝刀头被木匠无情地扔到垃圾堆里，而螺丝刀把却被木匠仔细保存了起来。

螺丝刀头到最后还是不明白，工作表现最好的是自己，为什么狠心的主人却把刀把留下了而把自己扔掉。

一把螺丝刀，是因为螺丝刀头和螺丝刀把共同协作，才能发挥效用，刀头有着自己的坚韧，而刀柄则可以提供源源不断的力量，两者谁都不可或缺。如果有人不能认识到这种协作的必要，而是单独去强调个人的作用，最终他就可能脱离出这个群体，而这时，就会发现，原来失去团队的帮助，自己一无是处，并不会像自己当初想象得那样风光。

团队之中的角色，每个人都不可或缺，在自己的位置上发挥自己的效用，有效配合，才能使团队独特而不被取代。如果脱离了群体，个体也就失去了自己应有的身份，也就不再具有发挥作用的能力，最终不得不重新去找寻自己的位置。

领导者对于团队的协作与配合必须要有充分的认识，使自己的团队成员认识到合作的作用，舍弃掉个人英雄主义的倾向，有效配合，才能发挥出最大的作用。同时在自己安排工作的过程中，又要尊重每个队员的个性需求，看到每个人的特点，发挥出每个人的特长，这样就能在个体充分发挥自身能力的基础上，团队获取有利发展。

一天，李四因为一场车祸，见到了上帝。

上帝了解到李四是一个忠厚、善良的人，便说："我想，应该带你去天堂。"

李四回答上帝说："在我们的世界，有许多关于天堂和地狱的说法，能不能让我看一下天堂与地狱有什么区别？"

上帝答应了他的要求，带他先来到了天堂。这是一个鸟语花香，气候宜人的地方，所有灵魂们个个都是脸色红润，身体健康，生活如同仙人一般。

"他们生活得真舒适，他们平时都吃什么？"李四好奇地问。

上帝说："食物没有什么特别，不同的是他们懂得合作，因此丰衣足食、皆大欢喜。"

李四看见一群灵魂正在一个大锅前吃饭，手上拿着一把三尺长的木勺，他们盛起食物，送到对方的口中。

上帝又带李四来到了地狱，李四就感觉到浑身冻得瑟瑟发抖，感觉寒气逼人，看见的都是骨瘦如柴、饱受饥饿的灵魂。

"为什么他们这么瘦，好像没吃饱的样子。"李四问上帝。

"你看那边！"

顺着上帝手指方向看去，那些灵魂围在一个大锅旁，手上同样拿着一把三尺长的木勺，他们争先恐后地吃，但被长勺所约束，很难将食物送进自己口中。有时不小心把食物撒在别的灵魂身上，就开始争吵，甚至大打出手。

看到这个情景，李四明白了天堂和地狱的区别，他笑了笑和上帝又一同回到了天堂,过上了丰衣足食的生活。

在一个企业中,员工都应该互相帮助,真诚地去合作,为公司的发展共同努力。如果自私、贪婪地相互争取自己的利益,不仅容易使自己受损失,而且也会给公司的发展带来很大的隐患。

团队需要的是彼此的合作,如果只是考虑自己,就失去了团队所应有的作用,就会对整个团队的建设产生巨大的障碍,最终也不能发挥出团队所应有的效率。

一个好的管理团队,领导者要与下属沟通,帮助他们做好自我定位,让员工从心理感受团队气氛,感知团队所带来的巨大成就,只有这样,才能有效地把他们融入到自己的团队之中。

要树立领导者在团队中的威信

《辞海》中对威信这样解释:"有威则可畏,有信则乐从,凡欲服人者,必兼具威信。"

威信是一个人在群体中所获取的声望,更多的是他个人能力、知识、品性的一种展示。对于你那些有卓越声望的人,必然会获取群体内的威信,人们也会对他有更多的敬仰与依赖。

而如果一个人没有威信,即使他在群体之中,获得一份名誉与地位,人们也不会发自内心地尊重他,最终,当某一天一个时代改变了,就会将他淘汰出历史的潮流。

团队之中的领导者,必须清楚地认识到自己在团队中所承担的职责和所扮演的角色。他是团队的领导者,因此他是最能为这个团队负责的人,无论成功或是失败,没有任何人会替代他,去承担这份结果。因为这份职责,他也有着无上的权力,他要进行组织与安排,挑选合适的人选,制订计划,明确团队的目标,并在关键时刻做出最有效的决策。

匹配这份权力，更多需要领导个体的品性与能力。他要保持自己管理的公正，保证自己能力的卓越，拥有超人的智慧与远见卓识，自然还有专业知识的丰富累积与经历的丰富。只有这些因素全部具备，才能算是一个合格的领导者。

一个优秀的领导者，必须不断去锻炼自己在这些方面的能力。磨炼自己的品性，使他更加包容而沉稳，锻炼自己的能力，使他不断增强，只有具备这些，才能获得在团队之中的威望，在自己的管理之下，团队也才能产生出最高的效率。

李健熙到美国考察，看到三星产品在美国的遭遇，十分愤慨，决定马上召开一个讨论会。会议主题是"电子部门出口商品现场比较与评价会议"。

一向沉默的李健熙，这一天滔滔不绝，"诸位，你们知道我们商品在美国是一种什么处境吗？去到商场看看吧，摆在角落，不细心的顾客都难以发现！"

李健熙不禁有些动情，深吸一口气，接着说道："在美国，一根好的高尔夫球杆能卖 500 美元，而我们 27 英寸的彩电才卖 400 美元。要知道，一台彩电是由一千多个零部件制成。"

一起开会的人，没有一个发言，只是默默看着李健熙，听他说话。

李健熙有些愤怒了："如此的生产，如此的经营……我们意识到问题的严重性了吗？这是对股东，对 18 万三星人的欺骗！是对韩国国民和祖国的亵渎！如果人人都怀着这样的心理，难倒我们就这样自暴自弃吗？"

这次会议整整开了 8 个小时 25 分。

会后，李健熙用 3 天的时间在现场就世界上 78 种电子产品与三星同类产品进行比较分析和评价，最终明确三星电子产品在世界市场上所处的位置。

几天后，李健熙在日本东京举行了以提高国际竞争力为主题的总经理会议。

于 6 月 6 日至 24 日在德国法兰克福、6 月 27 日至 29 日在英国伦敦、7 月 4 日至 14 日在日本东京和大阪举行干部会议。

由于法兰克福会议历时最长，震动最大，因此将上述一系列会议上所形成的新经营战略称为三星集团的"法兰克福宣言"。

李健熙的"法兰克福宣言",震撼了整个韩国财界也惊醒了三星公司所有的员工,为三星公司发展注入无限活力,公司因此团结一致,抢占先机,奋勇发展,最终使三星成为世界著名品牌。

一个卓越的领导能够带领一个团队跨越上全新的发展平台,他的气魄与见识会为他在群体中建立起崇高的威望,而这又会激励下属努力,并朝着一个方向努力,而这也是他个人管理能力的最好展示。

欧洲某些国家公共交通系统售票是自助的,也就是说你想到哪个地方,根据目的地自行买票,没有检票员,甚至连随机性的抽查都非常少。

一位外国留学生发现了这个管理上的漏洞,他非常高兴不用买票就可以坐车到处溜达,在留学期间,他最终因逃票一共被抓了三次。

毕业后,试图在当地找工作,向许多跨国公司投了自己的资料,可都被拒绝了,一次次的失败,使他感到愤怒。

最后一次,他冲进了一个人力资源部经理的办公室,要求经理给出一个理由。

"先生,我们并不是歧视你,相反,我们很重视你。不过我们查了你的信用记录,你有三次公车逃票记录。"

"我不否认这个。但这是一点小事。"

"小事?我们并不认为这是小事。第一次逃票是你刚来后的第一个星期,相信了你的解释,只是给你补了票。但在这之后,你又逃票两次。"

"那时我口袋中没有零钱。"

"不、不,先生。我不同意你的解释,你在怀疑我的智商。我相信你可能有数百次逃票经历。"

"那也罪不致死吧?以后改还不行?"

"不,先生。这能证明两点:一、你不尊重规则,你善于发现规则漏洞并恶意使用;二、你不值得信任,而我们公司许多工作是必须依靠信任进行的。如果你负责某个地区市场开发,会被赋予许多职权。我们没办法设置复杂的监督机构,所以我们没办法雇佣你。在这个国家甚至整个欧盟,都没人会冒这个险的。"

我们应该维护自己的威望,如果道德缺失,总有一天会让自己发现处身于困境之中。管理者的威望就显得更为重要,因为所有团队成员的目光都会集中到你的身上,你的一言一行,都会在团队中产生扩大的效果,一份好的威望会促进工作的开展,而一份糟糕的威望则会阻碍工作的进行,最终甚至会终结自己的职业生涯。

公者无私之谓也,平者无偏之谓也,一个团队要有公平机制,团队领导要有公平的素质,才能获得群体成员的信赖。公平不仅指公平机制和领导个人赏罚公正,还指团队各成员互相之间的道德诚信品格。领导以诚实无欺的态度和赏罚公平的态度来对待团队成员,而团队成员又能以忠诚的态度给予回应。这样,才能使团队有一个良好的环境,避免形成欺上瞒下甚至互相猜疑的风气。

分清团队成员中每个人的角色

生活中,每个人都在扮演自己的角色。角色是一个人语言与行为所应遵循的依据。

一个人所说的话语应该适合自己在群体中的身份,别人才会觉得恰当,也会接受;一个人的行为,也应该符合群体之中的规则,这样别人才不会觉得他是一个唐突之人,而能对他寄托以更多信任。

要寻找到一个人的角色,并不是件容易的事情。要经过不断的摸索与反思,不断的尝试与磨合,才能使自己渐渐适应这个社会的秩序,寻找到自己的定位,承担起个人的职责,也发挥出个人的效用。

对于团队管理而言,角色就显得更为重要,团队成员都是不可或缺的,但是每个人分工又是不同的,必须对其所承担的职责进行明确划分,才能使团队有效运转,个人也能发挥出最大效用。

在对团队成员的角色划分中,一定要能有效结合每个员工的自身特点,寻找到最为适合的位置,而不能太过强调统一,而忽略了对方的差异,因此挫伤了对方的积极性。找到最为适合的位置,最大程度地发挥其潜能,展示个体优势,为团队工作提供最多支持。

合格的领导者,能够管理一个团队,优秀的领导者,则能最大程度地发挥出一个团队的效用,在每个人充分发挥出自己特点的基础上,团队也获得最为有利的发展,这需要一个管理者卓越的智慧与把控能力。而最终团队所获取的效率,无疑是对一个管理者的最好回报。

一只蚊子趁人不备,飞到了他的左手上,咬了一口。

左手感觉到疼痛和奇痒,难以忍受,便对右手说:"兄弟,帮我一下,把叮在我身上的这只蚊子打死。这东西咬得我太难受了。"

右手漫不经心地看了一眼,说:"那不行,你知道打死一只蚊子要花费我多大的力气吗?叮的不是我,我才不管。"

这番对话被蚊子听到了,蚊子喜出望外,它肆无忌惮地吮吸左手鲜血,直到小肚子被撑得鼓鼓的。

过了不久,小蚊子又饿了,飞了回来,它决定尝一尝右手的味道。

右手一看,"那只蚊子居然跑来咬自己了!"还没有来得及说什么,便感到一阵疼痛,接着奇痒难忍。

右手想请左手帮忙,可是,一想到自己上次的态度,就又把话给咽了回去。

蚊子高兴得手舞足蹈,吃得津津有味,"嗡嗡嗡"唱起歌来。

等蚊子飞走后,右手实在无法忍受,便鼓起勇气对左手说:"老兄,求你帮我挠一次吧,上次是我对不起你。"

左手轻蔑一笑，"那不行，你知道帮你挠一次要花费我多大力气吗?你忍一会就好了，上次我也是这样过来的。"

右手只好尴尬地笑笑，它后悔当初的自私了。

又一天，这只蚊子又跑来吸血，它停在左手上，还没张口，突然一个巴掌拍过来，蚊子就变得四分五裂。

从此，左手和右手成为了一对要好的兄弟，它们各自分工，相互合作，完成了许多杰出的任务。

现实之中，我们可能会经常认识不到他人的重要，因此可能更多地陷入到自我的考虑，而不愿意耗费精力去对他人有所承担，最终经过波折之后，才会意识到他人对自己也同样重要，从而建立起彼此的信任与分担。社会结构只有紧密联系，才能产生出最为有效的结果。

工作之中的角色分工，就显得更为重要，每一个成员都必须清楚自己的角色，同时意识到他人的重要，如同人的左手和右手一样，愿意有效合作，才能促使效率的提高，也发挥出一个团队的作用。

优秀的领导一定不能为狭隘的意识所限制，舍弃掉个人利益的狭隘考虑，舍弃掉历史的局限，立足高远，来看待自己团队的管理工作，才能有效掌控运营自己的管理团队。

在一条清澈的河里，住着一群乌龟，它们每天无拘无束，快乐地嬉戏。

突然有一天，灾难降临，一个巨大的渔网将这群乌龟装了进去。

过了一会儿，一只年长的乌龟开始小心翼翼地探出自己的脑袋，它发现大家都被关到一个瓦罐当中。老乌龟用手推了推其他的小乌龟。

小龟们陆续地伸出头来，发现情况之后，全都不顾一切竖起身体，手脚并用，试图爬上去。

可是，瓦罐又光又滑，所有的努力都无济于事。

只有那只老乌龟没有动，它心里清楚，这样做都是徒劳。

经过苦思冥想,老乌龟终于想出了一个好主意。

只听老乌龟一声大喊:"如果想从这个鬼地方出去,就不要蛮干,全听我指挥。"

这句话还真管用,大伙都一动不动。

老乌龟清了清嗓子,继续说道:"你们看过人类盖房子吗?不妨我们也学一学,一个爬到另一背上,这样我们就会有爬出去的希望。"

乌龟一听,觉得有道理,可是,都不愿趴在最底下。

老乌龟身体向下一蹲,说:"来吧,踩着我上去!"

于是,乌龟们按照刚才的计划,有条不紊地进行着,陆续爬了出去。

最后,只剩下了老乌龟和另外一只小乌龟。

大家都很焦急,不知道该怎么办。

老乌龟对外面的乌龟喊道:"一起用力,把这个鬼东西推倒!我们就出去了。"

小乌龟们联合行动,一起用力把罐推倒,老乌龟和小乌龟都爬了出来。

趁着黑夜,这群乌龟悄悄跑回了家。

老乌龟以它的经验与气魄赢得了团队中管理者的角色。在慌乱之中,它挺身而出,为大家脱离困境制定决策,当所有乌龟为考虑自己利益而不愿做垫脚石的时候,它又牺牲自我,为大家建立起上升的扶梯,最为关键的内容是,它能够有效运用团队的作用,利用智慧,给大家寻找到出路,合理分配工作角色,协作并用,最终使得大家都能够脱离出困境。

要想建立一个团结协作的好团队,每个人的作用都不可或缺,领导者一定要做好带头作用,并给每个人分配好适当的工作,甚至在必要的时候,能够牺牲自己的利益,才能最终保全团队全体的利益。不过更多时候,当领导者顾全大局时,往往会激发出无穷的团队智慧与力量,创造出无法想象的奇迹。

不要忽视团队中的小人物，
他们也不可或缺

　　人有敏钝之别，才有优劣之分，因为资质不同，可能会发挥出不同效用，我们也会用不同的态度进行对待。但我们也不能过分注重这种区别，太过强调彼此差异，这样对另一方就会形成自信心的挫伤，而他们在群体中的作用也同样是不可或缺的。

　　不要忽视团队中那些默默无闻的人，他们所发挥的作用对于团队来说，也同样是不可或缺的。虽然卓越的人才，能在最关键的时刻，产生最有效的决策，虽然他们对团队的优秀业绩能产生出最强大的影响，但团队是因为每个人的存在才得以完整，接纳每个人的贡献才得以有效运转。如果缺少那些默默无闻的人，可能团队也就不再能成为团队，或者说正是他们的平凡，才衬托出那些优秀人才的卓越，正是他们的贡献，才能将明星员工们推到前台来。

　　我们的城市，正是因为成千上万清洁工人的辛苦努力，才能保证最为整洁的面貌，他们如此平凡，但他们不可或缺，或者说正是千千万万这样的人的普通工作，才能保障城市的有效运转，而我们所有人都是其中普通的一员。在我们的企业中，后勤工作是非常辛苦和平凡的，他们工作的意义就在于提供我们衣食的保障，但正是在他们所提供给我们的稳定环境之下，我们才能有充足的精力去搞科研，去开拓市场，去取得我们的丰功伟绩。

　　优秀的领导者，必然有卓尔不群的见识，对于团队的管理，他能以一个整体来看待，他注重那些优秀的人才，但是他也会尊重每一个工作的员工，只有团队有效合作,才能取得优异的成绩,我们应该舍弃掉自己的偏见,舍弃局部的考虑,从更为全面的角度看待事情,也许才能更加靠近我们的成功。

一次,森林无缘无故燃起大火,烧到狼的住处,狼群飞快地沿着山路奔跑。

但,一道悬崖切断了它们的逃命之路。

悬崖说宽不算宽、说窄不算窄,越过这道天堑,需要两次腾跃,要命的是,悬崖中间没蹬足点。

大火在身后肆意蔓延,情况万分紧急!

这时,几只老狼聚集在一起,交头接耳进行商量,然后回到狼群中,说:"现在分成两队,一队全是年老体弱者,一队全是身强力壮的。"

等队伍排好后,老狼命令队伍向后撤退一段距离。

接着,站在队伍最前面的一只老狼和一只年轻的狼结成对子,飞快地向悬崖跑去,两只狼在空中划出两道完美的弧线。

在它们下降的瞬间,年轻的狼踩在老狼背上,用力一蹬,又再次跃起,并到达了对岸,而那头老狼,却坠下山崖。

紧接着,后面的狼都像它们一样,一对接一对地向对岸跃去。

最终所有年轻的狼,都蹬着老狼的脊梁,到达了悬崖对岸;所有年老体弱的狼都完成了自己的使命,葬身于悬崖之下。

大火气势汹汹地扑到悬崖边,却无可奈何地刹住脚步。

面对悬崖,幸存下来的年轻的狼们齐刷刷站立悬崖边,齐声哀吼。

团队之中,总会有那些资质能力平凡的人,我们一般都会把他们看做是团队的累赘,我们常常会想,如果他们表现更为出众一些,也许我们可以获得更为有利的结果,但谁也不能保证,说不定哪一天他们会发出让人感叹让人惊奇的力量。对于团队来说,每个人都不可或缺,正是大家齐心协力,才会发挥出最为强大的作用。

第二次世界大战期间,1941 年 11 月 5 日,德军一辆由柏林前往苏联的列车出发了。列车由 89 节车厢组成,前 6 节是解冻液,后面 83 节车厢是前线急需的御寒大衣和军靴,因为这时莫斯科郊外气温已到了零下十几度。

11 月 12 日途经明斯克东郊小站,军列突然冲出轨道,列车断裂变形,棉大衣、军靴散落得到处都是,又加上当时雨雪交加的天气,现场一片狼藉。

事故的原因很快就找到了,是处于二根铁轨接头处的一颗螺丝钉断裂造成的,铁轨翘起,导致惨祸发生。

但这起惨祸原本可以避免,苏联铁道部安检员在两年前就发现这个生锈的螺丝钉,并要求铁道维护员托马斯文将其换掉,以避免隐患,但托马斯文两次试过后,由于生锈时间太长,没有换成。

德军侵占明斯克后,德国铁道部门也检查出这颗生锈的螺丝钉,同样要求换掉,同样原因,没有换成。

到了 12 月 4 日,莫斯科气温降至零下 52 摄氏度。大部分德军都没有得到御寒衣服,数以万计的人被冻伤,数以千计的人被冻死。可怕的严寒摧残士兵的身体,还使坦克停转、武器失灵,德军的失败近在眼前。

一起事故的原因却是由一颗不起眼的螺丝钉引起,而人们在之前也发现到这个螺丝钉的生锈情况,不过显然没有引起足够的重视,所以没有做出彻底的处理。而这起事故所产生的最终影响,却是前线战斗力的彻底降低,导致最终的失败。一颗螺丝钉却和一场战争的胜利产生如此紧密的联系。

管理者都有良好的宏观把控能力,在别人所看到的成绩之外,他会看清楚其中的关键环节,在别人赞赏那些卓越人才的同时,他又不会忘记去关怀那些普通的员工,他总能通过自己的管理,在团队的得失之间保持最美妙的平衡,也体现出自己卓越的智慧。

雷锋同志,曾经在自己的日记当中提出过螺丝钉的精神,当时在社会上引起了很大反响,这样的内容在我们今天的管理学中,也依然应当引起重视和反思。

寻找制造快乐的人，
让团队充满活力

明代诗人唐寅《感怀》诗中对快乐这样描述："万场快乐千场醉，世上闲人地上仙。"

快乐是我们每个人都会追逐的内容，它是一种情绪，它是一种状态，反映出我们对待工作和生活的态度，而这种认可又会影响我们的行为，快乐的情绪之下，是积极的态度与行为，我们希望我们的生活之中充满快乐，而不是悲伤。

快乐是会传染的，如果一个人能带给自己快乐，自己也会为他所感染而变得快乐，那么我们也会对这个人有更多的亲近，如果一个环境中有温馨的感觉，那我们必然会对这个环境有更多的认可和留恋。

今天的管理越来越注重人性化，"快乐"则成为提高工作效率的引擎。如果能让员工感受到工作的乐趣，并能心情愉悦地投入其中，他们的工作效率就会大大提高，从而带动整个团队高效率运转。谁会不渴望快乐呢？因此，如何使团队快乐起来，就成为管理者们高度关注的话题。

优秀的管理者，他们认识到快乐情绪的重要，并愿意花费更多的精力去寻找团队中这种快乐的内容，认可员工的创造性、生产力、士气、满意度，并想方设法使他们维持在积极的状态，尽可能避免让自己团队陷入到暮气沉沉的氛围之中，而最终优秀的管理业绩，必然会以效率的方式来回报这份管理的智慧。

挪威人喜欢吃沙丁鱼，尤其是活鱼。市场上活沙丁鱼的价格要比死鱼高许多。所以渔民总是千方百计地想法让沙丁鱼活着回到渔港。

可是虽然经过种种努力，但绝大部分沙丁鱼还是会在中途因窒息而死亡。但却有一条渔船总能让大部分沙丁鱼都活着回到渔港，船长对此严格保守秘密。直到船长去世，谜底才得以揭开。原来是船长在装满沙丁鱼的鱼槽里放进了一条鲶鱼。鲶鱼进入鱼槽后，由于环境陌生，便会四处游动。沙丁鱼见到鲶鱼后就十分紧张，左冲右突，四处躲避，加速游动。这样一来，一条条沙丁鱼就活蹦乱跳地回到了渔港。

原来鲶鱼进入鱼槽，使沙丁鱼感到威胁而紧张起来，加速游动，于是沙丁鱼便活着到了港口。这就是著名的"鲶鱼效应"。

一群沙丁鱼，就如同一个团队中的所有成员，如果缺少活跃的气氛，大家情绪低迷，也就不会产生高效的工作效率，加入一条鲶鱼，就会因为它的不同，而给整个团队带来活跃的气氛，也给大家带来快乐，并且这种活力和快乐感染团队中的每个人，最终团队也因此产生卓越的效率。

受此启发，日本的一些企业专门从社会上招聘几位"鲶鱼式"的人物，希望通过他们的加入能够改变团队内惯有的惰性，为团队发展增添动力。结果不出所料，这些新人物的加盟，真的使组织内部形成了竞争向上的气氛，原来相当平静、沉闷的团队，因此充满了生机和活力。后来管理上把这种做法，称为"鲶鱼式"的管理理念。

一个商人到海边的一座小渔村度假，看到一个渔夫乘着小船归来，小船上放着一些新鲜的大鱼。

商人不禁夸赞渔夫："你捕的鱼很大很新鲜，这需要花多长时间？"

渔夫笑着回答说："先生，用不了多长时间，我出海才几小时而已。"

"既然你捕鱼功夫这么好，为什么不多捕一点呢？"商人有些不解。

渔夫笑了起来："干吗要那样做？我需要时间做点别的事。比如，跟孩子玩耍，陪老婆睡午觉，和朋友喝小酒，唱唱歌什么的。"

商人抛出名片："依我看，你应该多花一点时间打鱼，用赚的钱换一条大一点的船。不用多久,就可以再买几艘船,雇更多的员工,然后自己做生意。"

商人一边说,一边拿出笔纸开始计算,"与其把鱼卖给中间人,不如直接卖给加工厂,最后你可以自己开罐头厂"。

"先生,那么再然后呢?"渔夫思考了一下说。

商人笑着说:"问得好,我会很高兴给你建议,把公司上市,然后出清手上股票,你就会变得很有钱。你可以拥有上百万,甚至上千万。"

"几百万几千万吗?"渔夫揉着脸颊问道,"那么,接下来呢?"

商人说:"等你有钱了就可以退休,选择一个想要的生活环境,你爱做什么事就做什么事情,你就可以有个美满而又充实的生活。"

渔夫有些不解:"先生,谢谢你给我的建议,不过现在我就过着这样的生活。"

商人与渔夫的出发点是大相径庭的,商人追逐利益的获取,一切都是以这一目的为基本前提的,渔夫追逐的是生活的快乐,就是他从事工作的基本态度,不过他们却意外地发现他们最终的目标竟然一致,而这就对商人对利益的不断追逐形成反思。

其实快乐的获取也不艰难,有时候就仅仅需要我们转换一下看问题的态度,对待自己的工作就可能更加从容,而这也可以带给我们最大的满足。商人急功近利的行为,不见得能获取到最为有利的结果,而渔夫的坦然态度却能让他捕捉到大鱼,这样的快乐又可以影响到我们最终的效率。有时快乐的获取就是如此简单,只是需要我们转换一下态度,快乐就会伴随在自己身边。

释放团队成员的个性

人世间没有两片相同的树叶，每个人的个性都会因此不同。我们追逐卓越的能力与优秀的成绩，但是我们又不能因为这份目标，而忽略掉自身的现实情况，只有那些将两者进行有效结合的人，才能发挥出自身的实力，获取到最有利的结果。

我们每个人都会追逐个性的释放，我们希望我们能活出自己的精彩，我们希望别人能发现我们的存在，认可我们的作用。当所有内容得到认可并寻找到适当的发挥空间，就会展现出无穷的力量，在激情的推动之下，发挥出常人所不能及的作用。

管理工作本身就是以秩序和统一为根本内容，但也不能太过追逐，而忽略掉对员工个性的尊重。不能把员工的不同看做是对工作原则的一种违背，加以否定和排斥，反之还要在工作中为其个性发挥提供一定空间，为其个性发挥提供可能。

优秀的管理者，不仅仅是一个秩序的维持者，他会从最终效率的角度，对自己整个管理活动进行全面看待，在独立性与秩序之间，保持美妙的平衡，在得失之间，选择最佳的途径，团队维持秩序，但不失活力，成员又可发挥出自身潜力，最终，不得不说这个管理者拥有高超的艺术水准。

很久以前，有一位心地善良的富翁，他常用力所能及的力量，去帮助身边的穷人。

一次，富翁想盖一座大房子，他想到有很多穷人无家可归，他要求营建师傅把四周屋檐加长一倍，好让这些人在屋檐下能暂时栖身。

房子建成后,果然有许多穷人聚集在屋檐下晒太阳、聊天,甚至还摆起地摊做起了买卖。

嘈杂的人声与油烟,使富翁家人不堪忍受,经常发生争吵。

渐渐人少了许多,富翁家人的生活也渐渐恢复了平静。

可是,一件令人心酸的事情发生了。

在一个冬雪漫天的夜里,一位老者在屋檐下冻死了。

人们开始议论纷纷,一致认为,富翁为富不仁。

后来,富翁决定重修房屋,这次他只要求小小的屋檐,将省下的钱盖了一个四面有墙、正式的小房子。

许多无家可归的人,在这间小房子里获得了庇护,并在临走前询问是谁捐建的。

不出几年,富翁成了远近闻名的人。

街上的人评价说:"富翁是这个世界上最好的人,我们都非常感激他。"

屋檐伸得太长,一片好心变成为富不仁;房子虽小,却是空间独立,因此受人欢迎,这中间的差别值得领导者深思。要想团结一个队伍,也许并不需要自己施展力量为下属创造多么好的条件,也许只让他们拥有独立的空间,发展自己的能力,就能取得双方都有利的效果。

管理当中,我们追求效率的提高,我们的秩序维护和角色分工也都是为这一目的而服务的,但是面对员工的个性,我们却需要从长看待。作为优秀的管理者,既不能太过否定,保持了秩序而丧失了活力,又不能太过张扬,最后就可能失去基本的秩序,要在两者之间保持一道平衡,这才是一个管理者艺术水平的体现。

有一位战绩显赫的团长,他手下有三位连级军官,此三人的性格各不相同,但团长在下命令时有自己的一套手段和方法。

一连连长性格忠诚,视"服从命令为军人的第一天职"。

二连连长是典型的实干派，习惯事必躬亲。

三连连长则有极强的个性，喜欢唱对台戏，背道而驰，喜欢标新立异，凸显自己。

一次，接到上级攻击敌人炮兵阵地的命令，团长开始布置自己的工作。

叫来一连长，斩钉截铁地下达命令："今晚 11 点，你从左翼配合，猛烈进攻敌军炮兵阵地。"

接着，团长又叫来了二连长，说道："上级已经下达进攻敌军炮兵阵地的命令，我要求你的部队做好准备，于今天深夜 11 点整准备发动总攻。"

后来，又叫来了三连长，对他说："关于进攻敌军炮兵阵地的计划，我私下认为我们兵力还未完全恢复，时机还未成熟，采取行动恐怕会失利。"

"不，团长，我们应该马上出击！"三连长迫不及待地回答道，"我们不可坐失良机，等到敌军势力越来越大，恐怕就要失去进攻的机会。"

一切正如团长所料，随后用肯定的口吻说："说得对，看来应该立即主动出击。"

"太好了！"三连长兴奋地说道，"我们会让您在子夜看到敌军阵地插上我军的旗帜。"

最后，三个连队协调作战，一举攻克敌军炮兵阵地，取得胜利。

我们常说："十个手指不一样齐。"团队中的员工也是一样的，每一个人都有自己的独特性格特点。因此，无论是指挥战争，还是进行管理工作，领导者都不能一概而论，而要根据员工特点，选择有分别地对待，谨慎从事，这对增强团队战斗力是非常有利的。

这位团长有着卓越的领导能力，他的方式正在于对下属性格的不同把握，他尊重下属，以不同的方式去发布相同的命令，认可下属的个性，又充分发挥他们的长处，维护了群体的统一，最终起到最为有利的激励效果。

打造包容和谐的团队文化

"上不宽大包容臣下,则不能居圣位。"

包容是一门学问,学会包容的人,就学会了生活;懂得包容的人,就懂得快乐!

包容是一门艺术,不是随随便便就可以得到,它要我们经历很多内容,舍弃许多牵绊,才得以获得这份智慧的结晶,它是人性至善至美的沉淀!

包容是一种境界,拥有博爱的心、宽大的胸襟,还要有一份性格的坦荡与气魄,才能使这个人的性格中散发出珍贵如檀香一般的气息。

在管理当中,包容显得格外重要,只有能更多包容,才能使彼此关系变得相互信任,有此信任为根基就能呈现出团队的和谐,团队也呈现出更强的凝聚力。

一个团队必须有自己的精神,所谓团队精神就是团队的文化,如果没有管理文化,如果没有良好的从业心态和奉献精神,那一个团队就不能有效联系在一起。

团队文化可以影响全体成员团结一心,为统一的目标而努力奋斗的态度,它可以成为组织高效运转的保证,团队文化也可以帮助员工挥洒出自己的独特个性、表现出超人的特长,它将所有资源有效融合,是团队产生效率的润滑剂。

领队不仅是工作的领军者,更是团队的精神支柱。一个优秀的领导一定要善于打造属于自己的团队文化。要去明确自己的目标,要去组建自己的队伍,要让所有的成员在包容和谐的氛围下发挥出自己最强大的作用,使大家心往一处想,力往一处使,使团队工作高效、气氛活跃,充满勃勃生机。

初一五班是希望中学最乱的班,已经更换了几个班主任。

新学期开始,校长只好请教学多年、有着丰富经验的李老师来接手这个班的管理。

经过几天观察，李老师发现捣乱的就是那么几个，整天混在一起，不好好听讲，还集体起哄。

李老师学过管理学，知道训斥不是最有效的方法，这项工作一定要从长计议。

老师发现这几个学生都喜欢游泳，这也是自己的爱好，于是就找机会加入了他们的行列，先在心理上产生亲近。

后来，李老师发现刘军是这个群体的"头"，刘军因为父母离异，自暴自弃；但因为他讲义气，所以大家都听他的。

一天，刘军没来上课，李老师从同学那儿知道刘军病了，下了课李老师就提着水果去做家访。

刘军和奶奶住在一起，条件艰苦，家里很乱。

李老师进门后，便开始收拾房子，还洗了一大堆的衣服，刘军和奶奶都很感动。

然后，李老师又分别找到刘军的父母亲做工作，让他们经常回来看望儿子和母亲。在李老师的劝导下，刘军的父母最终又担负起对刘军的抚养。

在李老师的引导下，刘军的态度发生了转变，其他同学见"头"不闹了也就都变安静了，班上又恢复了正常的教学秩序。

后来，这几个孩子在学习上都取得了突破。李老师再一次被评为"优秀教师代表"。

在团队里创造一种和谐、融洽的人际关系，能提高他们的合作精神，激发员工的积极性，要尽量避免产生束缚成员个人发展的障碍和分裂组织的不安定因素的发生，只有这些问题都得到及时解决，自己的管理工作才得以顺利开展。

西汉末年，王莽篡权，天下大乱，刘氏子孙刘秀想重新夺回汉朝的疆域。

但当时他只拥有一座小小池城，不知自己该如何施展。

幕僚邓禹说："只要你拥有大志，不放弃，最终天下一定会归于统一。"

刘秀一脸愁容地说："我有志统一，但是这毕竟是一件大事，我真不知道该怎么做才好。"

"现如今天下群雄兴起，万众都盼望明君出现，如果您能坚持仁政的话，就好办了。自古以来，兴亡不在于土地多少，而在于仁德厚薄。"邓禹想了想这样回答。

刘秀采纳了邓禹的建议，半月后，他率军击败了称作"铜马"的农民军。

对那些归降的将士，刘秀非但不治罪，反而下令："不予整编，维持原编，将领仍复原位，带领部下参战，本部不作干涉。"

刘秀这样宽宏，致使降军都不敢相信，心中不免充满疑惑。

为取得信任，刘秀一个人单骑巡视，若有人想行刺，那便唾手可得。

将士见刘秀如此诚恳，异口同声地说："愿以死回报君主的知遇之恩，上刀山、下火海也在所不辞。"

渐渐地，这些将士跟随刘秀南征北战，为最终平定天下，建立东汉王朝，立下汗马功劳。

一个高效的团队不但要靠严厉、严密的管理制度来约束每一个成员的行为，更要靠友情化管理、温情化管理来激发每一个成员的主动性和创造性。所以，管理者在进行"法治"的同时，更要重视发挥"情治"的作用。

在现代管理之中，团队的意识显得越来越重要了，因为它能呈现出强大的凝聚力，同时灵活多变，能很好地应对各种市场情况。对于团队，要认识到它的结构，认识到每个人在其中所发挥的作用角色，维护好管理者的威信，也尊重团队中每一个员工的个性，建立团队的快乐，打造团队的文化，只有这样，才能使团队内部团结而工作富有效率，在激烈的市场竞争中，发挥出强大的能量。

禅理之中的思考，更多是人生舍与得的反思，有所认识，有所透彻之后，才能以超脱的态度看待所有的问题，人生融入了这些智慧，可以变得超然而有效率。管理之中，有效对这些内容进行借鉴，融合到管理工作的各个环节之中，以超然的态度进行分析与看待，以包容与长远的角度对工作进行把握，最终在轻松自如中，对各项工作进行良好的把握，管理得以顺利而富有效率的进行，也展现出个人深邃的智慧,远见的卓识,极强的工作把握能力。

　　以圆通的理念去处理我们的人际关系，以低调的方式去树立群体中的威信,以思谋的方式去支持我们的决策,对人才能以真诚与客观的态度对待,充分授权,巧妙沟通,依赖我们对人性的认识进行充分激励,巧妙沟通,打造团队,相信这些融合了禅理意味的管理理念一定会对我们现实的工作有所提醒和帮助。同时,我们还要不断去思考更多管理方式与有效方法的可能,不断总结,不断尝试,这样才能呈现出一个社会属于这一时代的文化特征。